JN299335

史学会
シンポジウム叢書

十八世紀日本の政治と外交

藤田覚編

山川出版社

はしがき——十八世紀近世日本のとらえ方

十七世紀後半に確立した近世的な政治・経済・社会の仕組みが、十九世紀半ば過ぎに解体する。その中間に位置する十八世紀（元号では元禄から寛政）の百年は、近世日本にとっていかなる時代であったのか、それをとくに政治の側面に焦点を当てて論じようとしたのが、シンポジウムの趣旨である。

十八世紀近世日本の位置　これまでの近世史研究では、十八世紀の位置づけに関して、さまざまな理解が提示されてきた。一つには、幕府享保の改革の理解、その近世の歴史における位置づけと関わり、近世の「動揺期」あるいは「解体期」に入るという理解がある。これは、現在でも多くの高等学校日本史教科書で、享保の改革が「幕藩体制の動揺期」の起点として叙述され、継承されている。また、十八世紀半ば以降、宝暦・天明期を明治維新の起点ととらえ、それ以降を「幕末社会の展開」とする理解、さらに、十八世紀末が政治史的には明治維新への起点とする主張も出された。なお、やや曖昧な表現ではあるが、十八世紀初め以降を「変容期」「ゆらぎ」などという語によるとらえ方もある。他方、それらと異なり、幕藩制社会の「展開期」、幕府政治のあり方にそくすと将軍専制政治の「展開期」とする理解がある。十八世紀初頭から半ば、とくに享保の改革の理解と位置づけが十八世紀像の分岐点となっている。解体過程、動揺期、変容期、明治維新の起点など、近世史の変化の画期、あるいは移行期として理解しようとするのが主流である。

十八世紀日本像は、政治史的・経済史的・社会史的、そして文化史的な視点など、その視角によりかなり異なっている面がある。ともすると、どれかの一視点からの議論にとどまっており、相互の関係を整理しながら、総合して把握することが求められているだろう。

十八世紀日本の政治と社会　目を転じると、幕藩体制は、十七世紀後半から持続する泰平により安定し、全体として伝統化が進む。十八世紀の日本は、「武威」を強調しない法治主義、吏僚制的な政治と行政が安定、成熟、伝統化した一世紀であった。その結果、「やわらかい時代の空気」が存在することにもなった。泰平のもとで、著しい経済発展が実現したことにより、個々の家と村、町が安定的に永続する条件がそなわり、社会の仕組みとしても成熟し伝統化し、幕藩体制という政治・行政の仕組みと社会を支える存在に成長していった。そのような条件のもとで、百花斉放とも称される学問・思想の世界の活況、文芸・芸術・遊芸などさまざまな文化が出版の隆盛にも支えられて展開した。最近では、天明文化ともよばれ、江戸時代独特の文化が華々しく開花した時期でもある。「華やぎと豊かさ」が生まれた時期である。

もちろん、それにもかかわらず現実の政治や社会には諸問題が生起し、それへの政策的な対応などがさまざま取り組まれ、それに関する研究が蓄積されてきたことはいうまでもない。ただ、だからといって深刻な危機が存在したとか、動揺したとかという評価は当たらないのではないか。十八世紀は、近世社会の成熟期とよぶにふさわしい。しかし、華々しい十八世紀もその世紀末には、それまでに蓄積してきた諸矛盾が大飢饉となって爆発し、もはや政策的な手直しでは対応できない、日本近世を解体させる諸要素が、社会の深部から生まれてきた。

明清交替の完了による清朝の確立は、東アジア国際社会に安定をもたらし、十八世紀近世日本の泰平の国際的背景ともなった。近世日本の朝鮮・琉球・清朝・オランダならびにアイヌとの関係は、時に個別的には問題を生じさせながらも、伝統化した作法により安定的に維持された。十八世紀の大半の時期には、東アジアの世界から近世日本の泰平を揺るがすような要素は生まれてきていない。

西洋世界では、オランダ・イギリス・フランスの覇権争いと植民地争奪戦が繰り広げられ、そのなかでイギリスの政治的・軍事的な覇権が確立していった。とくに経済面では、イギリスで一七八〇年代から産業革命が始まり、原料と製品販売の市場を求めて世界各地に進出していった。十九世紀に入ると、世界各地が、イギリス資本主義による支配と従属のなかに組み込まれてゆく。日本と西洋世界との関係は、十八世紀末ころからアメリカやイギリスが日本への関心を持ち始めた段階にすぎなかった。しかしロシアは、十七世紀にシベリアへの進出を本格化させ、十八世紀後半には蝦夷地に接近した。このロシアという新たな要素の登場は、近世日本の対外秩序に波乱を生じさせた。クナシリ・メナシの事件も起こり、アイヌとの関係も含めて北方から対外関係の転機を迎えた。十八世紀末は、まだ本格的ではなく初発的ではあるものの、外部から近世日本を解体させる要素が生まれてきた時期といえる。

これまで十八世紀近世日本の特徴を概括的に述べてきたが、政治に焦点を当ててこの時期の特徴を指摘しておこう。

幕藩政治史の分野　幕府の政治構造は、元禄時代以降、老中制と将軍「専制」が対抗し、将軍「専制」を支える側用人や御用取次ら中奥勢力が優勢となり、田沼時代には「中奥」が「表」をも占拠するに至った。これに対する老中制の側からの反撃が、寛政の改革と位置づけられる。幕政の中心課題となったのは財政問題で、歳入増加・歳出削減策が展開するが、年貢増徴、運上・冥加金の賦課、大規模開発、御用金、公金運用など、その政策には時期的な特徴がある。それら財政・経済政策の立案・実施を担った勘定奉行所が肥大化し、その権限が強化され幕府のもっとも重要な役所になった。また、利益追求型の政策の展開は、人びとの行動や思想の基盤を経済原理優先へと変化させていったが、なお儒教的経済倫理・道徳が優勢であった。藩政の中心課題は藩財政問題であり、多くの藩で藩政改革が行われた。藩主と藩主側近による藩政運営が行われ、改革を支えた理論的支柱の多くは、地方に伝播した徂徠学であった。改革政策は、農村の再建、特産物生産の奨励と専売制、領内自給の強化による藩経済の「自立」化策に特徴があった。さらに、藩政を担う人材の育成と、道徳による家臣団秩序の再建をはかるため藩士の基礎教育が盛んとなり、藩校の拡充・新設がみられた。また、幕府も含め、大名間で統治技術の交流が行われた。

対外関係史の分野　近世日本と朝鮮・琉球・中国・オランダ、そしてアイヌとの関係は、十八世紀には安定して伝統化し、東アジア世界の泰平の一環となった。貿易については、正徳新例により貿易の手続きや規模、品目も定着した。長崎貿易を維持するため、輸出用の銅と俵物の確保策が打ち出され、さらに朝鮮外交を維持するため対馬藩への援助策がとられた。いずれも、伝統化した対外関係、外交と貿易を維持するための方策であった。十八世紀末には、長崎貿易を縮小させようとする動き、さらに朝鮮との関係では、易地聘礼など朝鮮を一等低い国として扱おうとする動きが現れた。幕府財政の観点だけではなく、「皇国」観念などの国家意識、自他意識からもおさえるべきであろう。北方では、ロシアの蝦夷地進出をうけて、蝦夷地の確保か放置か、開発か非開発か、直轄か松前委任かなどを論点とした蝦夷地政策が本格化した。クナシリ・メナシアイヌの蜂起は、幕府の蝦夷地政策に甚大な影響を与え、蝦夷地の内地化とアイヌの「国民」化へと進むことになった。また、ロシアとの二回にわたる直接交渉を通じて、それまで曖昧な状態で持続してきた対外的関係を明確化する必要に迫られ、鎖国祖法観が確立していった。

朝廷・朝幕関係史分野　十八世紀の幕府と朝廷との関係は、幕府と藩との関係と同じように安定した関係が持続し、深刻な亀裂が入るようなことはなかった。幕府財政政策の一環として、朝廷財政制度にも改変の手が加えられ、経理制度の改革と定高制度の導入により、朝廷財政の安定がはかられた。朝廷内部では、神道論の世界における垂加神道の浸透をうけ、その影響下にあった若手公家らによる宝暦事件が起こったり、天皇が若くして亡くなったりすることが続いたことによる皇統の不安定化も特徴であった。学問の世界で考証学の隆盛があり、また、国学の進展とともに日本の優越性を主張する「国体」観念である「皇国」観念も普及するなど、天皇と朝廷をとりまく思想的、観念的状況は変化しつつあった。そのなかで、世紀末には、天皇と側近による朝廷運営がみられ、朝儀や御所の再興・復古などによる権威強化がはかられ、朝廷が「浮上」する画期となった。また、国（和）学者が、天皇と将軍の関係を大政委任の考え方で説明するようになり、老中松平定信すらそれを主張するなど、政治世界における天皇の位置づけに変化がみられるようになった。

本書は、政治史的な側面から十八世紀日本を考えようとする論考を、幕藩政治史、朝廷・朝幕関係史、対外関係史の三分野にわけて編集した。はしがきの意図は、編者が理解する十八世紀日本の諸問題を概括的に論じることにより、読者が本書に収められた論考の位置を理解する一助にすることにある。

二〇一〇年九月

藤田　覚

目次

3章 幕府蝦夷地政策の転換とクナシリ・メナシ事件 藤田 覚 215

十八世紀日本の政治と外交

Ⅰ部　十八世紀の幕府政治

1章　近世中期の幕藩関係——金沢藩の御用頼

荒木裕行

はじめに

幕藩関係を理解するために、藩と幕府役人とのつながりへ着目した研究が活発に行われてきた。高木昭作氏が「幕藩政治史序説—土佐藩元和改革—」(1)において行ったのが最初であろう。また山本博文氏の取次に関する諸研究も意義が大きい。(2)これらの研究を嚆矢として、藩と幕府役人との非役職的な関係に注目した研究が進められ、(3)藩が幕府役人とのつながりを活用し、幕府への勤めや藩政運営などを行っていたことが明らかとなっている。

本章では、貞享から享保期の金沢藩を対象として、検討を行いたい。なお、藩と個別につながりを持つ幕府役人は、史料中では「懇意」「出入」「御頼」「御用頼」などとして現れてくる。名称ごとの差異について言及した研究もあるが、(4)実際には明確な区分はなかったのではないかと考えられる。(5)そのため本章では区別せずに用いる。(6)

1 御用頼の役割と変化

次の史料は、貞享三（一六八六）年に金沢藩主前田綱紀へ提出された藩主在国中の心得についての帳面の一部であり、引用した部分は、①貞享元年の江戸詰役人から藩主への伺い、②それに対する藩主からの指示、③貞享三年の江戸詰役人からの伺いの三つからなる。②と③にあたる部分には傍線を附した。

〔史料1〕「御在国中於江戸相勤申品々当年相伺被　仰出候帳」(7)

一、御在国御留守中、若急成儀も候ハヽ、前田相模守（孝矩）殿江御相談可申哉之旨、御用人共書付上候由ニ在之候、右之節も相模守殿へ及相伺間敷候、石丸三左衛門（金沢藩家臣）を以、早速筑前守（堀田正俊）殿江相窺之、御指図次第可仕事、

右一書之上付紙ニ而、如此有之、

③一、御在国之内、若急成義或喧嘩等有之刻、私共難心得義、惣而　公儀表御筋ニ付而間違等御座候而、御国江相伺間無御座時ハ、堀田筑前守殿江石丸三左衛門を以得御意候様、先年被　仰出候ニ付、去々年右之趣奉伺候処、是非私共心得ニ而難仕、言上之間も無之、可仕様無之様成事候は、山城守（戸田忠昌）殿へ弥八郎（菊池、金沢藩用人）参伺可申旨被　仰出候、当年之義、右之通相心得可申義ニ御座候哉奉伺候、

一、御留守之内、喧嘩等有之刻、難心得儀、是又三左衛門を以、筑前守殿江相伺候得は事済可申事、

一、惣而　公儀向御勉ニ付而間違等在之、御国江迄相窺間無之時ハ、筑前守殿儀御心易御用等被　仰達候ニ候間、同人を以相伺可申候、

右之通、去々年（天和二年）被　仰出候、当年之儀如何様ニ相心得可申義ニ御座候哉、奉伺候、

以上、

御加筆②　是非心得ニ而難仕、言上之間も無之、可仕様無之様成事ニ候ハヽ、山城守殿江弥八郎参、うかひ（ママ）可申候、

貞享元年の伺いでは、藩主在国時に発生した問題への対応について指示を求め、天和二（一六八二）年の仰出を先例として述べている。そこでは、藩主不在時に問題が発生したならば前田孝矩へ相談するべきかと、江戸詰役人である用人が申し出たところ、その必要はなく、堀田正俊へ直接連絡し、指図をうけるようにと藩主から指示が出されていた。前田孝矩は、七日市藩主前田利孝の次男で、旗本として取り立てられ、天和二年には書院番組頭であった。堀田正俊は大老であり、よく知られているように将軍綱吉の下で強大な権力を持ち、幕政をリードしていた。堀田は心易く御用などを申し達しているとされており、金沢藩にとって懇意の老中であったと考えられる。これ以前には、親族の旗本である前田孝矩から指南をうけていたが、この時からは大老の堀田正俊から直接指示をうける体制へと変更されたようである。

しかし、堀田は貞享元年八月に江戸城内で稲葉正休に刺殺された。そのために以後の対応を藩主に尋ねたのが、貞享元年の伺いであろう。藩主からの指示は、藩主に言上する時間がない場合には、老中の戸田忠昌へ伺うようにとのものであった。戸田を選んだ理由は不明だが、堀田の死去をうけて懇意の老中を戸田に変更したということになる。なお、貞享三年の伺いは、この年も貞享元年と同様に、戸田から指示をうけるのでよいかを尋ねたものである。

このように貞享期には、旗本を介さず大老・老中から直接に指示をうける仕組みとなっていたが、元禄三（一六九〇）年には、次のように変化していた。

〔史料2〕「元禄三年江戸御留守中御用相勤候格を以、当年勤様奉伺帳」

一、御留守中、私共心得ニ而難仕、御国江言上之間も無之儀出来いたし候は、本多弥兵衛（政法）共申談、戸田山城守殿江相窺候様可仕哉、弥兵衛殿遠行御用御越候は、横山左門（元知）申談、相伺候様可有御座候哉、十六郎罷越相窺候様被　仰出候事、

これは藩主在国時の江戸における諸事取扱についての伺書である。対応の方法が藩邸ではわからず、国元へ伝える余裕

もない事案が発生した場合には、旗本の本多政法と相談し、その上で戸田忠昌へ伺いをたてている。本多は、元禄二年から使番、同八年から宝永元（一七〇四）年まで定火消であった。祖父である本多政重は金沢藩家臣であり、本多正信の子、本多正純の弟にあたる。その人脈を背景に幕府との取次の役割を果たし、元和期以降には金沢藩政を掌握していた人物である。[8] また本多政法が不在の場合の相談相手とされている横山元知も、金沢藩家老横山長知の曾孫にあたる旗本であった。[9] 横山は、元禄十年には使番となるが、この時点では役職にはついておらず、金沢藩からの相談をうけているのは職務としてではなく、個別の関係によるものであるとわかる。服藤弘司氏は、元禄期に幕府情報を金沢藩へ提供していた御用頼として、本多が重要な役割を果たしていたと指摘しているが、[10] 本史料からは、本多は単なる情報伝達者ではなく、金沢藩にとって重要な相談の相手でもあったことが明らかとなる。このように元禄三年には、天和二年以前と同様の旗本へと相談する体制となっていた。さらに宝永六（一七〇九）年には、次のような変化がみられる。

〔史料3〕「江戸御留守御用前之格を以奉窺候」

一、御留守中、私共心得ニ而難仕品　御国江言上候間も無之儀致出来候は、本多弥兵衛殿申談、御月番御老中江相伺候様ニ可有御座候哉、前々ハ秋元(喬知)但馬守殿相伺候様ニ可有御座旨、達御聴置候事、

これは宝永六年八月の江戸詰役人から藩主への伺書である。藩主在国時には、まず本多政法と相談するという点は元禄三年と変化がないが、その上で月番老中へ伺うという方針が記される。これ以前は、秋元喬知へ伺い出ていたことも述べられている。秋元は戸田忠昌の長男であり、元禄十二年から宝永四年まで老中であった。懇意の老中が、戸田からその子である秋元へと引き継がれたことになる。さらに月番老中へ伺い出るように変化した理由としては、秋元の老中退任だけではなく、この年の二月に御用頼老中を禁止する触出があったためと考えられる。[11] 続いて、享保期の状況をみておきたい。

〔史料4〕[12]

一、享保八癸卯四月廿七日相公様(前田綱紀)御隠居御願之御書付、六郷主馬殿(政慶)御出入御旗本を以て月番戸田山城守殿迄御指出候処に、

御預城地被指上之旨御書加可被成由、松平陸奥守殿御隠居願之書附事短く宜候間、此方様にも御文言被指詰御調可被遣旨に而被相返候に付、六郷殿被罷帰、其段被申上候処、御意に不応、居城を御預城と被存候哉、且又事短く書付調候へとの儀難心得儀也、左候はゞ先其分と御意にて、被打捨置候御様子故、六郷殿より戸田殿江、右之趣被相達候得は、七時過戸田殿より、如何様思召次第に御請、早速被指上可然旨申来候により、右之御書付之侭翌廿八日の願六郷殿を以て、重而戸田殿江御指上被遊候、

享保八（一七二三）年に、前田綱紀の隠居願書が幕府に提出された。願書は出入旗本の六郷政慶が月番老中戸田忠真へ持参したが[13]、文言を書き直すようにとの指示があった。書き直しの指示に前田綱紀は不満を持ち、その旨を六郷が戸田へ伝え、結果、元通りの文面で戸田へ提出することになった。史料中に直接は記されていないが、六郷は願書書き直しの指示への綱紀の不満を戸田へ伝えるだけではなく、指示の撤回を求める交渉を行ったと考えられる。出入旗本である六郷が、幕府との交渉において積極的な働きを行っていたとわかる[14]。

次の史料は、享保十二年に出された藩主在国中の江戸での勤方についての伺書である。

〔史料5〕「享保十二年三月江戸御留守居中之儀ニ付奉伺候品々」

一、御留守中、私共心得ニ而難仕品、御国江言上之間も無之儀致出来候ハヽ、本多弥兵衛殿申談、最前ハ秋元但馬守殿、其後ハ御用番老中江相伺候様可有御座旨、達御聴置候事、

当時ハ、前田帯刀（孝始）殿江及御示談、其上ニ而聞番水野和泉守（忠之）殿江罷越、役人迄得内意候趣ニも可有御座候哉、事ニ依、六郷主馬殿なとを以被及御示談候様ニも可有御座候哉之事、

前半部は〔史料3〕でみた宝永六年の伺書を引用した部分で、後半部が享保十二年の伺いである。江戸藩邸で解決できない問題が生じた際には、まず前田孝始へ相談し、その上で聞番が老中水野忠之の家臣へ内意を伺うこと、また問題によっては六郷政慶を通じて相談することの二点が伺い出されている。前田孝始は、〔史料1〕において相談相手の候補とさ

れていた前田孝矩の子であり、金沢藩にとって親族の旗本であった。[15] 水野忠之は、後述するように金沢藩の御内用頼であった。宝永六年とは異なり、特定の老中からの指南をうける体制へと復帰していたとわかる。

ここまでみてきた金沢藩の御用頼の内、本多政法や前田孝矩・孝始父子などの旗本は、金沢藩と縁戚関係にあった。一方、堀田正俊や戸田忠昌、水野忠之といった大老・老中は、縁戚関係などにあったわけではなく、御用頼を依頼するようになった経緯を考える必要がある。その一つの事例として、水野忠之への御内用頼の依頼を取り上げておきたい。

2　享保十二年水野忠之への御内用頼依頼

享保十二（一七二七）年閏正月十五日富山藩家老和田喜龍が水野忠之の江戸藩邸を訪れ、金沢藩が御内用頼を依頼したいという旨の富山藩主前田利隆からの口上を水野の家老拝郷縫殿へ伝えた。なお後掲の〔史料7〕から判明するが、これ以前から富山藩は水野を御用頼としていたため、富山藩が仲介を行ったと考えられる。金沢藩からの申出に対して、水野は依頼をうける旨を返答した。その後、次のようなやりとりが和田と拝郷の間で行われた。

〔史料6〕[16]

一、被仰入候儀早速御聞届被成候御礼之儀、何分ニ可得相心哉と拝郷江和田相尋候処、御使者被遣可然候、聞番中抔被遣候は、和泉守（水野忠之）殿御大慶有之間敷候、少々重キ役柄之御使者被遣、和泉守殿用人被呼出、御口上被仰達可然由之事、

一、中将様（前田吉治）御参府・御暇なとの節ハ被遊御越、和泉守殿江御逢被遊可然哉、御由緒も御座候故、此度之儀も早速御聞届之儀ニ御座候、御したしミも御座候得は、御内談等之儀も被仰聞能可有御座由、拝郷申候事、

一、聞番中之内、和泉守殿御用懸之者ハ一両人は相定置被遊、此面々ハ序次第和泉守殿御逢被成候様ニ被仰入候は、

定而可被任其意候由申候事、

まず御内用頼を引き受けてもらったことへの返礼について和田が尋ねたところ、使者を遣わせばよいが、その使者は聞番ではなく、より重職にある者にするべきであると返答があった。(17)金沢藩主前田吉治が参府・帰国の際に水野と対面することも了承された。また親密な関係となれば、内談もできるようになると拝郷が述べている点も注目される。これは御内用頼となっても、それだけでは内談をうけないということであり、御内用頼の性格をあらわしている。さらに聞番の内、一名か二名を担当者に定めて、機会をみて水野へ対面をさせておきたいとの願いについても伝えられている。

これに続いて、水野家家老松本主税・拝郷縫殿、留守居斉藤茂兵衛・由比弥左衛門から金沢藩年寄前田孝資・家老前田知頼へ、今後の関係のあり方が書状によって伝えられた。

〔史料7〕

一、和泉守殿江御使者、今明日之内可被遣候哉、同敷ハ今日八ツ時過可然候、御内用之儀又ハ御内々ニ而表向等被遣候節は八時過能御座候由、朝之内は御見廻或使者等も多、役人共も取込、緩々と永談難仕候由、御音物之儀は猶以朝之内は御延引可然候、御献上之御残等被遣候義は刻限之差別も無御座候、尤其時刻和泉守殿江申達候事も無之よし、出雲守殿（前田利隆）ニても平常右之通相心得候旨ニ御座候、此段御用人衆・聞番衆へも被仰聞可然哉之事、

一、近日之内、和泉守殿江日限御聞合、　中将様御逢被遊候様御越被成、御直御礼も被仰可然哉と奉存候、其節は家老両人用人三人被召出、御目見被仰付可然哉、　松雲院様（前田綱紀）御代ニもケ様之先格ハ度々有之事ニ御座候故申上候、

一、和泉守殿留守居両人江聞番中馴染置被申候様致度候、御用向之儀内談ニ付、御調法成事も御座候、是等は　中将様御目見被仰付候ニハ及申間敷候哉、

一、当月中又ハ来月ニ至り候而も、何そ御心入之御音物少々被遣可然候、其品口上ニ得御意候、ケ様之義も右留守居共江内談候得は品能御座候由、出雲守殿ニ而も毎度此趣ニ御座候、其節は内式台迄持参候由、

一、出雲守殿より表向付届之外、寒気見舞少々銀三疋・富山塩一程、暑気見廻越後縮三端・国肴、其間へ冷気或余寒見廻ニ国肴等之もの被持越候、多少ニ不限、御心入御したしミ被成候趣能御座候、不絶中様ニ仕度候、

一、和泉守殿江御逢被遊候節は、利倉善佐御取持ニ罷越可然哉、若障ニは竹内鈴庵可然候、是両人之外、心安ク参候者無御座候、鈴庵も御屋敷御出入ニて御座候、

一、和泉守殿留守居共江聞番衆手寄之儀、出雲守殿聞番共引合候か、又ハ善佐可然哉、

一、御用向之儀、為指事ニ無之義迄も御聞合被成候は障可申候、聞番衆江承合候而も難及了簡義其外ニも可有御座候へ共、其義ニ指向不申候而は難得御意候、六ケ敷御相手ニ付、卒事ニ窺、殊之外障ニ罷成事も御座候、此品被指引可有御座事ニ御座候、品ニより聞番衆ニて被相済義も可有之哉、

内容を整理しておきたい。最初の一つ書きは、内用もしくは内々に表向へ使者を遣わす場合は、八時過ぎにするようにと指示がなされたというものである。朝の内は使者や役人などが多く水野邸を訪れており、時間がとれないためとされる。将軍への献上の残りを贈る場合には、時間はいつでもかまわないが、それ以外の音物を贈る場合には、朝の内は避けるようにとも指示されている。二番目の一つ書きは、前藩主前田綱紀の時の由緒があるために、吉治が水野と近日中に対面して、礼をすることを承知したというものである。三・四・五番目の一つ書きからは、御内用頼は音物・付届を必要とする関係であったとわかる。ただし品物の価値よりも、途切れることなく贈り物などをするのが重要であり、水野家留守居と聞番が慣れ親しんでおくように求められるなど、継続した親密な関係の維持が必要とされている。六・七番目では、水野家出入の御城坊主利倉善佐・竹内鈴庵が取持として指定されている。最後の一つ書きでは、重要ではない問題については、水野本人へ伺い出ないようにと指示されている。軽々しく水野へ伺った結果、問題が発生するかもしれないこと、用件によっては留守居への相談で解決するであろうことも伝えられた。

この書状は、金沢藩の御用頼旗本である前田孝始によって金沢藩へ伝えられた。さらに孝始からは、口上で次のように

伝えられた。

〔史料8〕

一、出雲守様江和泉守殿御返答ハ、御承知被成候、由緒も有之義ニ付、何成共御心置なく御用之義可被仰聞旨、御懇之御答之由之事、

一、拝郷迄和田申達候ハ、御返答之趣出雲守様江申上、其上ニ而中将様江被相達候而は延引罷成候義故、右返答之様子和田より相達可申哉之趣及示談候処、成程其趣可然旨申候由之事、

一、今明日之内為御礼被遣候御使者之義ハ、覚書之通ニ候間、年寄中抔ハ重過、結局表向御懸り候様ニ而如何ニ存候間、若年寄前田将監、御不勝ハ御近習頭等之内ニ而可有之哉と帯刀(前田孝始)殿被申候事、

一、和泉守殿江御越被遊ハ、御自侭御聞合之儀ハ、聞番よりあなた留守居迄承合申ニて可有之旨、帯刀殿被申候事、

一、御音物之儀、拝郷和田迄申達候得ハ、和泉守儀ニ候得ハ品重ク被遣候而も忝不存義も可有被咄候、品軽ク御座候而も御心入之品ニ候ハ、大慶可被仕候、とかく御したしミ深ク被成候様成趣ニ而可然旨、物語候由之事、

但、拝郷右之序ニ咄候は、安芸守様(浅野吉長)抔ハ何之御由緒も無御座候得共、とかくおしたしミ被成懸候故、不被得止御内用も被承候儀之由申候旨之事、

一、拝郷申候ハ、

中将様和泉守殿江御越被成候義は、御家柄ニ而不被成義も可有之候得共、御由緒も有之事ニ候得は、外々之障ニも成申間敷義に候由申候旨之事、

まず水野が御内用頼を引き受ける旨の返事をしたこと、御内用頼の依頼が成功した旨について、富山藩主前田利隆を経由せず、交渉にあたった富山藩家老が直接金沢藩主へ伝えることを水野家家老が許可したと伝えられた。次に、水野への返礼の使者についての前田孝始の意見が述べられている。水野からの覚書では聞番よりも重職の者を指示してきていたが、

家老では重職すぎるので、若年寄もしくは近習頭がよいとしている。家老では「表向御懸り候様ニ而如何ニ存候」とされており、御内用頼の関係が表だってはならなかったことを示している。音物については、品物の価値よりも親密な関係の維持が重要であると書状の内容を繰り返した上で、広島藩主浅野吉長が水野との間に由緒はないものの、親しい関係を作り上げたために御内用頼を依頼できたと述べている。また前田吉治が水野を訪問することについて、前田家には由緒があるために問題はないであろうと伝えている。御内用頼を依頼するためには、先例・由緒の存在や強い働きかけなどの特別な要因が必要であったとわかる。なお、北島正元氏は、水野が「清廉な古武士的風格」を持ち、老中在役中には定式の贈り物の他に金銀などの進物が贈られることはなかったとしている(18)。しかし、この史料にも示されるように、御内用頼の関係にともない音物を贈られていた。これは北島氏の評が誤っていると考えるよりも、近世という時代の特質を示していると捉えるべきである。

以上のような経緯を経た上で、水野を金沢藩家臣が訪問して口上を述べ、水野からは次のような返答があった。

〔史料9〕

御同氏出雲守殿より御達之趣ニ付及御挨拶之通御承知、預御使者被入御念忝存候、仰之通、于今余寒ニ候得共弥御堅固御勤被成目出度存候、然は御内用之義ニ付、御由緒も御座候事ニ候得は、何成とも御家来より被相談候様可被仰付候、又此方よりも心付申儀ハ可及相談候、

どのような趣であっても金沢藩家臣が相談に来るように、また水野からも気づいたことは相談するとの旨が述べられた。また御内用頼となる根拠として、両家の間での由緒の存在があげられている点は注目される。ここにも御内用頼という関係が特別な性格を持っていたことが示されている。

この後、同年閏正月二十一日に水野との間を取り持った前田孝始が金沢藩邸を訪れ、その際に金沢藩家老から孝始へ次のように伝えられた。

〔史料10〕

御自分様御勝手之儀御不如意之段、前々及承申候、此節柄ニて一統難義仕事故、定而弥御難儀可被成と私共毎度御咄申儀ニ候、中将様ニも右之通素被存候、何とも御勝手之御償ニも成候様成被致方も可有之候得共、此方も御聞及之通万端指問申事のミ、其上外ニも障申義共故、等閑ニ被致候、依之、当分之御潤色ニも成可申哉と、乍少分金子弐百両、内々より進贈被申候、此段宜相心得及御挨拶候様ニ被申候、

是以後も御勝手御指支之儀も候ハヽ、何時成共私共迄潜ニ可被仰聞候、少分之義ハ如何様ニも御示談可申候、此度之二百両之内百両は追付進候様ニ可仕候、百両ハ夏中進可申候、

前田孝始に対して、この時に一〇〇両、夏の間に一〇〇両と合計で二〇〇両を内々に贈呈すること、今後も金銭が必要な際には、少額であるならば援助を行うことが伝えられた。金銭を贈る理由として、孝始の財政の状況があげられているが、実際には水野との御内用頼交渉への謝礼であるのはいうまでもない。

3　御用頼の縮減

十七世紀半ばから数度にわたって、御用頼の規制が行われた。山本博文氏によると、家光の親政が始まった寛永後期になると、旗本と大名との交際に歯止めがかけられるようになった[19]。山本氏は延宝八（一六八〇）年に、旗本戸田重種が萩藩の御用頼を断ったことも明らかにしている[20]。大名と直接のつながりを持つ旗本や老中の存在は、幕府にとって好ましくなく、綱吉が将軍になるとともに制限されたと指摘する。しかし、第1節でみたように、天和二（一六八二）年の時点で、金沢藩は堀田正俊と「心易」関係であり、公儀向きの勤めなどについての指示をうけていた。綱吉将軍就任にともなう御用頼の規制は、ほとんど間をおかずに形骸化していたようである。また服藤弘司氏・千葉一大氏は[21]、宝永六（一七〇九）

年二月に「老中　公儀向御用頼銘々有之候得共、相止候間可被得其意候、向後は月番之老中江可被相伺候」との触出があり、老中への御用頼の依頼が禁止になったとする。この触出が金沢藩へも影響を与えたことは、第1節で指摘したとおりである。ただし前節でみたように、享保十二（一七二七）年には水野忠之が金沢藩の御内用頼となっており、この規制もその後形骸化していたと考えられる。他に、服藤氏は享保十六年・元文五（一七四〇）年に奥右筆が諸大名の留守居と会うことを禁止されたため、奥右筆を御用頼とすることが事実上不可能となったとも指摘している。

　このように、十七世紀半ばから十八世紀前半にかけて、御用頼はたびたび幕府によって規制されていたことが明らかにされてきた。一方で、藩の側にも御用頼を削減しようとする動きがあったことも指摘されている。(22) 金沢藩においても、同様の動きがみられる。次の史料は、貞享三（一六八六）年のものである。

〔史料11〕「御在国中於江戸相勤申品々当年相伺被　仰出候帳」

前々御勤之儀、　御城坊主衆より　殿中日記写参候故、其上を以承合、御国へ言上仕候、当年ハ日記写不参候付、御勤之儀知兼可申旨奉存候、尤前田相模守(孝矩)殿御中間廻状之趣可被仰越旨御座候へ共、是とても委細ニハ御座有間敷と奉存候、御留守中ハ御広敷御出衆も稀御座候故、弥難知可有御座候、何とそ脇々頼申候而承出申様ニ仕度奉存候、戸田山城守殿御家来之内、此方聞番之者共江懇にいたし置度儀も御座候ハヽ、尋ニ越申候様ニ申者も在之由御座候、ケ様之者へ聞番之者常ニ親ク申通、　御城之御様子等承候様仕候而も苦間敷儀ニ御座候哉、奉得　御内意候、以上、

四月廿二日　　菊池弥八郎

井上勘左衛門

右紙面入　御覧候、

御真筆之御意書

不入事にて候、御老中方之儀ニ付はきと勤可申品、又一門中之儀ハ只今之むきにても如何ニも相知可申候、其外之

儀ハ江戸中右之様子存知之事ニ候へは、承付不申とても如在とハ不被為事ニ候得ハ、表書之儀ニハ不入事ニ候、只今迄さへ、むり成事ニ候へハ、迚も出入衆之事、十ニ五六も知不申事耳ニ而可有之候、已上、

金沢藩では、以前は御城坊主から殿中日記の写を入手し、国元へ連絡していた。しかし、この年は日記の写が手に入らず、前田孝矩が同席廻状の内容を伝えてきていたが、それでは不十分であった。また藩主が江戸にいないために、藩邸を訪れる幕府役人も少なく、情報が不足していた。そこで老中戸田忠昌の家中に金沢藩聞番との親密な交際を求めている者がいたため、それを利用して江戸城内の情報を入手してはどうかと藩主前田綱紀へ提案している。菊池弥八郎・井上勘左衛門の両者は、江戸詰の金沢藩家臣（御用聞役）である。なお史料中では明記されてはいないが、殿中日記の入手ができなくなったのは、御城坊主の出入がなくなったためと考えられる。

この提案に対して、藩主は無用であると返答した。現状でも老中への勤め向きを果たすことは可能であり、一門についての情報も十分入手できている。さらに出入の者が知っていることは、十中五六にすぎないというのが、理由であった。前述のように、貞享三年には金沢藩は戸田忠昌を懇意の老中としていたと考えられるが、戸田の家臣との親密な関係の構築は不要とされており、坊主の出入がなくなったこととあわせ、御用頼を縮小する方針であったと考えられる。

次に、享保期の様子をみておきたい。享保六（一七二一）年に、会津藩は御用頼の縮小を計画し、他藩の調査を行った。次はその際の金沢藩の状況である。

〔史料12[23]〕

依而、加州様之御様子承合候得ハ、兼而水戸様御城附へ附届致置候間、日々之御城書承知いたし、他家之事ハ御末家御両方之御留守居共より申上来候、且御城坊主衆へ以前ハ懸合被差出候処、中頃此義相止候得共、差支之儀とも有之、近年は参次第、懸合ニ無之屹度致候料理差出候事之由、尤廻状之列も候由、

従来は水戸藩の留守居から殿中沙汰書を入手しており、他藩の情報は富山・大聖寺藩の留守居から知らされていた。御

城坊主へは、料理を出して関係を持っており、その後取りやめたものの、差し支えが生じたために、近年では再び料理を出すようになったとされる。〔史料11〕でみたように、貞享三年には、御城坊主の出入はなくなっていたが、その後再開されていたことがわかる。

その後、享保九年十一月十五日には、江戸藩邸の出入の者へ、次のように申し渡しがあった。

〔史料13〕(24)

一、左之通於江戸御心易御出入之御面々等江申達候趣ニ而、御用人より申談有之、近年勝手物入打続候に付、要脚之運指支候、前々より御音物之儀は御断被申事に候得共、猶亦自今内々に而御贈答之儀も、今般一統どなた江も堅御断絶被申候、此段申入置候様被仰付候由、

支出の増加による財政の悪化をうけて、贈答を中止するという内容である。この申し渡しは、単に贈答を控えるということだけではなく、出入衆との関係の縮小をもたらしたと考えられる。また翌十年の藩主から江戸藩邸役人への指示には、次のようにある。

〔史料14〕「享保十二年三月江戸御留守居中之儀ニ付奉伺候品々」

享保十年正月十二日被　仰出

一、去年御在国之内は、御台所不人に付、前田帯刀殿(孝始)・本多帯刀殿(正淳)など御用ニ付罷越候而も御料理も出不申、其外坊主衆被参候而も右之通ニ御座候由、御用人申聞候、去年は御在国之御間も無御座候故、右之通ニ而も相済申候得共何も不都合奉存候、当御留守中ハ、御台所ニ夫々役人も罷在候、帯刀殿又ハ坊主衆など御用ニ付被罷越候節、御料理出候而宜可有御座と奉存候段、掃部を以相伺候処、左様有之候而は不興成義ニ候、両帯刀殿・坊主衆・御歩目付など被参候時分ハ、軽ク御料理出候様ニと同人を以被　仰出候ニ付、御台所奉行江申聞、御留守中置候役人致僉議、書出候様ニ申渡、御用人江も右之趣申聞候事、

前年の藩主在国中は、前田孝始や本多正淳、御城坊主が御用で藩邸を訪れた際に、接待の料理を出さなかったが、次の在国中は、前田孝始や本多正淳、御城坊主が訪れたならば料理を出したいと、江戸詰の役人が藩主へ申し出た。本多正淳は本多正法の養子である。この要望をうけた藩主は、前田孝始・本多正淳・御城坊主・御徒目付へは、軽く料理を出すようにと命じている。享保九年には藩邸を訪れた御用頼への接待が行われなかったこと、十年になると御用頼への接待が一部ではあるが再開されていたことがわかる。次に享保十二年の様子をみておきたい。

〔史料15〕「享保十二年六月十七日前田将監より被相渡候申送帳一冊」

一、当御留守中御見廻之御面々候共、御懸合之御料理先ハ出不申筈ニ候、前田帯刀殿・本多帯刀殿抔御越、御用之筋ニより時刻も移り申様成時は、致僉議、御料理又は御菓子出申筈ニ候事、

〇付札

此趣ニ候とも、朝昼等ニハ軽御料理出申候、委細御用人等江尋可被成候、

一、御用御聞合之御城坊主衆之儀ハ前日より被参候様子相承申候、聞番中より御用所江断ニ候、其節御用人より御台所与力江申談振候事、

前田孝始や本多正淳等に限らず、朝昼には軽い料理を出すようになったこと、御城坊主へは台所役人と相談の上で対応していたことがわかる。次も同年の史料である。

〔史料16〕「享保十二年三月江戸御留守居中之儀ニ付奉伺候品々」

一、此方様御用之儀ニ付御出之衆在之、時刻移候は、軽懸合之御料理又は御菓子に而も、様子次第出候様可仕候事、

一、坊主衆・御歩目付なと被参候時分同前之事、

この史料から、前田孝始や本多正淳に限らず、藩邸を訪れた者へ料理や菓子を出しており、御城坊主・御徒目付についても同様に対応するようになっていたことがわかる。この時点では享保九年以前の状態へ戻っていたといえる。

ここまで取り上げてきた御用頼の縮減について、もう一度まとめると、次のようになる。

貞享三年　御城坊主の出入の廃止

享保六年以前　御城坊主の出入の再開

享保九年　出入衆との贈答の中止、前田孝始・本多正淳・御城坊主への接待なし

享保十年　前田孝始・本多正淳・御城坊主・御徒目付への接待再開

享保十二年　出入衆全体への接待の再開

右のように、金沢藩の御用頼の制限は、貞享三年の御城坊主の出入の廃止から始まった。その後、享保六年には旧態に復していたが、同九年には出入衆への贈答や接待が中止され、さらに翌年には一部への接待再開、同十二年の出入衆全体への接待再開など、短期間で制限と緩和を繰り返しており、方針は一定したものではなかった(27)。

おわりに

ここまでみてきたように、貞享から享保にかけて、金沢藩も老中や旗本、御城坊主などを御用頼とし、情報の収集や江戸藩邸で処理できない問題が発生した際の相談などを行っていた。御用頼の旗本には、前田孝矩・前田孝始・本多政法・横山元知といった藩主や重臣の親族が多く存在した。これは金沢藩の特徴としてあげることができる。水野忠之に御内用頼を依頼した事例からは、御内用頼を引き受けるにあたって由緒や強い働きかけが必要と認識されていたことが明らかになった。老中を御用頼とすることは、ある程度一般的であったと考えられるが、それでも御用頼は特別な関係であると捉えられていたといえよう。また御用頼との関係には、時期により差があったが、第1節や第3節でみたように、その濃淡は短い期間で変化しており、その背景に幕藩関係の変容を直接みることは困難であると考えられる。

最後に今後の課題を二点示しておきたい。まず、本章では対象としなかった時期を取り上げることがあげられる。たとえば、元禄三年には本多政法と横山元知が重要な相談の相手であったが、その祖父・曾祖父は、元和・寛文期に金沢藩政を主導していた人物であった。二つの時期をつなぐ期間についての分析は、幕藩関係における御用頼の意味を考える上で重要であろう。また本章では金沢藩に対象を限定したが、他藩の状況も明らかにする必要がある。老中など幕政を直接になっていた人物については、御用頼となっている藩の多少と権力の大小が直接関係していたと考えられるためである。(28)

(1)『歴史評論』二五三(一九七一年、のちに「初期藩政改革と幕府」と改題され『日本近世国家史の研究』岩波書店、一九九〇年に所収)。
(2)江戸幕府成立以降を対象としたものとしては、「徳川幕府初期の政治機構」『幕藩制の成立と近世の国制』(校倉書房、一九九〇年)、『江戸お留守居役の日記』(読売新聞社、一九九一年)、『江戸城の宮廷政治』(読売新聞社、一九九三年)、「大名の公儀向御用と御用頼の旗本」『歴史と旅』二〇〇一年二月号(二〇〇一年)一五一〜一五三頁などがあげられる。
(3)田中誠二「藩からみた近世初期の幕藩関係」『日本史研究』三五六(一九九二年)、保谷徹「大名文書の提出—受理システムと老中の回答—上田藩松平家文書「日乗」の検討から—」研究代表者加藤秀幸『近世幕府文書の古文書学的研究』(平成三年度文部科学省科学研究費補助金一般研究(B)研究成果報告書、一九九二年所収)、服藤弘司「解題(江戸表聞合書類)」『藩法史料叢書 金沢藩』(創文社、二〇〇〇年)三三一〜一一六頁、千葉一大「文化年間における盛岡藩への拝借金—その貸与と返納について—」『日本歴史』六二〇(二〇〇〇年)、同「「取次」・「後見」・「御頼」・「懇意」—盛岡南部家の事例から—」『国史研究』一〇八(二〇〇〇年)、岩淵令治「江戸藩邸の多様な出入」『江戸武家地の研究』補論二(塙書房、二〇〇四年)六〇七〜六三六頁、次田元文「「先手御用頼」と「御用頼」」『岡山地方史研究』一〇七(二〇〇五年)、三宅正浩「近世前期蜂須賀家と親類大名井伊直孝—幕藩関係における役割を中心に—」『彦根城博物館研究紀要』一七(二〇〇六年)など。
(4)前注(3)次田論文。
(5)千葉一大氏は、十八世紀初頭の盛岡藩「御頼之御老中」の立場は、山本博文氏が明らかにした「取次の老中」と同じであると指摘している。

（6）服藤弘司氏は、老中・若年寄・御用取次・大目付など上級の幕府役人は「御懇意」、先手・目付・三奉行・奥右筆組頭など中堅の幕府役人は「御用頼」、徒目付・小人目付・与力・勘定・御城坊主・中之口番など下級の役人は「（御）出入」と称されることが多く、公式には全体を「御用頼」と称したとしている。実際には、先手は出入と称される事例も多いが、先手は下級役人とは言い難いため、出入は単純に江戸藩邸に出入りしていた者の呼称と考えた方がよい。ただし、各呼称ごとの差異については、服藤氏が述べる程度の分類が妥当なのではないかと考える。

（7）「江戸御留守居伺等留帳」（「加越能文庫」金沢市立玉川図書館近世史料館所蔵）。以下、特に記述のない史料は、全て同様。

（8）原昭午『加賀藩にみる幕藩制国家成立史論』（東京大学出版会、一九八一年）、大野充彦「前田利常政権の成立―慶長期の加賀藩政の動向―」『海南史学』二〇（一九八二年）、清水聡「慶長期加賀藩における幕藩制的秩序への編成過程―「取次」本多政重の創出とその政治的役割―」『立正史学』九五（二〇〇四年）。

（9）横山長知は、元和・寛永期には本多政重とともに金沢藩政を主導する存在であった（前注（8）清水論文）。

（10）前注（3）服藤書、四七頁。本多は目付中川伊勢守・溝口源右衛門とともに抜群の功績があったとされている。

（11）前注（3）服藤書、前注（3）千葉「「取次」・「後見」・「御頼」・「懇意」―盛岡南部家の事例から―」。

（12）『加賀藩史料』第六編、（石黒文吉、一九三三年）三二二頁。

（13）六郷政慶は先手鉄砲頭であった。戸田忠真は戸田忠昌の次男であり、戸田家を継いでいたが、願書の提出先となったのは月番老中であったためであり、懇意の老中などの立場を想定するべきではないであろう。

（14）保谷徹氏は前注（3）論文において、縁組など将軍―大名関係に関わる重事の際には、先手が願書の差出人に名を連ねる場合や提出の取次を行う場合があったことを明らかにしている。ただし、そこでの先手の役割は極めて形式的なものであったとされており、本事例での六郷の役割とは差があるように思われる。なお、この隠居に関しては、当初は老中井上正岑へ林信篤を通じて内談していたが、井上が死去したため、綱誠の娘婿である広島藩主浅野吉長を通じて月番老中へ内談を行うようになっている（『加賀藩史料』第六編、三二三頁）。

（15）この時点では、前田孝始は幕府の役職についていなかった。

（16）「水野和泉守様江御内用御頼之趣ニ付、始終之紙面写、大炊より御用人江被相渡候帳之控」（前注（7）「江戸御留守居伺等留帳」)。以下、〔史料10〕まで同様。

(17) 留守居(ここでは聞番)は、藩において中堅クラスを構成していた物頭・平士クラスの階層の者から選任されていた(笠谷和比古『江戸御留守居役　近世の外交官』吉川弘文館、二〇〇〇年、七頁)。

(18) 『近世史の群像』(吉川弘文館、一九七七年)二二〇頁。

(19) 前注(2)「徳川幕府初期の政治構造」。

(20) 前注(2)「大名の公儀向御用と御用頼の旗本」。

(21) 前注(3)服藤書、前注(3)千葉「「取次」・「後見」・「御頼」・「懇意」―盛岡南部家の事例から―」。

(22) 前注(3)服藤書。

(23) 『会津藩家世実紀』第六巻(吉川弘文館、一九八〇年)五〇四頁。

(24) 『加賀藩史料』第六編、四九五頁。

(25) 享保九年七月二十二日から同年十月二十一日まで在国していた。

(26) 本多は、この年の八月には使番となるが、正月の時点では小普請組に属しており、役職に関連した御用頼ではない。また金沢藩家老本多政敏の実子であるが、その関係よりも養父である本多正法の立場を継いだと考える方が自然であろう。

(27) なお、本章では金沢藩の御用頼削減の原因として、金沢藩に支出削減の必要があったことを指摘してきたが、幕府の倹約政策も影響を与えていたと考えるべきであろう(服藤氏も、幕府の奢侈取締りに基づく大名による留守居の取締りが、御用頼の奢侈・横暴な振る舞いの是正につながったと指摘している(前注(3)服藤書))。

(28) 山本博文氏は、土井利勝の権力の源泉として、将軍秀忠の信任とともに、大名の取次を行っていた上級旗本を掌握することによる大名の統制があったと指摘している(前注(2)「徳川幕府初期の政治機構」九〇~九四頁)。また、権力の大きな人物へは、多くの藩が御用頼を依頼したことも間違いないであろう。

2章　十八世紀中後期における大坂金融市場統制策

高槻泰郎

はじめに

十八世紀中期という時代が、政治史、経済史上の画期であるとの視角は古くから提起されてきた。この内、経済政策を主として扱う本章と密接に関わる研究として、中井信彦による一連の研究を挙げねばならない(1)。中井は、享保改革以来の年貢増徴策が米価下落を招き、同時に進行した銀の相対的価値下落と共に、領主財政を窮乏化せしめるに至った時代が宝暦期であると理解する。その上で、当該期を端緒として、十八世紀中後期にかけて展開された金融統制策、御用金政策、貨幣政策の中から、商品経済の発展を先取りし、自らを絶対王政権力たらしめようとする幕府の意図を汲み取っている。

十八世紀中後期に打ち出された諸政策を横断的に検討し、同時代の特徴を浮かび上がらせた中井の研究に学ぶべき所は多いが、幕府が個別領主の自律性を制限した結果として、諸大名の反発を招いたとする見解については、賀川隆行、藤田覚によって疑問が提起されている。天明五(一七八五)年の御用金において、御用金の借入を希望する大名に対して、領地を担保とすることを義務づけたことは領主権の侵害に当たり、それが諸大名、とりわけ門閥大名の反発を買った結果として、松平定信を表に立てた領主連合のクーデターが発生した(2)。この中井による仮説に対して、賀川、藤田の両氏は、自領の田畑を担保とすることを厭わず、御用金を借り入れた大名が少なくないことを重視する(3)。領地を担保とすることに、大名がそれほどの抵抗感を持ったとは考えられない。これが両氏によって提起された批判である。

両氏による批判は、大名という存在を一括りに捉えることへの警鐘でもある。幕府の経済政策の受け止め方は、大名が置かれている状況や、依って立つ経済基盤によって異なる。この当たり前の事実に、改めて目を向けて当該期の諸政策を再検討する必要があるのではないか。こうした問題意識の下に、本章は天明三（一七八三）年という年に着目する。

各地で深刻な飢饉が発生する中、田沼意知が若年寄に就任し、田沼意次がまさに盤石の体制を固めたこの年には、経済史上、極めて重要な政策が集中的に打ち出されている(4)。大坂を代表とする大名貸商人一一軒に対して課した内密御用金、近世初期以来、大名財政の救済に大きな役割を果たしてきた拝借金の停止、そして幕府の意を受けた呉服師後藤縫殿助による大坂における米切手取引の監視・統制。詳細は後述するが、いずれも大名財政に密接に関わる政策となっている。なぜこの年に、大名財政を左右する施策が集中的に打ち出されたのか。また、これらの政策は大名財政にとっていかなる意味を持ったのか。

この問いに答える上で、一つの鍵となる視角を森泰博が提供している。森は、大坂金融資本が貸付の引き当てとして最も重視した貢租米を、大坂にどの程度廻送できるかが、大坂における資金調達の成否を左右すると指摘している(5)。このことは、大坂金融市場に手蔓を持つ大名と持たざる大名とを区別する必要性を示唆している。森の視座を踏まえた上で、天明期前後に大坂を舞台に展開した諸政策の意義を考察することが、本章の課題である。

第1節において、天明三年に至るまでの経済政策について、特に大坂米市場を中心に、その経緯を概観する。この点については既に検討を加えた所ではあるが(6)、行論上必要な箇所について摘記する。続く第2節、第3節においては、前節における流れを踏まえつつ、天明期御用金政策の位置づけを試みる。

1　十八世紀大坂における米市場統制策

空米切手問題の顕在化

幕府による米市場統制策は、幕初以来、十八世紀初頭まで、米価対策に終始したと言っても過言ではない。米価引上（下）令、酒造制限（奨励）、米価公定、御買米といった一連の政策は、手段こそ異なるが、米価の調整に政策目標があったという点において共通する。(7)しかし、十八世紀中葉に入り、米価に加えて空米切手への対策が求められるに至った。(8)

大坂における諸侯の払米は入札形式で行われたが、落札した米仲買には、米そのものが渡されるのではなく、一定数量の米との兌換を約束した証券が、諸家蔵屋敷より発行された。これが米切手である。米切手の発行を受けた米仲買は、通常、即座には蔵出しを請求せず、堂島米会所において転売し、そこでさらに転々と売買されたため、米切手の発行から米の蔵出しまでに時間差が生じることになる。ここに、諸大名が在庫米量以上に米切手を発行する誘因が存在した。大坂における米切手取引を禁じた承応三（一六五四）年の町触において「蔵元ニ無之米」について手形を発行することが問題視されていることから、大坂米市場が公許される以前から、在庫米量以上の米切手発行は慣行化していたと言える。(9)

米切手所持人の兌換請求に応じられる限りにおいては、在庫米量以上の米切手発行が問題となることはない。しかし、ひとたび兌換信用力が失われると、当該蔵屋敷が発行する米切手は空米切手と見なされ、取り付け騒ぎに発展することもある。そうした騒動が史料上に確認され始めるのが、十八世紀中葉以降である。元文二（一七三七）年六月に起こった広島藩蔵屋敷を巡る騒動、(10)宝暦十（一七六〇）年に大津で発生した小浜藩蔵屋敷を巡る騒動などがそれに当たる。(11)十七世紀から慣行化していた在庫米量以上の米切手発行は、十八世紀中葉に、看過し得ない問題として浮上したのである。

こうした情勢にあって大坂町奉行所は、まず宝暦九（一七五九）年十二月に、入替両替、(12)三郷町年寄、および十人両替などに対して、米切手を担保に行った貸付について、その貸付先、貸付額、担保切手の属性を書付として提出させると共に、担保切手を残らず提出するよう命じている。[13] これに対して三井大坂両替店では、米切手は一切所持していないと回答している。[14] 同店では米切手を担保とする貸付は、宝暦九年以降、行っておらず、その要因として賀川隆行は米切手の信用低下を指摘している。そして宝暦十年十二月、大坂町奉行所は、諸家蔵屋敷の名代・蔵元に対して、登米高、払米高、有米高（在庫米高）の調査、ならびに「売過米」の買い戻しを命ずる。[15] これらの調査が江戸表からの指示によって行われたものなのか、そして買い戻しが実際に行われたのか、詳らかでないにしても、同年に発生した小浜藩大津蔵屋敷の取り付け騒ぎとは、決して無関係ではなかったと考えられる。

宝暦十一年空米切手停止令の意義

宝暦十一（一七六一）年十二月三日、江戸から目付、勘定吟味役をはじめとする一行が登坂する。その後、十二月十六日、三十日と立て続けに御用金令と空米切手停止令が発令される。御用金令とは、大坂町人二〇五名に対して一七〇万三〇〇〇両の御用金を指定し、内三分の二を米切手買入代とさせ、残りを相対で希望者に貸し付けさせるというものであり、後に展開する大名救済を目的とする御用金の先駆けと評価されている。[16] 御用金政策については、後に触れるとして、ここでは空米切手停止令を中心に検討していく。

〔史料1〕[17]

宝暦十二壬午年正月四日

松平右近将監殿〔老中・松平武元〕

松平摂津守殿〔若年寄・松平忠恒〕　御渡し

大目付

御目付　江

大坂表諸家蔵屋敷払米之儀、廻着米高之外、空米を書くわへ、有米高より過米之切手越出し、相払、且廻米都合致度節ハ、右過米切手之分、買戻し候類有之由相聞、正米直段幷自余之切手米売買ニ相障り、甚よろしからす候、依之、已来右体之空米過米等書くわへ、売買いたし候儀、令停止候条、其旨急度可相守、若違犯之ともから有之ニ於ひてハ、可為曲事者也、

十二月

右之通可被相触候、

先学の指摘する通り、御用金政策に相伴って発令された空米切手停止令は、米価対策としての側面を持っていたが、空米切手の禁止によって米切手供給量を制限し、米価の上昇を期する、という図式のみで説明されるべきではない。「正米直段幷自余之切手米売買ニ相障」との文言に着目すると、米価と併せて、米切手売買への悪影響が懸念されていることが分かる。空米切手が「自余之切手米売買」に弊害をもたらすとすれば、それは信用不安の連鎖によってもたらされるものである。信用を失った米切手は、買い手を失って価格が下がり、担保としての価値も低落する。幕府が、米価のみならず米切手の信用にも関心を向けた理由はここにある。宝暦九年、同十年と立て続けに行われた調査は、米切手の信用調査に他ならなかったのである。諸家蔵屋敷に対して一〇〇%の蔵米準備を求めることで、米切手の信用不安を解消し、御用金政策を通じた買米と併せて、米価の上昇を期する。これが、幕初以来、度々悩まされてきた米価安、そして同時期に問題となっていた空米切手問題に対して幕府が示した政策であった。

しかし、蔵米の裏付けがある米切手と、それがない空米切手とは、外見上は全く区別されないため、空米切手を市場で取り締まることは技術的に不可能であった(18)。したがって、不渡りを出さない限り、空米切手を発行したことにはならず、仮に不渡りが発生したとしても、空米切手は一枚も存在しないとの原則が確立していることにより、米切手所持人の蔵米

請求権は尊重されることになる。空米切手停止令は、諸藩の空米切手発行、及びその流通に対して、むしろ促進的な役割を果たしたのである。

中井信彦は同政策が御用金政策と同時期に打ち出されたことから、「過米分を含む米切手を振出すことによって行なってきた金融の途をとざし、一様に御用金による幕府資金に依存することを余儀なくさせる」、すなわち「金融面での大名支配」を確立する意図が幕府側にあったと指摘している(19)。これに対し、御用金政策を検討した賀川隆行は、御用金を原資とする大名への貸付が、大名側の利害にそって長年賦償還とされたことから、幕府は大名と町人との相対の金融関係として放置したのであり、そこにいかなる大名支配も見られなかったと指摘している(20)。賀川の指摘する通り、確かに幕府は、宝暦の御用金政策において、諸大名に対して返済を強制するという意味での支配は行っていない。しかし、ここで中井の言う大名支配とは、幕府が斡旋する金融手段に依存せしめる、という意味での支配を指していると考えられる。したがって、御用金以外の金融の途を閉ざされたのか否か、が争点になるべきであるが、実態として米切手発行による金融の途が閉ざされていなかったことは、前段に指摘した通りである。不渡りが生じない限り、空米切手発行の事実が露見しない以上、空米切手の発行を根絶するには、発行過程そのものを押さえる必要がある。それが、後述する呉服師後藤縫殿助による米切手改印制度であった。

「金銀通用も不宜」――明和～天明期における大坂米市場統制策

空米切手停止令は、少なくとも法令の文言上、空米切手を利用した金融を否定しているが、明和期以降は、金融市場の円滑化を明瞭に意識した政策が打ち出されていく。この時期の町触に「米切手不通用」「金銀通用も不宜」「切手を危踏」といった、金融逼塞を懸念する文言が頻出することも、そうした傾向を物語るものであると言える。

明和二（一七六五）年八月に大坂で出された町触において、闕所時の没収財産から米切手を除外する旨が通達される(21)。

ここで通達の対象とされているのは米切手所持人と米方（入替）両替であり、米切手の通用力を保障することによって、米切手売買市場、米切手担保金融市場の双方において、円滑な取引を担保しようとしたものと言える。

そして、明和八年一月には、蔵米準備の基準を緩和する政策を打ち出す。空米切手停止令においては、「有米高より過米之切手」が空米切手と定義されていたのに対し、ここでは「いわれなく蔵々より米渡し方さし支候得ハ、則停止之空米ニ相当り候」としている[22]。つまり、蔵米在庫量以上に米切手を発行することを問題とするのではなく、不渡りを出すことを、ここでは問題としているのである。この時期の幕府は、蔵米の引き渡しが円滑に履行される限りにおいては、蔵米準備の基準を、各蔵屋敷の裁量に委ねてもよいと判断していたのである。

続いて幕府は、安永二（一七七三）年六月、不渡り切手の公銀御買上令を打ち出す[23]。空米切手の濫発が金銀通用に悪影響をもたらしているとの見地から、不渡りが発生した米切手を公銀で買い上げる旨を規定したものである。さらに安永九年九月には、借銀担保として発行された米切手についても、公銀による御買上の対象に含めている[24]。

当該期の幕府が、米切手取引を中心に展開する金融市場に、ここまで意を砕いた理由とは何か。米切手の信用が失われれば、直ちに打撃を受けるのは諸大名である。森泰博が指摘した通り、諸大名が大坂の金融商人から融資を受ける際に、最も有効な担保が米切手だったのであり[25]、その信用不安は金融逼塞に直結する。米切手の信用不安が、金融市場の逼塞を生み、それが諸大名の資金繰りを悪化させているという状況認識があればこそ、幕府は強い関心を寄せざるを得なかったのである。米価対策に加えて、米切手を軸に展開する金融市場をいかに円滑に機能させるかという政策課題が浮上した点に、十八世紀中後期という時代の特徴を見出すことができる。

不渡り切手の御買上政策は、天明二（一七八二）年八月に廃止され、代りに呉服師後藤縫殿助[26]が「米切手改兼帯役」として、米切手の統制に当たることになる[27]。導入当初は、米切手取引に係る紛議について、調停を依頼する者があれば後藤が対応するという、あくまでも受動的な制度であったが、開始から一年を経た天明三（一七八三）年十一月に改正が行われ、①蔵屋敷と米切手所持人との間で、内談が成立した場合でも、紛議の対象となった米切手について、後藤の加印を受けるべきこと、②今後は借銀担保としての米切手のみならず、通常の米切手についても後藤の加印を受けるべきこと、③蔵米在庫量を後藤が検査すること、が規定される[28]。空米切手停止令以降、米切手発行を諸家蔵屋敷の自律性に委ねてきた幕府は、米切手発行の全過程を管理下に置き、諸大名の資金調達における自律性を制限することを企図するに至ったのである。中井信彦の言う「金融面での大名支配」は、ここにおいて明確に意識されたものと見るべきである。

笠谷和比古が明らかにした通り、この改正は諸藩蔵屋敷の強い反発を受ける[29]。反発の論理は、「国持方領分自由の道理」の侵害、というものであり、結果的に幕令によって設定された同制度が撤回せしめられたという事実から、笠谷は「大名領主権不可侵の原理」の存在を主張した。笠谷の主張は、冒頭に紹介した、天明五（一七八五）年の御用金を原資とする諸大名への貸付が、領地を担保とした点に諸大名、とりわけ門閥大名が反発したとする中井信彦の見解と親和的である[30]。この中井の見解に対する賀川隆行、藤田覚の批判は、自領の田畑を担保とすることを厭わず、借入を行っている大名が少なからず存在する、そしてその中には尾張藩も含まれるというものであった[31]。

この批判の論理を、笠谷の主張に当てはめる場合に、留意すべき事実がある。それは、米切手改印制度に対して強い反発を示し、具体的に撤廃の陳情を行った大名が、毛利家、黒田家、鍋島家、細川家といった、大坂に大量の貢租米を供給していた大名であったという事実である[32]。冒頭で紹介した森泰博の視角に従えば、彼らは大坂金融市場に手蔓を持つ大名であった。すなわち、米切手の発行、あるいは米切手担保金融を通じて、純経済的取引として資金調達を行うことができた大名である。天明三年という年に、彼らの自律性を制限した一方で、同時に拝借金の停止を断行し、御用金政策を打ち出した理由とは何か。以下、順を追って考察していく。

2　天明期御用金政策の位置づけ

拝借金の停止

幕府による大名救済策の内、資金貸与に限って分類すれば、幕府自身の資金を原資とする貸付と、被支配者層から徴収した資金を主たる原資とする公金貸付とに二分できる。前者を代表する拝借金は、財政援助のため、無利子で大名・旗本・寺社・農民等へ貸与する金銭を指し、近世初期から行われてきた[33]。一方、被支配者層からの拠出金を主たる原資とする貸付は、宝暦の御用金を端緒とし[34]、その後、天明の御用金政策、そして寛政期以降の公金貸付制度へと展開していく[35]。

ここで着目したいのは、天明期に至るまでの拝借金制度の変遷である。明和八（一七七一）年四月、幕府の財政悪化を契機として、五カ年の倹約令が出されると共に、拝借金が制限されるに至る[36]。そして天明三（一七八三）年十二月には、同じく幕府の財政悪化を理由として、七カ年の倹約令が出されると共に、拝借金が完全に停止される[37]。拝借金の停止は、少なくとも幕府自身の資金によって、大名財政の救済に当たることを放棄した、という点で大きな転換と言える。拝借金を巡る、これら一連の変化の背後にあった動きについて、以下では検討を加えたい。

明和七年、福井藩一件

明和七（一七七〇）年、大坂を代表する大名貸商人一五軒から、福井藩への貸付が行われている[38]。この貸付は、福井藩が一橋家を通じて、大坂町人よりの借入を斡旋することを幕府に陳情したことにより実現したものであった[39]。当初予定した三万両には届かなかったものの、一五軒から同藩への貸付が実現したことは、この翌年に実施された拝借金の制限とも関連があったと考えられる。それまでは幕府自身の資金によって賄われていた拝借金に、民間の資金を当てるという発想が生まれたことを意味するからである。

森泰博は、貸付を受けるに際して、福井藩が幕府権力を利用せざるを得なかった背景として、領内からの御用金徴収が限界に達していたこと、江戸での借財が困難になっていたこと、大坂廻米量が僅少であったこと、の三点を指摘している[40]。純経済的取引関係としては資金調達を行うことができない大名に対して、拝借金をあてがうのではなく、民間資本による貸付を斡旋する。こうした変化が、拝借金制限令の背後に進行していたことを、福井藩一件は示唆している[41]。天明三年における拝借金停止令、そしてその後の御用金政策は、まさにこの延長上に位置づけられるものと考えられる。

天明の御用金政策

いわゆる天明の御用金政策とは、以下の三つを指す。第一に、天明三（一七八三）年、大坂の有力大名貸商人一一軒を対象として内々に課された御用金である[42]。これについては後述する。第二に、天明五年十二月、大坂の有徳の者を対象に課された御用金である[43]。大坂町奉行→惣年寄→対象者という正規の手続きを経て布達された点が、天明三年の御用金とは異なっているが、拠出された資金を原資として、大名をはじめとする諸方面への貸付を行わせしめるものであるという点で共通する。そして第三に、天明六年六月、全国の百姓・町人・寺社山伏を対象に課された御用金である[44]。本章では、これらの発端をなした天明三年の御用金に焦点を当てて考察を加えたい。

天明三年の御用金は、役所と大名貸商人一一軒との相対で実施されたものであるがゆえに、『大阪市史』にも記述がなく、長らく知られてこなかった。これを三井大坂両替店の「聞書」に見出したのが鶴岡美枝子である。

鶴岡は、天明三年に幕府が大坂の有力大名貸商人一一軒に対して、一四万五〇〇〇両（銀八七〇〇貫）の上納を命じ、拠出された資金は形式的に一一軒に対して貸し下げられ、一一軒はそれを原資として月八朱の利率で貸付を行い、その中から年利にして二・五％分を、毎年、貸付役所へ上納させるものであったことを紹介した[45]。その後の研究によって、当該制度が、老中田沼意次―大坂西町奉行佐野政親―大坂谷町代官大屋四郎兵衛のラインで進められたものであること(46)、この制度を通じて高崎藩への貸付が行われたことは明らかにされてきたが(47)、当該制度が、いつ、いかにして発足したのか、という点についての説明は与えられてこなかった。そこで本章では、一一軒の中核をなした鴻池屋善右衛門と加嶋屋作兵衛が残した史料に依拠して、当該制度の発足時点からの経緯を追っていくことにしたい。

3　融通御貸付制度の意義

融通御貸付制度の発足

鴻池屋善右衛門は、融通御貸付制度に関する役所との交渉履歴を詳細に控えていたが、同制度が発足した天明三年については記録が現存していない。しかし、後に役所より、当該制度の来歴について諮問がある度に、開始期の様子を答申しているため、記録そのものは行われていたと考えられる。以下の史料は、文政五（一八二二）年六月に行われた諮問に対する答申である。

〔史料2〕(48)

口上

融通御貸付発端被仰渡之次第、奉申上候様被仰付、旧記取調申候処、左ニ相見へ申候、天明三卯年十月九日七ツ時、西御役所へ被為成御召、佐野備後守様〔政親・大坂西町奉行〕、大屋四郎兵衛様〔谷町代官〕御立会ニて、世上為融通、上ケ金之義被仰付、其節極御挨拶之御義、安井新十郎様・山本長右衛門様・松井官左衛門様御案内ニて、御奥へ罷出、控居候内、備後守様・四郎兵衛様御逢、無遠慮御膝元へ罷出候様被仰出、奉蒙御内意、尚又御次ノ間ニて御懸り御三人様〔安井・山本・松井〕ヨリも委敷被仰聞候、其節ハ家別ニ被為召出候御義ニ御座候、同十二月七日、御表向ニ相成、

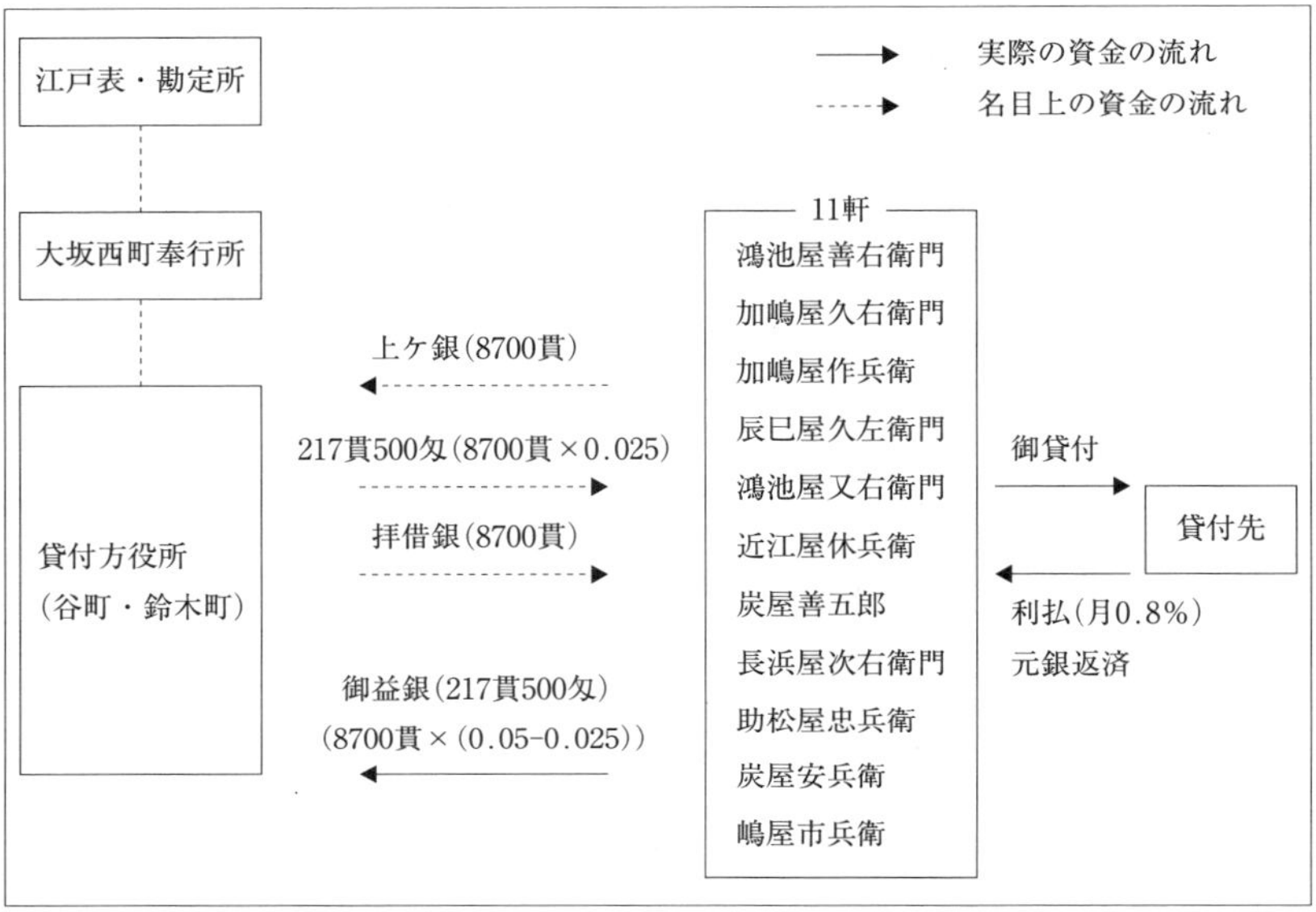

融通御貸付制度の概要（融通一件ニ付内々御声掛り之扣〈大阪大学経済史・経営史研究室所蔵「鴻池善右衛門家文書」３—３〉より）。

十一人一同被為成御召被仰渡、御立会翌八日谷町大屋様ニ而御取引御証文被下置、尚又十一人ヨリ一札奉指上候事（後略）

これによれば、鴻池屋善右衛門は、天明三年十月九日に、大坂西町奉行所へ召し出されて、大坂西町奉行佐野政親、谷町代官大屋四郎兵衛より直々に御用金上納の指示を受けたこと、そして同年十二月七日に、一一軒が揃って「表向」に指示を受けたことが分かる。一一軒より請書が提出された、天明三年十二月八日をもって正式に発足した融通御貸付制度であるが、現存史料からその仕組みを復元すると、上図のようになる。

まず一一軒から谷町役所に対して銀八七〇〇貫（一四万五〇〇〇両）が上納され、これについて年二朱半（二・五％）の利息銀が役所から一一軒へ支払われる。この上納銀は、即座に一一軒へ貸し下げられ、これについて年五朱の利息銀が一一軒から役所へ支払われる。以上の名目上の手続きを経て、最終的に役所と一一軒の間でやり取りされる現銀は、毎年役所に納められる年二朱半の利息銀のみ、ということになる。一方、形式的に上納され、貸し下げられた八七〇〇貫は、一一軒を通じて諸方面へ貸し出されることになるが、その際の利率は月八朱（〇・八％）と定められていた。そのため一一軒は、閏月をひとまず除外すれば、年当たり七・一％（〇・八％×一二－二・五％）の利ざやをとることができた計算になる。一方、幕府は自らの資金は一切持ち出すことなく、毎年二一七貫五〇〇匁（三六二五両）が手に入ることになる。

幕府がこの仕組みで利息を手にすることができる根拠は、返済の保障を与えるという一点にある。この点に関連して、一一軒が最初に指示を受けた直後の天明三年十月二十二日に、鴻池屋善右衛門より提出された書付を掲げる。

〔史料3〕(49)

乍恐口上

一、此度御隠密御取調被遊候御趣意、委鋪被為仰聞冥加至極難有仕合奉存ニ付、私儀二万五千両〔銀一五〇〇貫目・鴻池屋善右衛門請負分〕出金御請奉申上候、依之心得候儀左ニ奉申上候（中略）

一、右拝借金者、私ヨリ何連へ成共相対次第相応之利足ヲ以貸付、御益之余分ハ私へ徳用ニ可仕事、

一、右私ヨリ貸付先之儀、元来御貸付金之上ハ、返済指滞候筋可有之様無御座候得共（中略）万々一差滞候筋之御取斗、御厳重ニ被為仰付可被下候事（中略）

右之通ニ付、弥出金被仰付候者、大金之儀調達繰合方茂御座候間、上金仕候節ヨリ直ニ拝借被仰付被下候様仕度奉存候、依之以書付奉申上候、以上、

天明三癸卯年　　今橋二丁目

十月廿二日　　鴻池屋善右衛門

御奉行所

（後略）

ここで鴻池屋善右衛門が強調しているのは以下の三点である。すなわち、貸付先の選定は、資金拠出者である一一軒の

勝手次第であること、返済に滞りが発生した場合には、役所において取り立てを厳重に行って頂くこと、上納金は、直ちに貸し下げられる形をとって頂きたいこと、である。[50]この内、鴻池屋善右衛門が最も強調したかった点は、第二点であろう。一一軒が行う貸付に幕府が保障を与えるからこそ、御貸付の体裁をとる意味が生じる。その対価が、年二朱半の利息上納に他ならない。

以上の経緯で発足した融通御貸付制度であるが、同年に拝借金の停止令が出されていることを看過すべきではない。鴻池屋善右衛門が提出した書付が示している通り、天明三年十月の段階で、融通御貸付制度を発足させる目処は立っていたと考えられる。当該制度が正式に発足した十二月に、拝借金の停止に踏み切った、すなわち、融通御貸付制度をして、拝借金制度に代わる大名財政救済の手段に当てようとする企図が察せられるのである。先に紹介した、明和七年の福井藩への貸付と、同八年の拝借金制限令の関係が、この先駆けをなすものと言えるだろう。

しかし、〔史料3〕が示している通り、融通貸付組合の発足当初は、貸付先の選定は、あくまでも一一軒に委ねられており、この意味で、拝借金制度を代替するものとしての形式は具備していなかった。それゆえに、発足から半年が経過した段階で、貸付先の選定に役所が介入するに至る。

除置銀の設定

天明四（一七八四）年六月、谷町役所掛り役人より、上納金の内、三万両を除け置き、役所の指定する貸付先へ貸し出す資金としたい旨が一一軒に伝えられる。一一軒がこれに難色を示したため、七月三日、以下の説得がなされる。

〔史料4〕[51]

備後守殿〔佐野政親〕・四郎兵衛殿〔大屋〕ニも誠ニ無御拠御筋合ヨリ申来り候事故、大体行届候様、御取扱被成度、

其上ハ縦いか程無御拠御方ヨリ申来り候共、内分ケ〔除置銀を指す〕御借《ママ》付都合致候ハヽ、御役所ヨリ御断も相立候、

併除銀少しニ而ハ、無御拠御方江御断難被仰、何卒三万両内分ケ致呉候様、其方達迷惑之処者案候へ共、此方無御余儀事も勘弁致被呉、何分主人達へ宜申通し、猶其方達存寄リも相尋候様、四郎兵衛殿被仰候間、無覆蔵可申上候旨被仰聞候（後略）

「無御拠御方」よりの貸付要請がきても、除置銀の枠以上の貸付は役所を通じて断ることができるため、とにかく三万両を除け置いて欲しいとの説得である。尚、この件は、「無御拠御筋合」より申し達せられたことであると強調しており、江戸表からの指示であるとは明言していない。これに対して一一軒が減額を要求したため、大屋四郎兵衛は、二万五〇〇〇両という妥協線を提示し、最終的には二万一七五〇両で決着する。(52) 以上の経緯を経て、七月十九日に、一一軒より請書が提出され、除置銀として二万一七五〇両分の枠が設定される。

除置銀の設定によって、役所が貸付先の選定に介入することが可能となった。これにより、拝借金制度に近い形での貸付、しかも幕府の金蔵から一切支出のない貸付を行う仕組みが構築されたことになる。ただし、貸付先から利息を徴収するという意味で、しかもその利息の一部は幕府にも入るという意味で、無利子年賦貸付を特徴とする拝借金とは決定的に異なる。

請書を提出した三日後の七月二十二日には、早速除置銀の中から、朱座へ五〇〇〇両を七月中に貸し付けるように申し渡され、一一軒は八月下旬まで猶予を願うも、聞き届けられず、結局、貸付は行うこととなり、具体的な条件を役所と交渉することになる。そこで問題となったのが、朱座から引き当てとして朱を受け取るか否か、という点であった。

一一軒は、役所経由の貸付であるため、引き当てを取る必要はないはずであると主張したが、聞き届けられなかった。(53) 朱座方と相談に及んだ結果、七月二十七日、差し当たって必要な八〇貫目（約一三〇〇両）について、貸し付けることが決まり、翌二十八日に両者で会談を開いている。そこでは、両者間の契約が「直相対」の形にならぬよう、役所方においても割印を押してもらうべきことが確認されている。(54) 先の引き当ての件を併せ考えるならば、一一軒としては、あくまで役所よりの貸付という形式にこだわっていることが分かる。

そして八月七日、引き当てとして朱を受け取ることに一一軒が難色を示していることについて、谷町役所掛り役人より、以下の訓告がなされる。

〔史料5〕(55)

内分ケ歩通り御銀〔除置銀を指す〕者、御役所へ任セ置、自然差滞候節者、御益ニ而立用致度趣、左候ハヽ、御声掛り度毎、身元・引当ニ不拘、調達可致旨願上、御聞済有之、万端落着、其上主人ヨリも請印致候処、此節又候彼是申出候段甚不都合（中略）声掛り之分斗役所ニ而取引致、其上割印抔申談度段、此儀いかが相心得候哉、其方自分相対を以借付候銀子、自然滞候節願出可申、左候ハ、何連一体之銀子ニ候へハ、内分ケ歩通りとて役所ニ而取引ニ不及、割印抔遣候儀ハ決而不相成候間、此段相心得居候様被仰渡候（後略）

除置銀は、役所の指示に従って、貸付先の属性や引き当てに拘わらず、貸付を行うための資銀であることが改めて確認されると共に、たとえ声掛りの分であっても、通常の御貸付と同じく、貸付そのものは当事者間で行い、返済が滞った時にのみ訴え出ればよいと通達している。除置銀から行われる声掛りの貸付について、役所側のコミットを強く求めようとする一一軒の要求は、拒絶されたことになる。

除置銀を原資とする貸付は、その後も続き、仙台藩に八〇〇〇両（天明四年八月）、鯖江藩に五〇〇両（同五年六月）、高崎藩に一万五〇〇〇両（同六年三月）の貸付が指示されている。(56)

ここで改めて、明和七年における福井藩への貸付が持った意義について検討したい。森泰博は、同藩への貸付が天明以後の公金貸付政策の先駆けとなっていると指摘する。(57)正鵠を射た指摘と言えるが、民間資本を利用して、諸大名に貸付を行わせしめるという発想そのものは、宝暦の御用金において既に政策化されていた。福井藩への貸付が持つ画期性は、資金供出者と借入希望者との相対ではなく、貸付先を幕府が指定したという点に求めるべきである。これに、益銀の一部を上納せしめる、という仕組みを加味したものが、天明三年以降の融通御貸付制度、とりわけ除置銀を原資とする「御声掛り」による御貸付であったと理解できるのである。

田沼失脚後の融通御貸付制度

天明七（一七八七）年一月、米切手改印制度は廃止される。[58]これ以後、幕府は新たに米切手統制策を打ち出すことはなくなり、安永元（一七七二）年以前、すなわち不渡り切手の公銀買い上げ制度が導入される以前における、事後的な空米切手停止政策に回帰したのである。[59]一方、融通御貸付制度については、田沼失脚後も存続した。

〔史料6〕[60]

乍恐口上

一、当月十三日被為召出被為仰渡候者、御役所ニ而御手限御取扱被為成候御貸付銀、幷十一人之者共ヨリ上ケ銀八千七百貫目御貸付候儀、弥以是迄之通り年限無之御居被為置候条、此上右御貸付銀之内、借請候者、済方滞候向へ者厳鋪被為仰付、厳重御執斗被為成、猶不相済向者、御勘定所へ被為仰達次第、諸家御留守居等御呼出し、済方可被相片付旨、急度可被為仰渡候間、融通手狭ニ無之様取斗可致、右者松越中守様へ御伺済之旨、御勘定所ヨリ被為仰越候ニ付、其旨可得相心被為仰渡、難有承知奉畏候（中略）

鴻池屋善右衛門　印

名代　儀三郎　印

丑〔寛政五年〕正月十七日

融通御貸付制度が年限なく継続されること、そしてこのことは、松平定信にも伺い済みであることが確認されている。文化十四年時点での御貸付銀の貸付先を列挙した、加嶋屋作兵衛の手控えによれば、「御口入」の貸付と、それ以外の貸付とを区別しており、「御声掛り」による貸付も、継続して行われていることが分かる。(61) 同店には慶応元(一八六五)年まで、幕府に益銀を上納していたことを示す証文が残されているため、同制度が幕府倒壊に至るまで継続されたことが窺える。(62)

寛政改革期を通じて、田沼時代の政策の多くが否定される中にあっても、「御声掛り」による大名救済貸付については、勘定所において支持され、存続したのである。

おわりに

以上の議論を踏まえた上で、天明三年以降に打ち出された政策を列挙すると、以下のようになる。①米切手改印制度の改正(天明三年十一月)、②拝借金の停止(天明三年十二月)、③融通貸付銀制度の導入(天明三年十二月)、④融通貸付銀制度に除置銀を設定(天明四年七月)、⑤大坂、並びに近郷の有徳者に対する御用金政策(天明五年十二月)、⑥全国の寺社、百姓、町人に対する御用金政策(天明六年一月)。

御用金を原資とする貸付先の内、特に「御声掛り」として強制的に貸し付けられた対象が、高崎藩、対馬藩など、財政的に健全とは言えない藩であったこと、(63) そして笠谷和比古が明らかにした通り、後藤縫殿助の米切手改印制度に強い反発を示し、具体的に撤廃の陳情を行った大名が、大坂米市場に大量の貢租米を供給していた西国有力大名であったことを考え合わせるならば、(64) 大坂金融市場にとって魅力的な引当である米を大量に廻送し得る大名に対しては、監視・統制を強め、有効な引当てを提出し得ない大名、言い換えれば、純経済的取引としては、大坂金融資本からの借入を受けられない大名に対しては、従来の拝借金に代えて「御声掛り」による貸付によって救済することを構想していたと考えられる。十八世紀中後期を通じて、大坂米市場を舞台に展開した諸政策は、幕府の財政支出を抑えつつ、金融市場の管理・統制を強め、さらに財政収入をも見込むという田沼時代の政策に見られる特徴[65]を如実に反映していた。

中井信彦が、宝暦期に見た「金融面での大名支配」は、天明期においてその実質が与えられたものと考えられる。しかしそれは、全ての大名がおしなべて反発する性質の支配ではなかった。大坂金融市場に手蔓を持つ大名にとっては、反発すべきものであった一方で、それを持たない大名にとっては、救済の手が幕府より差し伸べられたことを意味した。「御声掛り」によってでも、領地を担保にしてでも、貸付を受けたいと願う大名が少なからず存在したことの意味は、かく解せられるものと考える[66]。

米切手改印制度が廃止されて以後、大坂における米切手発行は、諸家蔵屋敷の裁量に委ねられることとなった。その一方で、融通御貸付制度については、天明五年、同六年の御用金政策が撤回されて以後も存続した。大坂金融市場において自律的に資金調達を行うことができる大名には規則（空米切手停止令）と自由を、そしてそれができない大名には御貸付を、それぞれ与える体制が、ここに確立したのである。

（1）中井信彦「宝暦—天明期の歴史的位置」『歴史学研究』二九九号（一九六五年）、同『転換期幕藩制の研究』（塙書房、一九七一年）。
（2）前注（1）中井書、七二・三八六頁。
（3）藤田覚『田沼意次—御不審を蒙ること、身に覚えなし—』（ミネルヴァ書房、二〇〇七年）一四八頁、賀川隆行『江戸幕府御用金の研究』（法政大学出版局、二〇〇二年）一〇四頁。
（4）前注（3）藤田書、五五〜五六頁。
（5）森泰博『大名金融史論』（大原新生社、一九七〇年）二〇一〜二〇七頁。
（6）拙稿「米切手再考—宝暦十一年空米切手停止令の意義—」『史学雑誌』一一八編六号（二〇〇九年）。以下、拙稿一。拙稿「近世日本米市場における財産権の保護」『歴史と経済』二〇五号（二〇〇九年）。以下、拙稿二。

(7) 本庄栄治郎『本庄栄治郎著作集　第六冊　米価調節史の研究』(清文堂出版、一九七二年)二〇二～二三〇頁、土肥鑑高『近世物価政策の展開』(雄山閣出版、一九八七年)一一～六四頁。
(8) 以下に論ずる米市場統制策の経緯については、特に断らない限り、前注(6)拙稿一、拙稿二における記述に基づくものである。
(9) 大阪市参事会編『大阪市史　第三』(大阪市参事会、一九一一年)四七～四八頁。
(10) 前注(5)森書、一四四～一四五頁。
(11) 大津市役所編『大津市史　下巻』(大津市史覆刻刊行会、一九七二年)八〇～八一頁。
(12) 入替両替とは、米切手を担保とした貸付を専門とする両替商である。入替両替の機能については、鶴岡実枝子「十八世紀以降の大名金融史上としての堂島―借銀担保の米切手をめぐって―」『史料館研究紀要』二号(一九六九年)一五四～一七〇頁に詳しい。
(13) 大阪市立中央図書館市史編集室編『大阪編年史　第十巻』(大阪市立中央図書館、一九七〇年)九二頁、賀川隆行『近世大名金融史の研究』(吉川弘文館、一九九六年)三〇五頁。
(14) 前注(13)賀川書、三〇五頁。
(15) 前注(1)中井書、五〇～五一頁。
(16) 前注(3)賀川書、一五～八四頁。
(17) 史籍研究会編『内閣文庫所蔵史籍叢刊　第四三巻　憲教類典(七)』(汲古書院、一九八四年)一七頁。尚、同触書は、宝暦十一年十二月晦日に、大坂町奉行所より大坂三郷町中に触れ出されている。前注(9)『大阪市史』六五九頁。
(18) 前注(6)拙稿一、七七～七九頁。
(19) 前注(1)中井書、五三頁。
(20) 前注(3)賀川書、七〇頁。
(21) 石井良助・高柳真三編『御触書天明集成』(岩波書店、一九三六年)八三三～八三四頁。
(22) 前注(17)『憲教類典』一九頁。尚、同触書は、明和八年一月七日に、大坂町奉行所を通じて、大坂三郷町中に触れ出されている。前注(9)『大阪市史』七八五頁。
(23) 前注(17)『憲教類典』二〇～二一頁。

(24) 前注(9)『大阪市史』九三一～九三二頁。
(25) 前注(5)森書、二〇二～二〇六頁。
(26) 呉服師としての後藤縫殿助については、「呉服師由緒書」早川純三郎編『徳川時代商業叢書　第一』(国書刊行会、一九一三年) 三六七～三七三頁、並びに中田易直「江戸時代の呉服師」『歴史教育』九巻一〇号 (一九六一年) 一二～二二頁を参照のこと。
(27) 前注(17)『憲教類典』二二～二四頁。尚、同書付は、同年九月、大坂町奉行所を通じて、大坂三郷町中に触れ出されている。前注(9)『大阪市史』九八二～九八四頁。
(28) 前注(17)『憲教類典』二五頁、前注(9)『大阪市史』一〇一五～一〇一六頁。
(29) 笠谷和比古「幕藩制下に於ける大名領有権の不可侵性について」『日本史研究』一八七号 (一九七八年) 八六～一〇八頁。
(30) 前注(1)中井書、七二頁。
(31) 前注(3)賀川書、一〇四頁、前注(3)藤田書、一四八頁。
(32) 前注(29)笠谷論文、八九～九七頁。
(33) 大平祐一「江戸幕府拝借金の研究―幕藩関係の一考察―」『法制史研究』二三 (一九七四年) 七三～一一一頁。幕府資金を財源とする貸付としては、この他に利子付の「御貸付金」があるが、幕府の会計上、拝借金とは区別されていないことが指摘されている。竹内誠「江戸幕府財政金融政策の展開と畿内・中国筋農村」『ヒストリア』四二号 (一九六五年)。
(34) 宝暦の御用金が持った大名財政救済策としての側面については、前注(3)賀川書、一五～八四頁において詳細に検討されている。
(35) 寛政期以降における公金貸付政策については、竹内誠『寛政改革の研究』(吉川弘文館、二〇〇九年)、飯島千秋「近世中期における幕府公金貸付の展開―馬喰町郡代屋敷御貸付役所取扱い貸付金について―」『横浜商大論集』一八巻二号 (一九八五年)、同「馬喰町貸付役所における公金貸付の実態」『横浜商大論集』二八巻二号 (一九九五年)、同「近世後期の幕府公金貸付政策」横浜開港資料館・横浜近世史研究会編『19世紀の世界と横浜』(山川出版社、一九九三年) などの研究が挙げられる。
(36) 前注(21)『御触書天明集成』四八三頁、前注(3)藤田書、一一三頁。
(37) 前注(21)『御触書天明集成』四八八頁、前注(3)藤田書、一一三頁。

(38) 前注(5)森書、二二七頁。

(39) 同右、二二六頁。福井藩一二代藩主重富が一橋家の徳川宗尹の子であること、一橋家の家老が田沼意次の弟、田沼意誠であることから、一橋家を通じた工作が試みられたものと考えられる。尚、一橋家と田沼意次とのパイプを利用した工作には前例がある。宝暦十二年二月における薩摩藩への拝借金がそれである。前注(3)藤田書、五二頁。

(40) 前注(5)森書、二六一頁。

(41) 拝借金は原則として、不時の災害に見舞われた大名、いわゆる「続柄」大名・役職就任大名に対して貸与されるものであり、藩財政の窮乏という理由では貸与されないのが通例であった(前注(33)大平論文、九九～一一一頁)。しかし、天明二(一七八二)年に高田藩榊原家が財政窮乏を理由に拝借金の貸与を受けていることが示す通り、大名の資金繰りに援助を与える必要性を、この時期の幕府は認めていたものと考えられる。松尾恵美子「幕府拝借金と越後高田藩政—天明期の幕藩関係—」『徳川林政史研究所研究紀要』五十一年度(一九七七年)二八三～三一七頁。

(42) 鶴岡実枝子「公銀貸付と大坂「融通組合」」『文部省史料館報』八号(一九六九年)、前注(1)中井書、五八～六三頁、前注(3)賀川書、一二六頁。

(43) 前注(1)中井書、五六～六六頁、前注(3)賀川書、八五～一〇四頁。

(44) 前注(21)『御触書天明集成』九一六～九一七頁。天明六年の御用金は、御料・私領の別を問わず、全農民、全町民から徴収を図り、尚かつ宮門跡を除く全寺社をも対象としたという点で、それ以前の御用金とは全く異質である。また天明三年、五年の御用金は、拠出された御用金が幕府に上納されず、拠出者自身によって諸方面へ貸し下げられたのに対し、天明六年の御用金は、大坂に開設される御貸付会所に集め、そこから貸付を行うことを企図したという点で異なっている。この点について詳細は、前注(1)中井書、六六～六九頁を参照。

(45) 前注(42)鶴岡論文。

(46) 前注(3)藤田書、一四五頁。

(47) 前注(3)賀川書、一二〇～一三六頁。

(48) 御貸付掛合之控(六)(大阪大学経済史・経営史研究室所蔵「鴻池善右衛門家文書」一—五九)。尚、この口上書は、文政五(一八二二)年六月二十九日に融通方月行司より、貸付方役所へ提出されたものである。

(49)長浜屋融通方改役一件書付（前注(48)「鴻池善右衛門家文書」二―三八）。当該史料の作成年は嘉永四（一八五一）年であるが、〔史料2〕と同じく、貸付役所に対して融通御貸付銀の来歴を答申するために作成されたものである。
(50)この段階では、貸付金利について月八朱とする規定がなされていない。
(51)融通一件ニ付内々御声掛り之扣（前注(48)「鴻池善右衛門家文書」三―三）。
(52)同右、天明四年七月六日条。
(53)同右、天明四年七月二十八日条。
(54)同右、天明四年七月二十八日条。
(55)同右、天明四年八月七日条。
(56)この内、高崎藩への貸付については、前注(3)賀川書、一二五～一三四頁において詳細な検討がなされている。
(57)前注(5)森書、二二七頁。
(58)前注(9)『大阪市史』一一七三頁、前注(17)『憲教類典』三五頁。
(59)前注(6)拙稿二、四〇～四一頁。
(60)前注(51)融通一件ニ付内々御声掛り之扣、寛政五（一七九三）年一月十七日条。
(61)御貸附銀元帳之写（国文学研究資料館所蔵「摂津国大阪加嶋屋長田家文書」二九六）。
(62)公銀御益上納御請取書（同右、一三八八）。
(63)前注(3)賀川書、八五～一三六頁。尚、対馬藩への貸付は、天明五年の御用金を原資とする「御声掛り」によるものである。
(64)前注(29)笠谷論文、八九～九七頁。
(65)前注(3)藤田書、九八～一二一頁。
(66)ここでの主張をより明確に裏付けるためには、融通御貸付制度を通じて行われた貸付の実態を把握することが求められる。そのためには、相対で行われる大名貸、拝借金貸与、そして御貸付における貸付内容と返済過程を、相互に比較する作業が不可欠である。これについては、現在、共同研究を立ち上げて分析を進めているところである。社会経済史学会、第七八回全国大会、二〇〇九年九月二十七日、パネルディスカッション、「統治と市場、そして組織―外なる差異の裁定と内なる差異の創出―」（組織者、中林真幸）を参照のこと。

3章　幕藩領主層の政治理念と藩政改革

——上杉鷹山の学問受容と改革政治の展開

小関　悠一郎

はじめに

十八世紀後半の藩政改革（中期藩政改革）は、社会の基礎構造の変動に対処し、藩財政の窮乏を打開して、藩政を立て直すために行われた改革であり、藩校設置や農村政策、殖産・専売制をはじめとする様々な改革政策が総合的に実施された[1]。改革政策の総合性という点に関して注目されるのは、支配の論理（理論的支柱）・政治理念の立て直しが中期藩政改革の大きな特徴と指摘されていることである[2]。特定分野にとどまらない改革政策が「一貫した改革主体の理念や意図に規定されて総合的にうち出され」たと言われるように[3]、この期の改革政策の総合性は、政治理念のあり方と密接な関連を有すると考えられるからである。改革の理論的支柱・政治理念のあり方に関しては、これまで主に藩校設置と人材登用・改革主体の育成、学者の登用等に焦点が当てられ、議論が深められる一方[4]、近年では民衆教化や殖産政策との関連、書物の役割などが論じられるに至っている[5]。しかしながら、特定分野や個別政策にとどまらない、改革（政策）全体に一貫する政治理論なり理念がいかなる内容を持つものだったかというと、これまでの研究では十分な検討がなされてこなかったのではないだろうか。この点に関して岸本覚は、幕藩領主層（改革指導者）の政治理念を検討することの重要性を指摘し、長州藩における天保期以降の藩政改革において「復古」理念が藩政の課題全般にわたって根本的・実質的な意味を持ったことを明らかにした(6)。この議論が、十八世紀後半の藩政改革論に対しても極めて重要な提起となっていることは言うまでもないが、改革の理論的支柱としての学問や改革主体としての領主層の意識・思想とこうした政治理念との関連性については、なお課題として残されているものと考える。

そこで本章では、十八世紀後半における藩政改革の理論的支柱・政治理念がどのようなものであり、それが改革諸政策といかに関わるのか、幕藩領主層の学問（儒学）受容と政治思想の個別具体的分析を軸に検討してみたい。分析対象として中心的に取り上げるのは、出羽米沢藩の中期藩政改革とそれを推し進めた藩主上杉鷹山(7)（治憲）である。

1　上杉鷹山・米沢藩の中期藩政改革について

そもそも、米沢藩の中期藩政改革は、既に近世中後期から「明君」の治世として、全国的に知られていたが(8)、戦後の近世史研究においても十八世紀後半の藩政改革の典型としてたびたび取り上げられ(9)、改革主体のあり方・支配機構整備・教学政策・藩財政再建・農村政策など、いくつもの観点から考察が行われてきた(10)。ここでは、こうした改革の概要を瞥見し(11)、本章の具体的課題を明確化しておきたい。

米沢藩の中期藩政改革は、多額の借財や年貢未進の増加による藩財政の窮乏、人口減少や手余地の増大といった農村問題、半知借上による家臣団の困窮と統制弛緩等への対応として、明和四（一七六七）年の鷹山襲封を機に行われ、一応、前半の明和・安永改革、後半の寛政改革に区分される。明和・安永改革では、鷹山の信任を受けた家老竹俣当綱《たけのまたまさつな》の強力な主導により、支配機構の整備、開発・殖産政策や商業統制、藩校設置等、多方面にわたる改革政策が実施された。この改革については、家臣団救済を基軸とする藩財政再建策が農村に対する収奪強化に帰結し、改革の挫折につながったとも言われる一方で、諸政策の実施が寛政改革を準備した側面も有している。これに対して、天明期の竹俣罷免、鷹山隠居を経て実施された寛政改革は、中老（のち奉行）に抜擢された莅戸善政《のぞきよしまさ》を中心に行われ、鷹山も藩主後見として指導力を発揮した。改革の基調としては、支配機構の整備、農民収奪の緩和と農村の再編成、それを前提とした殖産興業策等が挙げられる。寛政改革に関しては、藩財政再建や家臣団救済と農村の立て直しを対比させた上で、農村政策を第一の課題として行われたことも重要な点として指摘しておきたい。本章では、このような改革の内容・推移も念頭に置きつつ、領主層の意識――特に上杉鷹山の学問受容と政治理念――に視点を据えることにより、改めて各段階における改革政治の特色を考察してみたい。

さてここでもう一つ押さえておかなければならないのは、右のような改革政策を推進した改革指導者の学問受容や改革の理論的支柱がどのように捉えられてきたのか、という点である。これまで、米沢藩の改革政治と学問との関係については、儒学思想との関連で二つの見解が行われてきた。一つは、政治の方法として学問を捉える視点を徹底した荻生徂徠・太宰春台の学問（「徂徠学」）の影響を重視する見方である。特に、竹俣当綱・上杉鷹山の著述に踏み込んだ分析を行い、竹俣の「徂徠学」受容と鷹山の朱子学的傾向、両者の関係性等を論じた河村一郎の鋭い指摘は重要である[12]。しかしその一方で、学派的対立関係を実際の改革指導者相互の政治的関係に直接的に投影し、改革思想としての「徂徠学」の有効性を前提に議論が進められるなど、その政治・学問理解には問題点も含まれている。もう一つは、「徂徠学」における道徳論軽視の傾向に対する批判を伴って立てられた細井平洲の学問（「折衷学」）の影響を重視するものである[13]。近年では、学問の目的を人心教化に限定し、教化を軸に諸学を折衷しようとした平洲の学問は、改革の基調をなす理念・領内統合の論理として提示されたものとされ、その政治的・社会的役割が高く評価されている。ただし、これはあくまで思想家の著述に依拠した議論であり、学問と改革政治の関係を解明するには、改革を主導した幕藩領主層の意識に即した考察が必要である。以上に対して筆者は、竹俣当綱の思想を素材に、主として殖産政策と「徂徠学」、民衆教化政策と平洲学の関係を考察してきた(14)。本章ではこれをも踏まえた上で、藩主上杉鷹山の学問受容・思想に踏み込んだ考察を行う。鷹山の思想を通して、明和・安永改革から寛政改革に至る改革の理論的支柱・政治理念、及びそれと改革諸政策との関連性を明らかにし、当該期の学問が改革政治においていかなる役割を果たしたのか、具体的に検討するのが本章の課題である。

2　安永期における鷹山の思想と藩政改革の展開

安永初年における鷹山の思想

明和四（一七六七）年の襲封以来、門閥譜代層の強烈な抵抗を受けながらも、倹約令等の改革を進めてきた鷹山にとって、安永初年は一つの画期だったとみることができる。安永二（一七七三）年の七家騒動で門閥譜代層を処罰して対立的勢力を一掃し、農村支配機構の再編、荒地起返しや新田開発の本格的な実施、備米蔵の設置、殖産計画の具体化など、新規の改革政策を次々と打ち出したのである。安永初年は、さきに指摘した藩財政・家臣団・農村問題に対する改革政策が総合的に実施されたという意味で改革の一画期と言えよう。

では、この時期の鷹山は、どのような意識の下に改革政治に取り組んでいたのだろうか。まずは安永三年の『対問』(15)によって検討してみよう。同書は津山藩主松平康哉《やすちか》(16)の問いに鷹山が応じたものとされる問答書である。松平康哉は、鷹山や熊本藩主細川重賢と同席で、常々往来や文通があったといい、松平定信とも懇意であるなど、いずれも当時から「明君」として世に知られた藩主と交流が深かったようである。『対問』は、この期の幕藩領主層が目指した政治の方向性をも読み取りうる興味深い書物であると言えよう。

さて康哉の問いは、①「孝道を存シ国家を治るの事。道とも云へきハ。如何成儀にて宜候ハんや」、②「学而行のあしきあり。不ㇾ学而行のよきあり。是品の類ハ。いか様の儀にて如此御座候哉」、③「人の己に帰服するの所。養子なとの如キは猶知かたし。何を以是を知ルへき哉」の三点である。鷹山はこれらの問いにそれぞれ回答しているが、同書の末尾近くで次のように述べている。すなわち、「御尋被ㇾ下候。孝を以国を治るも。学而行のあしきもよきも。人の帰服する道も。皆能学候上にハ相知レ申へく候。……治国の事ハ。学術に止り候」と。治国は学問（儒学）に基づいて行われなければならない、というのが鷹山の基本的な政治姿勢だったことをここで確認しておきたい。

では、鷹山は当時の学問動向をどのように理解していたのだろうか。当時の儒学諸派（朱子学・徂徠学・「折衷学」）の主張や相互批判を踏まえる形で示された問い②に対する回答によって、鷹山のとった学問方法を検討してみよう。

宋儒は天下国家を治め候も我が身を修め候が第一に御座候処より性理心術の沙汰に及ひ……。後世此学風を伝候者ハ。たゝに其心法の高妙なる説のミを談し。……いつしか天下国家を治る大道術成事ハ。余所の様に相成り。其人柄も偏《ヘン》屈《クツ》に……成行候事。末弊勢《マツヘイイキホヒ》の自然に御座候。是を近来徂徠などか。……心法を道と心得違候非を。深く咎候よりして。又此学風を伝候ものハ。たゝ心法には不ㇾ拘《カヽハラ》ル事のミ存候より。……果々ハ我身の行をも不ㇾ顧。放埒の行も出候様に成行候……亦是末弊《マツヘイ》の勢自然に御座候。宋儒も徂徠も。皆是主意《シユイ》是あり。為にする所あつて申候得は。一概に是非の論ハ難(レ)申候。……聖人の道ハ。人の人たる道にて。治国平天下の術に相違無ㇾ之候。……

鷹山によれば、「宋儒」＝朱子学者は、「性理心術の沙汰」＝「心法の高妙なる説」ばかりを論じるため、儒学が「天下国家を治る大道術」であることを顧みないようになり、「人柄も偏屈」になる。一方で、荻生徂徠の学問（徂徠学）の学風を継ぐものは、徂徠が「心法を道と心得」る朱子学者を強く批判したことから[17]、逆に「我身の行をも不ㇾ顧。放埒の行も出候様に成行候」という。しかし、こうした事態は、朱子学・徂徠学の学説そのものが持つ問題ではなく、あくまで後世の学者の問題であって、朱子学・徂徠学の本来的な是非は決しがたい、というのが鷹山の見解である。つまり、治国（平天下）・修身（心法）いずれかに偏るのではなく、「聖人の道」＝「人の人たる道にて。治国平天下の術」という点を弁えてさえいれば、「宋儒にても徂徠にても。皆我助と相成」というのが、鷹山のとった学問的立場であった。鷹山は、諸学の長短を取捨する折衷的学問方法に立っていたのである。「師ニ承り置候通。荒々書記入二御覧一候」とあるように（『対問』末尾）、この背景には、鷹山が学問の師として生涯信奉した細井平洲の影響があるとみて間違いあるまい。

では、この期の鷹山が、これまでの研究によって明らかにされてきている「折衷学」（とりわけ細井平洲の学問）と全く同一の儒学思想を持っていたかというと、実は、必ずしもそうとばかりは言えないように思われる。国家統治に関する①の問いへの回答をみてみよう。「聖人の道」(18)という儒学の理念を用いた鷹山の見解は次のようなものである。

凡聖人の道ハ。天下国家を治る大道術にて。広大無辺なる者に御座候へとも。元来人性に随て立たる道にて御座候。是を中庸に。率《フ》レ性《ニ》謂《フト》二之《ヲ》道《ト》一有之候。然は別に高妙なる説を申唱へ。後世人々の学ヒ得られす。行ヒ得られぬ様なる事は。聖人の道にてハ無レ之候。……

鷹山は、「聖人の道」を「天下国家を治る大道術」と定義し、それは「広大無辺」なものだが、人間の「性」に基づいて立てられたものであるから、決して高尚で学び得ないものではないことを主張する。ここで注意すべきは、こうした見解が、儒学思想についての一般論というよりも、徂徠による宋儒（朱子学）批判の文脈を背景に述べられていることである。「大道術」「広大無辺」「人性に随て立たる道」などの語句は、そのことを明示するものである。例えば、『弁道』二〇には「先王の道、古者これを道術と謂ふ。後儒はすなはち術の字を諱み……」、『弁名』道一一に「道学先生はみな術の字を諱む」と、朱子学批判の文脈で「道術」の語が説明される。『徂徠先生答問書』には「聖人の道を大道術と申候」ともある。また同書には、「聖人之道は広大無辺なる儀に候」との記述があるが、これは「民の父母」という心構えの重要性を説き、「聖人の道は己を治むるより外なしと云る流儀広ごり」という宋儒の傾向を批判する文脈で述べられたものである。さらに『中庸解』における「性に率ふ之を道と謂ひ」への注＝「聖人、人性の宜しき所に順ひて以て道を建て……豈に過高至遠の道ならんや」は、鷹山の見解とほとんど一致する記述と言える。(19)こうしてみれば、徂徠学の主張が鷹山の考え方に大きな影響を与えていることは明らかである。このことはまた、鷹山が『対問』以外の著述においても「古聖人の教は空理を談せす、物に属して導き候」と「理」を否定し、徂徠による根本的な朱子学批判を継承していることによって[20]も首肯されよう。もちろん、鷹山は儒学の修身の学としての側面をも積極的に評価しており、既にみたように学問方法としては諸学折衷的立場をとってもいた。しかし、学問内容の面からみれば、この期の鷹山は、儒学の政治学的側面を前景に押し出した荻生徂徠の学問・政道論を強く意識していたと言えよう。

では、徂徠的政道論（「聖人の道」＝「天下国家を治る大道術」という儒学理解）と折衷的学問方法は、藩主としての鷹山にとって、いかなる意味を持つものだったのだろうか。この問題を藩政改革との関連を念頭に考えてみたい。手掛かりは、「聖人の道」のうちでも「天下国家を治る」ために最も根本的な意義を持つと鷹山が考えた「孝」である。鷹山は、特に「人君」の「孝」について次のように述べている。

人君たる者ハ。たゝに衣食の供養の事のミに。心を尽し候事ハ。人君の孝とハ難レ申候。……受継し社稷を大切に保チ。国民の和輯いたし候様に。政令《セイレイ》を取行候。是を諸侯の孝と申候。上ニ孝悌の道明ラカに立候得は。下ハ自ラ化し申候而。一国其美俗に相成候事……然レは。孝道を専ラに致候事。何よりの善政に御座候。今日国家の為に心力を尽し。民を安シ候様に政を行候事。則孝道に御座候。

鷹山の言う「人君」の「孝」とは、父母の身辺の世話にとどまることなく、「国家」「社稷」の保持、「安民」・「国民」和輯に資する「政」を執り行うことである。ここで君主が尽力すべき「政（令）」とは、藩校の導入・整備を「先聖王経国大業の美事」として強く推進したこと（「親書」安永五年正月）[21]にも窺えるように、「国家」保持・「安民」に資する政策の導入・整備だったと考えることができる。「聖人の道」＝「天下国家を治る大道術」という儒学理解は、いわば藩政上の諸課題に対する新たな政策の導入・統治技術拡充への志向を表現し、それが改革政治・政策の展開を支えたと言えよう。

一方で、鷹山が折衷的学問方法をとっていたことに関して注目されるのは、鷹山が細井平洲（「折衷学」）のほか、学統的にみれば徂徠学系の瀧鶴台、同じく朱子学系（林家系）の渋井太室らをも師として重んじ、藩政上の問題についても意見を求めていたとみられる点である。この点、細井平洲が学館建設などに大きな役割を果たしたことは有名だが、他にも例えば渋井太室は、家中への銀方返知について書簡で鷹山と意見交換をするなど、当該期の藩政に対して積極的な発言を行っているのである。[22] ここで想起されるのが、徂徠没後の徂徠学（蘐園）派内外の儒者グループ（平洲周辺・蘐園派・林家系）が、「藩政担当者層向けの政道論」を展開しうる思想的備えを持っていたとする宇野田尚哉の指摘である。[23] グループを異にする儒者への鷹山による政策諮問は、儒者グループの「思想的備え」が実際に「藩政担当者」の求めと結びついた事態とともに、「藩政担当者」の政道論要求が学統・学派にこだわらない柔軟性を持っていたことを示していると言えよう。以上から、鷹山が折衷的学問方法をとったことを藩政との関わりでみるならば、それは、これらの多様な政道論・政策論を藩政の課題に応じて柔軟に取り入れることを可能にする役割を果たしたと言えるのではないだろうか。

竹俣当綱の信任と改革理念・政策

では、こうした鷹山の思想は現実の改革政治・政策とどのような具体的関連を有するのであろうか。この点で決定的に重要な役割を果たしたのが、家老の竹俣当綱である。そこでまず、竹俣の持った人的関係と学問傾向を確認しておこう。竹俣の学問については、これまで藩士の儒学学習グループ＝「菁莪社中」の一員として「徂徠学」を受容し、政治意識を形成していったことが指摘されている。この点について竹俣は、『治国大言録』[24] において次のように述べている。

> 勿堂先生、子鱗先生、兎州翁、太華先生、高雲先生、馬丈壮士、佐左士、この列子、師とし友とし、人の人たる道をも習ひ、無二の志をむすび候つゝき、此列より〳〵御国の事を歎き、追々興廃之論ハよつても去ても止事なく、終に国家の大儀を行ハれ……

まず確認できることは、ここに現れる人物[25]がいずれも菁莪社中に連なっていることである。彼らが改革政治の中心となって活躍したことは[26]、鷹山の徂徠的学問理解・政道論と彼らの儒学学習が密接な関連を有していることを示唆する事実であると言えよう。次に彼らの学問傾向に関しては、竹俣が高津兵三郎（「高雲先生」）の講釈聴聞を通じて荻生徂徠の経書注釈書（『論語徴』『大学解』）を学んでいたこと(27)、藩医藁科松柏が全国的な百姓一揆の高揚に「そろり々々と天下のゆる、兆」を読み取ったことで著名であるように、彼らが極めて高い政治意識を抱いていたことを指摘しておきたい。この点に関して竹俣は、『経済録』（太宰春台著）序の「程子・朱氏、此専ラ心法を以て聖人の道を説く」という一文の傍らに「天下国家を治ルニ其益少し」と書き込んでいる(28)。彼らにおける「徂徠学」と「治国」への関心とは密接に結びついたものだったのである。

　このような竹俣や菁莪社中の学問傾向が、実際に鷹山に影響を与えることはあったのか。この点については、『治国大言録』における次のような竹俣の述懐を想起したい。すなわち、「折〳〵ハ若殿様の御部屋へねらひ足ぬき足して推参いたし、国家の事を申上候て……泣くどき申上候」と、竹俣は鷹山幼少の頃から折々「国家の事を申上」ていたというのである(29)。さらに竹俣は、藁科松柏と図って細井平洲・瀧鶴台の招聘に成功し、「治の道を御習ひ」させたとも述べている(30)。以上から、鷹山は、竹俣とそれを取り巻く好学藩士層が「徂徠学」を受容して改革を構想する中で、彼らの思想的影響を受けつつ藩政にあたったと言えよう。こうした事実は、改革政治にあたって鷹山が竹俣当綱を信任したことや、鷹山の思想・志向が実際に具体化されるのに大きな意味を持ったと考えられるのである。

　では、「聖人の道」＝「天下国家を治る大道術」という鷹山の儒学理解にみられる、新規政策の導入・統治技術拡充への志向は、実際にどのような形で改革政策として具体化していったのだろうか。これを竹俣当綱に即して検討してみよう(31)。まず注目されるのは、竹俣が改革政策の立案にあたって、徂徠・春台の経世書を参照し、様々な着想を得ていたことである。それは例えば、地方支配機構の再編を構想する際の、徂徠の武士土着論（『政談』）や春台の人情把握論（『経済録』）の参照、『経済録』を参照しての勘定方の職制改編の模索、備米蔵設置にあたっての『産語』の参照をはじめ、経世書ではないが徂徠『孫子国字解』を引用しての地方役人への指示（「百姓の力を合てはけまし候事」）など、いくつもの政策立案過程に「徂徠学」の経世書の影響が濃厚に見出されるのである。竹俣が最も力を入れ、改革政策の中心的な位置を占めた開発・殖産政策（漆・桑・楮各百万本植立政策や各種産物の導入・生産強化等）も、『産語』『経済録』で展開される「地利之説」に基づいて立案されたものであった。

さらに注目すべきは、竹俣が「地利之説」を「先聖之御教」と述べたように、こうした徂徠・春台の経世書が「聖人の道」に基づいた統治のあり方・方法を記した書物として受容されていたことである。こうしてみれば、この期の改革政策は、まさに「聖人の道」＝「大道術」の具体化と意識されて推進されたと言えよう。こうして明和・安永改革においては、開発・殖産のような政策までもが、明確に「聖人の道」に由来するものと位置づけられて推進されたのである。

ところで、竹俣は右にみたような徂徠・春台が提示する経世論のみによって改革を構想したわけではない。そのことは、竹俣が「教ゆると申事は政の最第一」とした細井平洲の主張を重視したことに示されているであろう。竹俣が「教」の理念・政策（藩校設置等の武士教育、善行者顕彰や講釈等による民衆教化など）を強力に推し進めたことは[32]、平洲の経世論の影響を端的に示す事実である。

この他、歴史書等の編纂事業、記録所の拡張なども、「大道術」の実践として意識された政策であるとみなすことができる。それは、明和五（一七六八）年の『立政録』[33]で竹俣が「聖王之治天下也……我先王之立レ官……其職掌之所典、歴々可レ観矣」（序文）として、米沢藩の記録所の職掌とその藩政における重要性を記していることに明らかであろう。以上、「聖人の道」＝「大道術」の思想を理論的支柱に、多様な新規政策が導入されて統治技術の拡充が図られていくことが、この期の藩政改革の一つの大きな特色をなしていたと言えるのではないだろうか。

「利」への傾斜と竹俣の罷免

しかし一方で、こうした新規政策の導入は、それに対する批判をも生み出すことになる。渋井太室が鷹山の諮問に返答した書簡[34]（安永年間）で「治民の一条覇術に係り候様、乍恐存じ奉り候」と述べているのがそれである。鷹山の諮問は「租税を供し老幼を養育する」という政策案の是非だったとみられるが[35]、太室は「租税を増せば富人は業を失ひ、貧人は四方に離散……況して御国元は人少の処……是程の事を覇術抔と申……」と述べ、これを「覇術」として斥けたのである。太室はまた同書簡で「政は簡なるを貴び候……屡々新令出で候へば民信ぜず、新法出づれば民惑ひ」として、頻繁な新法の採用を戒めてもいる。藩外の学者とはいえ、「覇術」「新法」への不信が鷹山に対して表明されたことは見落とせない事実である。当然、こうした「覇術」批判は、現実の政策担当者レベルの志向と対立することになる。やや時期が下るが、天明七（一七八七）年の竹俣当綱の著作とみられ、「予」が「太室先生」と問答をするという形式で著された『夢中之譫言』[36]を取り上げてみよう。同書における「予」（竹俣）の主張は、「国家相衰」「国用乏ク」「社稷も危く、国人飢寒の色を顕し」ている状況を見据えて、「治国安民」の「取行」こそが重要・不可欠であるというもので、みてきたような新規政策の導入・展開の志向を表現するものである。これに対して「太室先生」は、「政にはやりて」「おさめだてし玉ふ事」を「無用」と否定し、さきの「覇術」「新法」批判に通ずる主張を展開するのである。このように、積極的な新規政策の導入に対して、学問（朱子学系の学者）の側から批判がなされていることは、多様な学者の柔軟な登用の結果とみることもでき、改革政治の展開を考える上でも極めて興味深い事実であると言えよう。

さて、「太室先生」の批判はやや抽象的なものだが、実は、現実の改革政治の局面でも、右の批判と共通性を持つ政治意見（新規の政策導入の問題性への批判）が表明されることになる。藁科立遠が寛政二（一七九〇）年に著した『管見談』[37]の「御手伝人足」批判がそれである。「御手伝人足」とは、全階層にわたって延べ一万三〇〇〇人以上の藩士を動員して行われた荒地起返しや道橋の普請、土手築堤や川除などの事業で、安永元（一七七二）年から同四年まで実施され、家臣団統制・百姓の労働意欲振起を意図した政策であった[38]。これに対して藁科は、家臣団の「困窮」をも念頭に、「家々借たる物をも返さす、買たるものをも値を償はす、廉恥をかき、信義を失ひ……困窮痛入し事ともなり……次第に士風も頽るゝに至りし処、明和九年江戸御屋敷御類焼の砌、御手伝人足を被仰付、蓑笠にて出て働しより大に士風破れ、恥をも恥とも思はぬ事になり、……是無他御手伝人足の流弊なり」と述べている。家臣団統制・百姓の労働意欲振起を意図して実施された「御手伝人足」が、逆に「信義」の喪失や「士風」頽廃の深刻化を招いたというのである。新規の政策・統治技術の積極的な導入も、家臣団統制をはじめとする諸問題の根本的な解決どころか、かえって問題の深刻化を招く側面を有していたことがここに示されていよう。

このような事情が、特に安永四年以降、藩財政を再建して「半知借上」を解消すべく、大規模な殖産政策の実施により「地の利を尽くす」ことを藩政の中心課題として浮上させるようになる。「大道術」による藩政立て直しの試みは、最終的には藩財政再建とそれによる半知借上解消を不可欠とし、そのため「地利」政策（殖産政策）に焦点が当てられることに帰結した、と言えよう。[39] ところが、この「地利」政策に対しても、「士風」との関連で批判が表明されることとなる。『管見談』に次のようにある。

> 先年上にて田圃を作り、菜蔬を売、陶器を焼、縮を仕入、火打石を売、蕨せんまい迄売て、専ら興利の政を行れしかは、左無きたに貧窮に苦み、士人の心操幾何穢れし上に、斯利を以て導き玉ひしかは、公儀にてさへ斯る御事なるものをとて、公然として営利を恥さる事になり、金銀の借方或は質借等をして利を釣るもあり、細工物類・絹糸類の仕入をなすもあり、又商人になり担物を駄送して他領へ出るもあり。……世上を聞けは誠に言語同断（ママ）の事ともなり。歎しき世の有様なり。

安永期に実施された様々な殖産政策は、公儀が営利を奨励したようなもので、「貧窮に苦み、士人の心操幾何穢れ」た事態を一層増長させる結果となったという認識・批判である。「地利」を理念として行われた財政再建策（殖産政策）だが、それは裏を返せば、「公儀」の「利」に傾斜し、財利に趨る人心・「士風」の頽廃を助長する「興利の政」でもあったのである。このような「興利の政」は、この期の藩政改革の一つの主要な特色と言うことができ、同時期の幕政にも通じる側面を持つと思われるが[40]、明和・安永改革の場合、「地利」を理念に「聖人の道」=「大道術」の具体化と位置づけて進められたところに特色がみられると言えよう。しかし、早期の藩財政再建が不可能な中、「覇術」「興利」批判にみられるような社会秩序の混乱をも招いて、明和・安永改革は行き詰まりをみせることになったのである。こうした状況を鷹山はどのようにみていたのだろうか。実は、天明初年以降、鷹山はその思想の基軸を大きく転換・変化させることになる。次節において検討してみよう。

3　天明・寛政期における鷹山の思想と寛政改革

鷹山の思想変化

鷹山の思想が変化した時期は、政権担当者の交代など、藩政上の一画期でもあった。すなわち、天明二（一七八二）年十月、鷹山は、それまで奉行（家老）として改革を強力に推進してきた竹俣当綱を罷免し、それに伴って安永期の改革政策の多くが廃止されていくことになる。さらに翌年三月には、小姓頭の地位にあって竹俣・鷹山とともに改革を推進した莅戸善政も隠居する。そして、天明飢饉を経た同五年二月には、鷹山自身も隠退し、藩主の座を世子治広に譲るのである。ただし、以後、鷹山は治広の後見役の位置を占め、天明・寛政期の藩政に大きな影響力を及ぼしている。

それでは、天明初年における鷹山の思想はいかなるものだったか。天明三年八月の『孝学本末之大意』[41]によってみてみよう。これは同年九月、支藩世子の上杉勝定[42]が江戸に出府するにあたって「拙き詩歌の御聴よりは」との意図で、「孝」「学」「本末」の三カ条について簡潔に述べた教訓書である。ここで鷹山は、『対問』同様、「卑賤」の「孝」との対比で、君主の「孝」について次のように述べている。

一国一郡の主とも言はれ候程の身の上にては夫計りにては孝行とは難申候。……此身柄の孝行と申は、第一受継候家

> を大事に取治め、我私の為に取乱さぬ様に心を用ひ、其家へ瑕を付すして、又其次へ全く譲渡し候事専要にて候。

鷹山が「一国一郡の主」の「孝行」の「第一」として挙げるのは、「受継候家を大事に取治め」ることである。そして、「我私の為に取乱さぬ様に心を用ひ」ることが専要だとする。「家」の維持・継受が前面に押し出されて思考の基点に据えられ、「治国」への言及がみられない点、安永期における鷹山の思想と大きく異なっていることが理解されよう。ここにおいて、鷹山における「人君」の「孝」（「聖人の道」の中核）は、「天下国家を治る大道術」から「家を取治め」ることへと大きく変化したのである。

さらに、「家」の維持が思考の基点に据えられたことは、「私の……心」の持ち方を重要な問題として浮上させる。このことは、「学」への言及において明瞭となる。

> 学とは古の聖賢、人の人の（ママ）人たる道を立置れ候教を稽古致候事を学問と申候。……人は……成立するに随ひ見聞の外物に誘はれ人欲の私に引れて、いつしか本性の善を取失ひ候より種々の邪念妄行を成し候。是か為に古の聖賢、其本性の善に帰り邪路に赴かさる様に斯道を立置れ候。……斯道に随て行を慎み守り候へは、初め天より受得たる本根の性に立帰り、其善を全く取失はす候。是学問の第一にて候。……代々の記録には古今の治乱興廃、世の盛衰、人の邪正を委曲に書顕し……善を見て是を学ひ、悪を聞て戒とする事にて候。

なにより「天下国家を治る大道術」だった「聖人の道」が、ここでは「稽古」することで「善」に立ち帰るための指針、「家」の維持とそのための修身の方法へと変化していることは明らかであろう。ここで注意すべきは、「人欲の私」や「本性の善」といった語句、また歴史を善悪の鑑戒とする発想である。実はこれらは、朱子学的な語句・発想とみることができるのである。朱子学において、人間は「善」なる天地の「理」（「本然の性」）を備えて生まれる。しかし、成長するに従って「人欲」が生じ、「気」に蔽われて（「気質の性」）、「善」なる「性」を十全に発揮することができない。そこで、「格物致知」や「主静存養」などの方法によって、持って生まれた「本然の性」に立ち帰ることが求められるのである（「復初」)。歴史といったものも、善悪の基準を学び、「復初」を果たすために読まれることになる。天明三年の時点での鷹山は、「理」に言及しておらず、鷹山の思想＝朱子学ということはできない。しかし、右は少なくとも、朱子学的な発想・学問理解への傾斜を示すものとは言えよう。「家」の維持・修身への関心の移行は、朱子学的な発想への傾斜と相俟って行われたものだったのである。そして、こうした学問理解・思想傾向は、寛政期にはさらに顕著になる。寛政元(一七八九)年正月に上杉定興[43]に宛てて書かれた『学問大意』の一節をみてみよう。

学問と申すは古の聖人の道を稽古修業致す事にて候。……聖人の御修業なされ候大道を聖人の道と申候。君臣・父子・夫婦・兄弟・朋友の五……何れに交ると申す其仕方を道と申候。……夫れ人と申すは、元来天地の理を其侭に受得たる者にて、有生の始に悪人と申すは無之候へ共、凡夫の浅間しさは生れなからに其受得たる天理を全ふする事能はす、見聞の外物に誘はれ成長するに随ひ、種々の邪念妄行を生し、天理はいつしか蔽ひ隠れ申候。……人の心も其如く時々修治を加へ申さぬ時には本然の明は皆隠れ……大学に明徳を明かにすと申候。学問は其塵を払ひ浄むるの道を問ひ尋るにて候。能く学問をして其塵垢を払ひ浄め候へは、いつとても有生の始に復し、天理明に相成事……

ここで鷹山は、五倫(最も基本的人間関係)を律するものとして「聖人の道」を捉えた上で、人間の本性について「天地の理」＝「天理」を「其侭に受得たる者」と説明する。ところが、成長するに随って生じる「邪念妄行」(＝「塵」)によって「天理」は「蔽ひ隠」されてしまう。そこで学問によって「心」に「修治」を加えて(＝「明明徳」)、「有生の始に復し、天理明に」しなければならないという。「天理」に拠って「修治」の意義を説いたこの文章には、朱子学的な発想がより顕著な形で表現されていると言えよう。

ただし、朱子学で「邪念妄行」「塵」の原因とされる「気質の性」についての言及は無く、やはり鷹山の思想を全面的に朱子学と同一視することはできない。また、「聖人の御修業なされ候大道を聖人の道と申」の一節は、「聖人の制作なされ」とあった草稿の記述に対する細井平洲の修正意見を受けて訂正したものであるが[44]、このことは逆に、鷹山には徂徠の聖人制作説を否定する明確な意図はなかったことを示していよう。以上のことから鷹山は、朱子学的発想・学問理解への傾斜を深めながらも、学問方法としてはあくまで折衷的方法を維持していたと言えよう。

また、天明初年以降の鷹山においては、既に述べたように「斉家」「修身」が極めて重視されており、これは寛政十二年の『朝夕篇』[45]での記述——「国天下を治るは先一家か治らすしては国天下へ難及候」や「学問の根本は此身を修ると云か第一義にて候」——でも変わらない。しかし、「聖人の道と云は修身斉家治国平天下之道にて候」(同書)との記述にみられるように、鷹山の関心が、あくまで「治国平天下」にまで及んでいたことも見落とせない点である。このことは、藩政との関連で言えば、鷹山が「大道術」による「治国」から、(「天地の理」に基づいた)「修身」「斉家」を第一義とする「治国」へとその志向・構想を転換させたことを意味するものとみることができよう。

嫡庶問題と「財利」「義」

では、みてきたような鷹山の思想の転換は、どのような契機によっているのだろうか。これを藩政との関わりで考える際にまず注目したいのは、『時雨の紅葉』[46]として残る、文武奨励に関する藩政意見(寛政初年)の次のような一節である。

……風俗を督され候事急務と存候。年来家中の儀も半知に為し置れ、追年相衰候上、近年打続作毛宜しからす、生活の道甚難渋に及候より、自然と人心財利に趣き、鄙吝の情日々に長し、風俗不宜事共相見へ候は無余儀事なるへく候へ共、無余儀迚打捨置候は、猶々弊風令増長、誰か文武の励みに趣くへく候哉。能々御教諭有之度事と存候。

鷹山は、半知借上による家臣団の難渋を原因とする人心の動向＝「財利」を重んずる風潮を憂慮し、それを文武奨励以前の根本問題と指摘する。ここでさきにみた藁科立遠の「興利の政」「士風」頽廃批判を想起すれば、右の一節には「興利の政」とその結果に対する鷹山の深刻な反省が示されているとみることができる。事実、文化元(一八〇四)年十二月の「仰示」で鷹山は、「年来の借上に家中令衰弊候より、毎度活生之事申達候続、自然と利にも趨り易く成行候事、勢の自然とは乍申残念なる事」と述べ、家中の生活維持についての申達が「利」に趨る風潮を助長したとして「残念」を表明しているのである。右に関しては、「財利の談に流れ……万世家名の大切なる事をも、義の重き事をも相忘れ」と、「利」の追求に対して「義」の重要性を対置しているのも見落とせない点だろう。

さらに、右のような認識・反省は、決して観念的なものではなかった。すなわち鷹山は右の一節に続けて、「家屋財産をは実子或は婿様の者へ呉れ渡し、己も老年の後其者へ寄添ひ、家名相続の養子には苗字のみ相譲り他人の如く為し置く「不届」な家督相続や、「土産金の多少を論し……金銭の訳にて取結候事故……果々は父子間様々の邪念出来り」という「恥つへき」養子縁組の実態を問題として指摘しているのである。このような事態は、家中の家屋敷の売買による転宅が組頭の組中諸士に対する日常的な統制監察を困難とし、各組が単なる命令伝達機関の役割しか果たせなくなった、という宝暦期以来の家中統制弛緩の延長上に捉えることができるだろう。(47) 鷹山はこうした実態を「財利の志深く相成候」ことによる「士風の相崩れ」と捉え、憂慮を深めていたのである。

さてこの家督相続をめぐる藩政上の問題と鷹山の思想転換との関連性をより明瞭に示しているのが、嫡子・庶子の別をめぐる評議である。天明八年十二月頃、家臣団の相続問題について有司評議の上、裁断を仰いだことに対する鷹山の回答＝「手書」（『月下の扉』）をみてみよう。そこで鷹山は「米沢にても嫡庶の分は相立候共、人々嫡子は宗統の重物たる事を了解不致、往々嫡子を他の名跡とし、己か家は庶子に相続せしめ」と、さきにみた家督相続・養子縁組の問題に通ずる認識を示すとともに、次のように述べている。

……嫡子一度廃せは其本宗相絶へ候。故に本か堅固なる時は枝葉随て繁茂し、嫡子正しき時は庶子安寧なる事に候。嫡庶の正しからさるは家国の興廃に関り候故、古先王深く禁し置れ、嫡子を尊ひ庶子を賤み候て、名分混雑不致様立置れ候。是天地自然の理、万世不易の道、……

ここで重要になるのは、嫡子庶子の秩序を「名分」と表現し「家国」の「興廃に関」わると事柄と認識していること、また、それを「先王」（＝「聖人」）が定めた「万世不易の道」とし、「天地自然の理」であると述べていることである。ここには、さきに指摘した学問理解の転換——修身斉家の重視・朱子学的発想への傾斜——が明確に表現されるとともに、その転換が嫡庶という「家」秩序の問題と密接に関連したものだったことが示されていよう。また、鷹山が「家」の維持・継受を前面に押し出した『孝学本末之大意』（天明三年、前述）において「本家は高く大に、末家は卑く小く無之候へは、本末の義、乱れ候て、家国の害と相成候」と、（上杉家の）本家・末家(48)の「義」を「第一の心得」とすべきと述べているのも、「家」秩序の問題と鷹山の思想的転換との関連性をよく表していると言える。このように、家臣団の「家」秩序の動揺と、「興利の政」→「士風」頽廃という認識・反省こそが、鷹山の思想的転換の政治的・社会的背景をなしていたと言えよう。

寛政改革と「天理」の思想

では、以上のようにして転換した鷹山の思想は、寛政期の改革政治とどのように関連するのであろうか。実は、家臣団の家督相続をめぐる問題（嫡庶・持参金等）に関しては、安永末年以降、たびたび制禁の触が出され、その統制が図られている(49)。しかし、「不心得の者は此義甚差支の様に存し、御先代様御目長に為し置れ候事を詮なき制を立候様に申唱候輩も有之由」（「手書」、天明八年）と、制禁の触のみによる問題の解決は困難であった。そこで、上杉家における儀礼的側面を整備することにより、嫡庶の重要性を周知しようとしたのが、寛政九〜十年における上杉家の「嫡庶分式」制定である(50)。これは、上杉家の嫡庶本末(51)に応じた儀式等での席次や文通の際の敬称等を規定したもので、上杉家内部の秩序を可視化し定立しようとしたものである。政策立案について言えば、発端の建議自体は上杉定興（庶子）の発案の形をとっているが、「屋形様・中殿様（＝鷹山）思召被仰出、数度御評論」が行われ、評議の進行は寛政改革の中心人物莅戸善政と鷹山によって主導されたと言える。ここで注目したいのは、莅戸・鷹山における「嫡庶分式」定立の意図である。庶子の席次や言上披露の際の敬称を論じた莅戸の政策案の一節をみてみよう。

> 上ニ嫡庶之御分を明ニ被為立候ハ、畢竟之所ハ上／君上を弥益高く遠く尊く可奉仰ため、御庶子ハ其御分を知しめし御分を御あやまり不被成ため、随而下々の上□嫡庶の分を明になさしめたまふへきためニ候。貴き貴戚公子と　君上との御間斯迄被為隔候ものと人々の見上候を　君上ハ弥益高く遠く貴く奉望上可申。

莅戸は、嫡庶の「御分」を定立することで、藩主の尊貴性が際立ち強化されるとともに、上杉家庶子から下々に至るまでの「家」の嫡庶の「分」を知らしめることが可能になるとする。このことから、上杉家の「嫡庶分式」制定は、上杉家の率先的な「家」秩序整備と儀礼的側面によるその顕示、及び君主権威の強化による家臣団統制を意図した政策であったことが理解されよう。これについては鷹山もまた、「嫡庶分式」の「改革有之候は、嫡庶の分も相立、執政優待の道も存し、頭々の権威も自ら重く可有之候」と述べ、組支配の円滑化まで含めた家臣団統制の意図を提示しているのである（「思召」）[52]。こうして、家臣団・「士風」の「手本」[53]として、藩主・「御家」の「義」や「（名）分」の顕示が重視されたところに、寛政期の改革政治の特色をみることができよう。

そして、「嫡庶分式」制定後、鷹山が上杉定興に与えた「御文」[54]で、「嫡庶の分を立るは国を治め家を斉る第一義」と述べ、「天理に安し」るべきことを訓示していることは、「天理」に基づく「修身斉家」の理論が、家臣団の「手本」たる役割を求められた藩主や上杉家庶子の主体形成に一定の有効性を持ったことを示しているように思われる。さらに、嫡子による家督相続を「天倫の叙」とし（寛政元年）、「人世之尊卑貴賤も天理之自然」（文化元年）とする触が出されていることは[55]、「天理」の思想がまさに家臣団統制の理論的支柱であったことを明示していると言えよう。安永期までの動向をも踏まえて言えば、米沢藩の改革政治における家臣団統制の方針は、「術」による「利」の追求（藩財政再建）→半知借上解消から、「天理」の思想に基づく「義」と「名分」の教化による「家」秩序・「士風」の再建へと転換したのである。

おわりに

米沢藩中期藩政改革の理論的支柱はどのような内容を持つものであったか。それは、安永期にあっては、「聖人の道」＝「大道術」という学問（儒学）の政治に対する有用性の主張であり、それに支えられた多様な経世論であった。このことを踏まえると、安永期の改革政治が、新規政策の導入と政治技術の拡充への強い志向性を特色としていたことが浮かび上がる。そして、（儒者の登用や藩校設置にとどまらない）幕藩領主層の柔軟な学問受容こそが、強力な改革主体の形成と総合的な改革政策の実施を支え、改革のあり方を規定していったと言えよう。

一方で、このような「大道術」の思想は、藩財政の危機という現実にも規定されて、「覇術」「興利の政」へと帰結していく。米沢藩の場合、それは儒学的（「聖人の道」に基づく）経世論を根拠にした「地の利を尽くす」という理念により推進された大規模な開発・殖産政策という形で現れてくるのである。しかし、こうした「覇術」（新規政策の導入）・「興利の政」（財政収入増加策への傾斜）によっても諸問題の根本的な解決は困難だったのみならず、かえって社会秩序の混乱を深めるという結果を招き、藩内外でそれに対する批判的意見が表明されることにもなったのである。このようにして、天明期以降、改革の理論的支柱は「天理」に基づく「修身斉家」の理論に転換し、「士風」の立て直しを念頭に「義」「名分」の理念が重視されて、それが寛政期の改革政治の一つの特色となるのである。そしてそこでは、「天理」に基づく「修身斉家」の理論が、藩主・一門の主体形成や家臣団統制のイデオロギーとして一定の現実的役割を果たすことになったと言えよう。以上、米沢藩の中期藩政改革にあっては、前半の「術」と「利」の政治から、後半の「天理」と「義」「名分」の政治へと、その改革理論・政治理念を転換させ、改革政治が展開されたのである。このことはまた、政治・社会の課題に直面しつつ実際の改革政治にあたった、この期の改革主体（幕・藩政担当者や学者等）の思想的課題の在処をも示しているのではないだろうか。

米沢藩の改革政治の特色・理論的支柱の問題は、一応以上のように捉えられると思うが、考察が不十分な点も多々あり、今後に残された課題は多い。最後にいくつか触れておきたい。まず、米沢藩寛政改革における民衆支配・農村政策の問題が本章では全く組み込めなかった。この点に関しては、寛政改革において藩財政再建を基軸に「御家」の問題・家臣団統制・民衆支配それぞれの課題を総体的に考慮した政策決定が行われていたとみられることを指摘しておきたい。実父看病のための江戸出府費用の問題で、鷹山が家臣団への「義」と「御国民」に対する「御孝義」の間で苦慮したとの『翹楚篇』（莅戸善政著）の記述や[56]、農村人口増加策としての生育金捻出のため「御能蔵」「御宝蔵」を開くことが評議された際に、莅戸が藩主の「義理」を論拠とした意見を述べていることは[57]、藩主の行動や政策の判断・決定の際に「義」が理念とされたことを示している。こうした点も念頭に寛政改革における民衆支配の問題を再検討することが必要である。次に、政治理念の問題では、十八世紀後半以降浮上してくる「国益」や「復古」の理念との関連について言及できなかった。これについては、各藩の改革政治の検討とともに当時の学問動向を見据えた考察が重要であろうことを指摘しておきたい。学問に関連しては、十八世紀後半以降の儒学界の潮流・学者の思想と改革担当者の思想変化との関連について一層追究していかなければならない。そのためにも上杉鷹山ら改革主体における学問受容・思想形成の内実のより精緻な検討をはじめ、細井平洲の思想形成過程や渋井太室の思想の特色の解明が重要になろう。

米沢藩の改革政治は、十八世紀後半の藩政改革の代表として論じられてきた。このことは、当該期の幕藩政治改革全般とそれを支えた政治理念・理論との関係を考える上で、本章の事例が相当の意義を有することを示しているだろう。上杉鷹山が安永年間から「明君」とみなされ、その明君録が諸藩の藩士等に流布していることは、そのことを示唆する事実であると思われるのである。以上、本章は多くの課題を残すものだが、中期藩政改革の再検討の重要性を指摘して本章を終えたい。

(1) 藤田覚『近世の三大改革』(山川出版社、二〇〇二年)。

(2) 山口啓二・佐々木潤之介『体系・日本歴史4 幕藩体制』(日本評論社、一九七一年)第七章「寛政改革と中期藩政改革」、佐々木潤之介「「絶対主義化」論」『白山史学』二一(一九八五年)、長野暹「藩政改革論」山田忠雄・松本四郎編『講座日本近世史5 宝暦・天明期の政治と社会』(有斐閣、一九八八年)等。

(3) 吉永昭・横山昭男「国産奨励と藩政改革」『岩波講座日本歴史』近世3(一九七六年)。

(4) 金森正也「近世後期における藩政と学問」『歴史学研究』八四六(二〇〇八年)、前注(3)吉永・横山論文等。

(5) 熊田雅彦「尾張藩天明改革の理念について」『愛知学院大学文学部紀要』二〇(一九九〇年)、小川和也『牧民の思想』(平凡社、二〇〇八年)等。

(6) 岸本覚「長州藩の藩祖顕彰と藩政改革」『日本史研究』四六四(二〇〇一年)。

(7) 宝暦元(一七五一)年生~文政五(一八二二)年没。米沢藩第九代藩主。はじめ日向高鍋藩秋月家(三万石)に生まれ、宝暦十年米沢藩第八代藩主上杉重定の養子となる。なお、本章ではよく知られた鷹山に統一して表記する。「鷹山」は五二歳の時からの呼称であるが、雅号としては既に一七歳で家督を相続した時期から生涯頻繁に用いている(大乗寺良一『郷土遺聞 鶴城史稿』米沢市役所、一九五四年、参照)。

(8) 小関悠一郎「近世中期における「明君録」の形成過程」『一橋論叢』七八〇(二〇〇五年)、同「「明君録」の作成と明君像の伝播・受容」『書物・出版と社会変容』一(二〇〇六年)。なお、佐々木潤之介『幕末社会の展開』(岩波書店、一九九三年)も参照。

(9) 近年に至るまで多くの通史的叙述において米沢藩の改革が中期藩政改革の代表事例として取り上げられている。

(10) 米沢藩の藩政改革については多くの研究があるが、ひとまず、横山昭男「米沢藩における青苧専売制の展開過程」『歴史学研究』二五〇(一九六一年)、同『上杉鷹山』(吉川弘文館、一九六八年)、前注(3)吉永・横山論文を参照。

(11) 以下は、前注(3)吉永・横山論文、荻慎一郎「中期藩政改革と藩「国家」論の形成」『歴史』五一(一九七八年)、同「米沢藩寛政改革における農村政策」『日本文化研究所研究報告 別巻』一七(一九八〇年)による。

(12) 河村一郎『防長藩政期への視座』(桜プリント企業組合、一九九八年)。

(13) 衣笠安喜『近世儒学思想史の研究』(法政大学出版局、一九七六年)、辻本雅史『近世教育思想史の研究』(思文閣出版、一九九〇年）。

(14) 小関悠一郎「米沢藩明和・安永改革における「仁政」論の再編過程」『歴史』一〇三（二〇〇四年）、同「竹俣当綱の「徂徠学」受容と藩政改革」『ナオ・デ・ラ・チーナ』九（二〇〇五年）。

(15) 上杉文書七四一。内題の下に「藤氏」の署名がある（上杉家の姓は藤原氏）。『鷹山公偉蹟録』（鷹山公偉蹟録刊行会、一九三四年）九〇九頁に「御答書」として収録されているが、微妙にニュアンスが異なる部分もある。引用は上杉文書本による。

(16) 津山藩五代藩主。安永三年段階では初名「康致」を名乗っていたと思われるが、本章では康哉と表記する。

(17) 理気論に基づき心法を重視する宋儒（朱子学者）に対して徂徠が行った批判は多岐にわたるが、ここで重要になるのは以下の点である。①「道」を天地の「理」によって、すなわち自然的存在として説明するのではなく、「聖人」の制作にかかるものであるとしたこと、②「道」を個人の内面的修養に関わるものとしてよりも、専ら「治国平天下」という政治性（政治の「術」・「仕かけ」）の側面において捉えたこと、である。

(18) 「道」とは、人間の踏み行うべき規範となって表れるところの儒学の根本的な理念である。荻生徂徠は「道なる者は統名なり……孝悌仁義より、以て礼楽刑政に至るまで、合せて以てこれに名づく」としている（『弁道』）。

(19) 『弁道』『弁名』は『日本思想大系36　荻生徂徠』（岩波書店、一九七三年）、『徂徠先生答問書』は、島田虔次編『荻生徂徠全集』第一巻（みすず書房、一九七三年）、『中庸解』は、今中寛司・奈良本辰也編『荻生徂徠全集』第二巻（河出書房新社、一九七八年）による。

(20) 『輔儲訓』（世子の補導についてその近臣に訓示したもの、安永五年。池田成章編『鷹山公世紀』吉川弘文館、一九〇六年、二〇〇頁）。また、同書において鷹山は、徂徠学の「気質不変化」説を想起させる見解（「生質と申す物は迚も難替事に候、材を達し徳を成すと申事も皆其性来の持合を学術の力にて生育致候事に候」）を述べている。「道」を「天地自然」に基礎づけて「善」なる「道心」の人心への内在を主張した細井平洲の学説とも対立しかねない主張だが、このことはむしろ、平洲の思想形成過程を丹念に再検討することの必要性を示しているのではないだろうか。

(21) 前注(20)『鷹山公世紀』一八七頁。

(22) 下平才次「太室先生宛鷹山公書状について」『置賜文化』五一（一九七二年）。

(23) 宇野田尚哉「『徂徠先生答問書』再考」『江戸の思想』一〇（一九九九年）。

(24) 市立米沢図書館竹俣家文書。失脚後、息子の厚綱に宛てて、自らの心中を告白したもの。

(25) なお、文中の人物は、勿堂先生＝小川与捴太尚興、子鱗先生＝藁科松柏貞祐、兎州翁＝倉崎清吾一信、太華先生＝莅戸九郎兵衛善政、高雲先生＝高津兵三郎、馬丈壮士＝木村丈八高広、佐左士＝佐藤左七秀尹である。彼らはいずれも三手組レベル＝中級家臣団に属する米沢藩士で、勘定方や藩主小姓などとして当該期の藩政に活躍した（藁科松柏は藩医）。元文五年『先祖書』（上杉文書九六八）などを参照。

(26) 横山昭男『上杉鷹山』（吉川弘文館、一九六八年）。

(27) 小関悠一郎「改革主体の学問受容と君主像」『歴史評論』七一七（二〇一〇年）。

(28) 市立米沢図書館竹俣家文書追加分3。

(29) 竹俣は『治国大言録』で、「十二の御歳より、家国の御事を申上、大事にそたて奉り候へば、乍恐実ハ我子のことくにおもひ奉りたる事ニ候」とも述べている。なお、米沢市上杉博物館上杉家文書には、明和二年正月に竹俣が鷹山に宛てて記した教諭書が残されている（上杉家文書一四九〇、『鷹山公世紀』にも所収）。

(30) 竹俣は、「……松子鱗、国をおもふの人なれば、悉クこの先生を師とし仰き、だん〳〵習ひて、心をくだき、細井先生の事、しきりにすゝめ……終に細井先生を御請待被成、治の道を御習ひ、夫につゞき瀧弥八殿も御たのミ……御性来よろしく被為成、御才徳まし〳〵……」と述べている（『治国大言録』）。なお、細井平洲の招聘は、徂徠的学問理解と折衷的学問方法という、鷹山と共通の学問傾向を示すものと言える。

(31) 以下の記述は、前注(27)小関論文による。また、前注(14)小関論文も参照。

(32) 小関悠一郎「地域リーダーと学問・藩政改革」平川新・谷山正道編『地域社会とリーダーたち』（吉川弘文館、二〇〇六年）。

(33) 市立米沢図書館竹俣家文書追加分34。

(34) 甘糟継成編『鷹山公偉蹟録』（鷹山公偉蹟録刊行会、一九三四年）巻一八。

(35) 直前に「御書の通」とあって、この案が鷹山の書簡に記されていたことが窺われる。

(36) 市立米沢図書館林泉文庫。著者名は記されていないが、主張の内容が同時期の竹俣の著述とほとんど同内容であること、竹俣がたびたび引用する『産語』の引用がみられることなどから、竹俣が著したとみて差し支えないものである。

(37) 『山形県史』資料篇四所収。同書は寛政二年の藩政意見公募に応じて書かれたもので、著者藁科立遠は七家騒動で処罰された立沢の息である。

(38) 前注(20)『鷹山公世紀』、前注(11)荻論文、前注(14)小関論文参照。

(39) 前注(11)荻論文参照。

(40) 藤田覚『田沼意次』(ミネルヴァ書房、二〇〇七年)。

(41) 前注(20)『鷹山公世紀』二九二頁。

(42) 以下に記すように、『孝学本末之大意』が書かれたのは、正確には勝定が支藩の世子となる前である。以下勝定の略歴を記す。明和六年生～文政四年没。米沢藩主上杉重定の五男として米沢に生まれる。天明三年十一月、支藩(米沢新田藩)藩主上杉勝承の養子となり、天明五年八月に家督を相続、支藩藩主となる。

(43) 明和八(一七七一)年、上杉重定の六男として米沢に生まれる。享和元(一八〇一)年に後退寄合内藤信義の養子となり、同二年に家督を相続するが、同三年に死去した。

(44) 「制作と申事は徂来か道は聖人の造る所にて、天地自然の道にあらずと申所より出候様に相聞へ申候。聖人の制作は礼楽に御座候。道は聖人の作りたるものには無レ之と申が愚見に御座候」(鷹山宛細井平洲書簡、『東海市史』資料編第三巻所収)として訂正を促したことはよく知られる。

(45) 前注(20)『鷹山公世紀』六九〇頁。

(46) これは、藩主治広が、藩校と文武の奨励に関して学館提学の片山一興に諮問し、片山の上申書を治広経由で披見した鷹山が治広に宛てた回答書である。

(47) 前注(11)荻論文。

(48) 「本家」は上杉宗家、「末家」は支藩(米沢新田藩、一万石)藩主家を指している。米沢新田藩は、享保四(一七一九)年、米沢藩五代藩主吉憲の弟勝周が、新田高の内一万石の分知を受けて成立した。

(49) 安永七(一七七八)年四月、同年閏七月に、嫡子を他家の跡継ぎとすることを禁ずる触が出されている(『御代々式目』巻之十八、『米沢市史資料』第一三号、一八四・一八五頁)。天明八年十二月四日には、嫡孫をもうけて嫡子が死亡した場合、既に他家の養子となった次男以下の庶子を呼び戻して相続させることを禁ずる触が出されている。また、寛政元年・文化元年にも同様の触が出された(後述)。

(50)「嫡庶分式」制定については、『嫡庶分式　鍋女停止』(上杉文書五六七)による。

(51)当時の米沢における嫡庶本末は以下のごとくである。家督(嫡流・本宗)＝重定―治憲(鷹山)―治広。庶子＝重定二男勝熙(相模)・重定五男定興(近江)。末家(支藩米沢新田藩)＝上杉勝定(駿河守)。

(52)評議の過程で上杉定興宛に書かれたもの。前注(20)『鷹山公世紀』六一八頁。なお、組支配については莅戸も、「組支配の扱、其頭を敬重不仕候而ハ信任薄く有之ものニ候故、頭と組との位階一等をも可隔ものニ候」として、組支配の円滑化の意図を端的に述べている(前注(50)『嫡庶分式　鍋女停止』)。

(53)寛政改革を主導した莅戸善政の政治思想においては、「手本」としての君主の率先性が重視されている。前注(8)小関論文参照。

(54)前注(20)『鷹山公世紀』六三九頁。

(55)『御代々式目』巻之弐拾壱・巻之廿九(『米沢市史資料』第一六号、九〇頁・第一七号、七七頁)。

(56)前注(8)小関論文参照。

(57)杉原謙『莅戸太華翁』(私家版、一八九八年)五五五頁。

〔付記〕本章は、平成二十一・二十二年度科学研究費補助金(特別研究員奨励費)による成果の一部である。

Ⅱ部　十八世紀の朝廷・朝幕関係

1章　十八世紀の朝廷と職制——皇嗣付三卿を中心に

村　和明

はじめに

本章では、十七世紀以来の近世朝廷の制度化が、十八世紀にも継続している事例として、皇嗣付三卿[1]と呼ぶ役職について検討し、その成立過程を明らかにする。またこのような制度化により形成された、近世の堂上公家の昇進階梯について概観する。

南北朝期から近世にかけて、小番[2]をつとめることは公家の重要な義務とされた。室町期には禁裏御所に内々・外様の二つの番が形成され、上皇にも固有の番衆が付けられた[3]。江戸幕府は慶長十八（一六十三）年の公家衆法度において、番参仕を家職と並ぶ役と位置づけた。近世朝廷においては、堂上公家の人数が増加した[4]。十七世紀における大きな要因は、院御所の群立に伴う新家の取立てであり、これを踏まえて、中世以来の番衆制に基づき、公家の編成・機構が整備・拡充された[5]。具体的には、十七世紀後半から十八世紀にかけ、後水尾院・霊元院の動きを淵源として、旧来の内々・外様に加えた第三の小番である近習小番や議奏、また院御所の院伝奏・評定のような、新たな機構の整備が進んだ[6]。

本章では上記の蓄積を踏まえ、まず研究史上の空白をおぎなうものとして、皇嗣付三卿の成立過程を明らかにする。近世の皇嗣には、禁裏御所・仙洞御所と並んで堂上公家の番衆が付けられ、独自の御所が造営されることもあった。皇嗣付三卿はこの番衆の上に位置する役職であるが、公家の窮乏が朝役忌避を招いた具体例としてや、[7] 史料の解題などにおいて若干言及されたことはあるが、[8] 詳細は明らかにされていない。この役職をおさえることで、近世朝廷において堂上公家が配属された各御所の番衆、また皇嗣・天皇・上皇（院）と地位を変える中での近臣の編成のあり方などの全容を見渡すことができるようになる。

ついで、このような番衆制に淵源する体制に基づいた、堂上公家の近世特有の昇進階梯および履歴について検討する。昇進階梯については、十七世紀後期に霊元院が近臣を近習小番として編成、これが武家伝奏・院伝奏・議奏などの選出母体となったこと、この昇進ルートが十八世紀には定着していることや、[9] 神宮伝奏・上卿と議奏で就任者の重複がかなりみられること、[10] などが示されている。本章では、皇嗣付三卿や、番衆から完全には分化しない役職なども含めて考えてみたい。また近世の堂上公家の履歴についてだが、近習小番や皇嗣付三卿のような近世的な役職については簡便かつ網羅的に知りうる手段がないため、[11] やむをえず、容易に知りうる古代以来の官位・官職に基づいて記述されることが多い。[12] このような表現では、古代以来の伝統的側面のみが強調され、近世朝廷の実態がみえにくい。本章では、番衆制に立脚した近世的な職制に基づく個々の堂上公家の履歴を若干検討してみたい。

1　皇嗣付三卿の成立

霊元院と五宮付公家衆――天和・貞享期

「三卿」制の淵源は、十七世紀後期、霊元院の在位期に遡る。天和二（一六八二）年、霊元天皇は、様々な抵抗の中で第五皇子（五宮＝朝仁親王＝東山院）を皇嗣と定め、幕府の同意を得るとすぐ、選抜した公家たちに五宮のもとに日参するよう命じた。彼らの顔ぶれは史料によりやや異同があるが、(13)霊元天皇の近臣および五宮の外戚が中心だったことが示されている。(14)また祇候する公家たちとは別に、外戚の参仕が想定された。(15)六月二十七日、五宮は幕府が用意した御所へ移徙、付属の公家たちの以降の勤務体制が定められた。「祇候之輩」八名および臨時の二名が輪番で参仕すると定められており、また彼らと区別される存在として、外戚松木宗条とその姻戚池尻共孝が隔日で参仕し宿直、また外戚で禁裏の番衆である松木宗顕も、臨時の加勢要員として確保された（書陵部蔵「庭田重条日記」天和二年六月二十八日条）。独自の御所に居住するにあたり、独立した番衆が整備され、これを霊元院の側近でもある外戚松木父子が補助する体制であった。

皇嗣が独自の御所に居住するのは、十七世紀以降では初例であったようである。(16)それに伴う独自の番衆の付与も、やはり初のことであったとみられる。

さて、五宮に附された公家衆のうち、正親町公通・梅園季保・川鰭実陳の三名のみが公卿であったが、彼らは殿上人であるその他の番衆とは異なる役割を与えられていた。貞享元（一六八四）年の末、権中納言に昇進した庭田重条は、東宮御所仮殿（鷹司房輔第）での拝賀の日程を調整するため、東宮朝仁親王の外戚松木宗顕に連絡をとった。この際の松木宗顕の返書に「三人之衆」という語があり、これを日記に写した庭田は、正親町・梅園・川鰭を指すと注記している（「庭田重条日記」貞享元年十二月二十三日条）。庭田が彼らへの連絡が必要か尋ねたのに対し、松木宗顕は、不要、ただし父宗条へは連絡すると答えている。実質的に東宮御所（仮殿）を取り仕切っているのは明らかに外戚の松木父子であるが、公卿である東宮付公家衆の上席三名が、御所を代表する存在として考慮されたことがわかる。彼らが、皇嗣付三卿にあたる最初の存在である。

彼らの位置については、三人のうち正親町公通が残した、(17)移徙に数日先立つ日付の誓状の写しから詳しくわかる。(18)宛所は松木父子だが、内容からみて、彼らを通じ霊元天皇に提出されたものとみられる。正親町らの立場は「三人之輩」と表現されるが、これは前述の「三人之衆」と同じものであろう。「儲君」のために奉公し、その行跡を諫止し、女房を含む御所の人員に目を配ること、などが主な役割とされる。相談・報告すべき存在は、霊元天皇および五宮外戚の松木宗条とされ、霊元天皇からの密々の指示や誓状の中身については、彼ら以外に漏らさないことも謳われている。

彼らの実際の活動についてはよくわからないが、即位（貞享四年三月）直前の事例として、東宮御所の文庫に長櫃などを入れる件について、議奏庭田重条が書状を「年寄衆」正親町公通・川鰭実陳・池尻勝房に出している例がある（「庭田重条日記」貞享三年十二月五日条）。かれらは前述の「三人之衆」であろう[19]。造営し直された東宮御所（下御所）における状況を示す事例であるが、「年寄衆」と称され、議奏からの事務連絡の宛所となっている。この時期、禁裏御所で近習小番の上に立つ議奏も「年寄衆」と呼ばれることがあり[20]、似た体制で近臣が編成されていたと思われる。

なお霊元院は、朝仁親王が即位した後、この三名をみずからの院政体制を支える位置に置くことを考えていた。詳細は拙稿および田中暁龍の近業に譲り[21]、概略のみ示す。霊元院の譲位前の構想では、議奏五名は留任、うち二名が譲位後の霊元院に付く院伝奏を兼任、正親町・川鰭・池尻は、議奏が参院などした際に替りをつとめる、とされた。自身の院政を前提とする朝廷機構の構想であり、正親町ら三名はその一翼を担うことが期待された。譲位後の正親町らは、今出川伊季を加えた「四人衆」、一人抜けた「三人衆」と呼ばれる地位を得た。しかし「院政」構想は所司代土屋政直の掣肘をうけ、院伝奏と議奏の兼任は実現せず、「三人衆」の地位もやがて廃止された[22]。

「三卿」制の定着——宝永期・享保期

五宮（朝仁親王＝東山院）に続いて儲君と治定されたのは、宝永四（一七〇七）年の長宮（慶仁親王＝中御門院）である。当時議奏であった久我通誠の日次記に、武家伝奏から、儲君付となった公家たちへの申し渡しが詳しく記されている（史料編纂所蔵「通誠公記」宝永四年三月二十三日条）。まず、鷲尾隆長ら三名へ、外戚櫛笥隆慶の指示を仰ぎ御用を達するように命じられた。次に、藤波徳忠ら六名へ、「儲君御方小番」が命じられた。勤務形態はいずれとも、独自の御所（仮殿有栖川宮御所）への移徙前（この時長宮は櫛笥家に縁ある林丘寺の里坊にいる）は日参、移徙後は輪番とされている。前者のうち二名、後者のうち三名は、時には禁裏御所にも顔を出すよう伝えられている。また議奏から、外戚櫛笥隆慶とその縁戚西洞院時成（隆慶女婿）へ、「儲君御方御用を奉《うけたまわ》る」よう命じられている。

前項でみた五宮（朝仁親王）の場合と比べると、縁戚を含む独自の番衆が付き[23]、外戚がその上位に位置づけられる点では同じである。大きく異なる点として、前代ではごく内密のことがらであった、公卿三名とそれ以外の番衆の勤番体制上の区別や、外戚の役割が、武家伝奏・議奏からの申し渡しという形で公的に示されていることがわかる（前述のような誓状は以降確認されなくなる）。六名の番衆にも公卿がおり、長宮付の鷲尾・桑原・岩倉は、単に公卿であるという官位上の区別に留まらない地位を、明瞭に与えられている。

久保貴子によると、長宮はやはり、当初から第一候補だった存在ではなく、東山天皇の意思のもと、前関白近衛基熙が長宮の皇嗣擁立につとめたとされる[24]。東山天皇・近衛が、前代の皇嗣（東山院）のあり方を一歩進め、公的な制度として位置づけることで、長宮の皇嗣としての地位の明確化・荘厳化を図ったと推測される。

次の儲君は、若宮（昭仁親王＝桜町院）である。その「三人輩」となった庭田重孝の記録をみると、享保五（一七二〇）年の儲君治定の際に武家伝奏から、儲君のもとに勤番すること、非蔵人に下知すること（ただし重事は非蔵人奉行の指図を仰ぐ）、また六名の殿上人からなる番衆の勤務形態について指示されている[25]。「三人輩」と他の番衆が別番で参仕する点、武家伝奏が申し渡す点などは前代と同じであるが、「三人輩」とその他の番衆のみで、常勤の外戚が存在しない点が新しい。これは昭仁親王（若宮＝桜町院）の外戚が摂家近衛家で、その他の公家のように御所に勤番はしない家柄だったためであろう。

制度としての定着過程を示す事例を挙げよう。翌享保六年、「親王伺候」が人手不足で所労の者もいるとの理由で、武家伝奏より庭田以下の皇嗣付三卿に、番衆の増員および三卿の宿直免除が申し渡された。宿直を免除する理由として、三名というのが先例であるので、「三人輩」を増員はせず、かわりに宿仕を免除する、との説明がされた。このとき増員された人員には公卿もいるが、彼らは番衆としての勤務を命じられた（「直廬御用雑誌」享保六年一月二十五日条）。翌享保七年、武家伝奏両名とともに、「三人輩」のひとり万里小路尚房が江戸に参向したが、このとき「加勢」として公卿である池尻共条が勤番した(26)。公卿・殿上人からなる番衆と別に、公卿三人が就任する役職がほぼ定着していることがわかる。以降、本章では彼らを「皇嗣付三卿」と呼ぼう。

以降幕末にいたるまで、皇嗣付三卿は儲君治定の際に必ず付けられてゆくこととなる(27)。

さて、前述したように、享保期にはそれ以前と異なり、外戚の勤仕・関与はなかったようである。一例を挙げよう。貞享年間に、皇嗣の外戚が任官拝賀の日程を伝達していた例を前述した。これに対し、享保期では同様の伝達を皇嗣付三卿が行っている(28)。皇嗣付三卿が東宮御所の表を代表する職となっていることがわかる。

では外戚にかわって、皇嗣付三卿が日常的に相談し指示を仰ぐべき相手はいなかったのか。皇嗣付三卿庭田重孝の職務日記をみると、就任後まもなく武家伝奏から伝えられたところでは、御用・伺いはまず議奏石井行康へ、急用ならその日の当番議奏へ、と連絡先が定められている（「直廬御用雑誌」享保五年十一月二日条）。石井は、儲君担当の議奏とでも呼ぶべき位置にあるといえる。三卿庭田重孝・町尻兼重の記録からは、石井から種々の指示をうけて活動している様子をみることができる。

享保期、皇嗣（若宮＝昭仁親王＝桜町院）の在所は禁裏御所の敷地内（北殿）で、議奏が行くことは容易であり、また昭仁親王の外戚近衛家のような摂家が御所に詰めるということは近世朝廷では考えにくいことであるので、議奏の一人が三卿を指揮することになったのではないか(29)。

役職名の定着

皇嗣付三卿の役職名は、以上みてきたように、定まったものではなかった。享保期に用いられた呼称をみてみよう。

三卿　…「大納言基香卿自記伝奏日記」（武家伝奏）・「通兄公記」（禁裏番衆）
三人輩　…「直廬御用雑誌」「直曹雑記」（三卿庭田）
三輩　…「御用雑記」（三卿町尻）
三人衆　…「大納言基香卿自記伝奏日記」（武家伝奏）・「兼香公記」（大納言・大臣）・「日次醜満」
御三人衆　…「新校正御公家鑑」(30)（木版出版物）

単に「三名の人（公卿）」を意味する多様な呼称が混在している。その地位にある者や、同じ記録の中でも呼称は一致せず、正式な役職名というようなものはなかったとわかる。

続く延享期（茶地宮＝遐仁親王）には、「通兄公記」（武家伝奏）・「広橋兼胤公武御用日記」議奏部で「三卿」の称が用いられており、宝暦〜明和期（茶地宮＝遐仁親王＝桃園院）には完全に定着する。一例を示す。

一、愛宕前大納言通貫卿　三卿役被免、綾小路中納言有美卿三卿役被　仰出、

（「儲君親王御用日記」宝暦十二年七月二十七日条）

ここでは「三卿」という語は、もはや「三人の公卿」の意ではなく、完全に役職名として用いられている。(31)「三卿」との呼称は、明確に定められたものではなく、雑多な呼称の中から自然に選び出され、十八世紀半ばに定着したと考えられる。これは近世日本における役職名としては、ごくありふれた経過であって、たとえば霊元院が「議奏」の呼称を定めた例などは、(32)むしろ特殊な事例というべきであろう。

皇嗣の禁裏同居化と「肝煎」設置——享保期以降

前項でみた享保期のあり方は、以後いくつかの点で以降の先例として定着した。

次の皇嗣、遐仁親王（茶地宮・八穂宮＝桃園院）の場合は、儲君治定に先立ち延享二（一七四五）年十月、天皇正配（准后舍子）を「実母」とし、その実家二条家を「外戚」とすることが決定され[33]、以降は「実母」と禁裏御所北殿で同居した。その後儲君治定に際して三卿以下の番衆が付けられ、仮殿（今出川第）に移ったが[34]、父桜町天皇が譲位を急いだため[35]、後院（旧仙洞御所）を修補した東宮御所へは移ることなく受禅。正規に独自の御所に居住することはなかった。生母の実家・姉小路家からは、姉小路公文が儲君治定の際に皇嗣付三卿に任命されているが[36]、格別の地位を与えられてはいない。

以降の皇嗣は、儲君治定に際して天皇正配の実子・養子とされる例となり、かつてのように外戚に参仕を命じることはなくなった。また儲君治定以降は、禁裏御所北殿で天皇正配と同居し、立太子後も天皇の在所（常御所）周辺の殿舎に居住した[37]。独自の御所を禁裏御所の郭外にもつことがなくなり、天皇と同じ郭内に居住するように変化したのである。

それに合わせ、享保期の議奏石井のような存在が、制度的に定着した。茶地宮（遐仁親王＝桃園院）の際は、祖父中御門院の叔父でもある議奏八条隆英が、儲君治定の際に「儲君御肝煎」に任命され（国立公文書館蔵「八槐記」延享三年一月二十九日条）、以降の儲君に関して、必ず「肝煎」なる役職が、主に武家伝奏・議奏の兼任として存在することを確認できる。その職掌について、統仁親王（熙宮＝孝明天皇）の三卿の別記中、万里小路建房が肝煎に任命された記事に「事々示談被諷諫了」、つまり三卿が相談し助言をうける存在とされたことが付記されている（書陵部蔵・山科言知「儲君三卿備忘」天保六年六月二十一日条）。かつての外戚、享保期の石井の役割を継ぐものであったとみられる。

享保期を境として、独立した御所・外戚常駐という皇嗣のあり方が、禁裏御所内・議奏管掌というあり方に変化したといえる。

2　堂上公家の昇進階梯

三御所の堂上公家「役人」

前節で明らかにした皇嗣付三卿は、従来知られている堂上公家の役職、武家伝奏・議奏や院伝奏・院評定とどのような関係にあったのか。端的に説明したものを挙げよう。

一、万里小路・庭田・町尻、儲君若宮《（若宮）》而云三人衆、禁裏而議奏、院中而評定衆云同也、左府公（二条綱平）仰也、但先例之由

（「日次醜満」享保五年十一月四日条／『桜町天皇実録』一巻、一六頁）

享保五（一七二〇）年、儲君若宮（昭仁親王＝桜町院）付の公家が決められた際の史料であるが、左大臣二条綱平は先例として、「三人衆」（皇嗣付三卿）は、禁裏御所における議奏、仙洞御所における評定に該当する存在である、と述べたという。また十九世紀の例だが、皇嗣付三卿野宮定祥は「公私の動静議奏に擬すべく、先輩諫示有り」[38]と述べている。三卿の職掌は、東宮御所の人員からの願書の受付、掃除など表の殿舎の管理総括、御所に来た武家や公家などの取次などが史料上に具体例としてみえるが、これは禁裏の議奏・院の評定衆にあたる職務であり、上掲の理解が裏付けられる。なお禁裏御所では議奏の上に武家伝奏がおり、仙洞御所では院評定衆の上に院伝奏がいたが、皇嗣の御所（御殿）には皇嗣付三卿のみであった。これは皇嗣は基本的に幼年であり、人格をもって発言するような事態は想定されていないことを示すであろう。

さて、禁裏御所の武家伝奏・議奏、院御所の院伝奏・院評定、皇嗣御所の皇嗣付三卿の五職が、幕府との関係において、まとまった扱いをうけている例がある。享保十三年三月、疱瘡を患った将軍世子家重の見舞のため、公家たちが所司代邸

に赴くべき日付を、武家伝奏が触れた。そこでは、十一日に「議奏中・院伝奏・評定中・三人衆」、十一日・十二日のうちに「諸家一統」および摂家・世襲親王家・門跡の使者が行くとされている。(39) 武家伝奏・議奏・院伝奏・評定そして皇嗣付三卿は同列で、その他の存在とは区別されている。

恒例行事で似たようなものとして、公家たちによる所司代邸への新年参賀がある。この年の正月五日には、武家伝奏の中山と「議奏中・院役人中・親王三卿」が所司代邸を訪れている。(40) 享保期の皇嗣付三卿や院伝奏の記録をみると、就任の翌年から一貫して五日か六日に参賀しており、(41) 一方その他の番衆は十一日か十二日に参賀しているようで、(42) 享保期にはこうした区分が安定して存在していたようである。(43) 院伝奏の記録では、次のような表現がみられる。

牧野河内守（所司代）亭江参入、年始、役人拾五人也、（院伝為信・坊城俊清）藤谷・予会同道、如例遂面会了、帰了、両町奉行・小堀仁右衛門宅へ参了、

（史料編纂所蔵「坊城俊清院伝奏備忘」享保十六年一月五日条）

彼らをひっくるめて「役人」と総称していることがわかる。(44) 武家伝奏・議奏を「両役」といい、院伝奏・評定を「院両役」と呼ぶ例は史料上広くみられる。さらに皇嗣付三卿は、皇嗣御所の「役人」(45) と呼びうる存在であった。

筆者はかつて、霊元院の院伝奏が十七世紀末に設置されたとき、以前から存在した明正上皇の院伝奏とともに年頭の参賀に赴くようになったこと、また数年後には仙洞御所側の要望により、院評定衆もこれに加わるようになった事実を指摘した。(46) 皇嗣付三卿も、遅くとも享保期には加わっており、単に慣行上朝廷内で定着したというだけでなく、皇嗣御所を代表する役職（「役人」）として、幕府からもある程度公的に位置づけられていたといえる。

ただし幕府との関係をみると、役料の額や給付元、(47) 人選への幕府の関与、(48) 江戸や所司代への就任の挨拶、(49) といった点において、これらの役職には大きな差異があった。皇嗣付三卿ではこうしたことはみられず、幕府との関係は相対的に希薄であったといえる。

堂上公家の職制階梯と皇嗣付三卿

弘化三（一八四六）年、東宮統仁親王（熙宮＝孝明天皇）の即位に伴って三卿から議奏加勢に転じた野宮定祥は、これに不満を感じ、「抑東宮三卿、受禅の時議奏或いは評定御役を蒙る先例也」、つまり皇嗣が即位した際、皇嗣付三卿は議奏あるいは院評定に転じる例である、と記した（史料編纂所蔵「定祥卿記」二月十三日条）。実際に、皇嗣付三卿に任じた公家の職歴を検討すると、皇嗣付三卿が禁裏・院の四職にいたる登竜門となっていたことがわかる。

前述したように、霊元院は譲位後も自分の近臣である議奏たちを新天皇に近侍させることにこだわったが、宝永六（一七〇九）年東山院が中御門院に譲位した際には、議奏のうち二名が院伝奏に転じ、かわって皇嗣付三卿のうち鷲尾隆長・石野基顕が議奏に、清岡長時は院評定に転じた。以後、譲位に伴って玉突き人事がなされ、皇嗣付三卿のうち二名は議奏、一名は院評定に転じることが、野宮定祥が述べたように一般化した。[50] また東宮が即位するかなり前に皇嗣付三卿から議奏に転じる例も多くみられ、必ずしも儲君の近臣として生涯を送るわけではないことがわかる。前述したように皇嗣付三卿は時の天皇の近臣から選抜されたので、天皇との関係も強く、また皇嗣付三卿が堂上公家のいわば実務官僚を養成する課程となっていたともいえる。

後者の点について具体的に数えてみると、皇嗣付三卿となった堂上公家は四五名いるが、禁裏・院両役に転じたもの二六名、間をおいてこれらに就任したもの七名、皇嗣付三卿在役中に没したもの三名、その他は九名である。例外的に天保・弘化期、統仁親王（熙宮＝孝明天皇）の皇嗣付三卿のみはほとんど転任がみられないが、この時期を除けば、ほぼ全員が後に禁裏・仙洞御所の「役人」となっているといえる。

皇嗣付三卿は、武家伝奏・議奏が兼任する肝煎（前述）の指導をうけながら、御所と番衆を管理する実務に従事し、経験を積むポストであったといえるであろう。[51]

また、「役人」五職に准じる存在として、「肝煎」と呼ばれる職も次第に定着したようである。たとえば、十八世紀後半の女院青綺門院には堂上公家二名が「肝煎」として付けられた。[52]彼らは「役人」と異なり常勤ではなく、数日おきに御用伺いに顔を出すという勤務形態であり、うち一名は禁裏の番衆の兼帯であった。[53]また皇嗣については、先述したように、主に議奏の兼任である東宮（儲君）肝煎が置かれた。これらについて制度上の淵源や定着過程を明らかにすることはできないが、一つの目安を示すと、禁裏御所の口向役人が日々筆録した公日記「御所詰所日記」の部類記である「禁裏詰所日記部類目録」の、「諸堂上方之事」項を通覧すると、宝暦八（一七五八）年七月、女院肝煎・若宮肝煎について記載があるのが初見であって、[54]十八世紀に定着したのではないかと思われる。

十九世紀の事例であるが、彼らを含めた昇進階梯を端的に示す例を挙げておこう。文化十（一八一三）年九月十五日、朝廷の各部局に示された人事である（書陵部蔵「仙洞後桜町上皇御所詰所日記」）。人に即して整理して示すと、

広橋伊光　…（免）武家伝奏　　　（加）近習小番（小番御免カ）
山科忠言　…（免）議奏・東宮肝煎　（任）武家伝奏
広橋胤定　…（免）東宮三卿　　　（任）議奏・東宮肝煎
日野資愛　…（免）中宮肝煎　　　（任）東宮三卿
鷲尾隆純　…　　　　　　　　　　（任）中宮肝煎

このうち新旧の中宮肝煎としてみえる日野資愛・鷲尾隆純は、この前後は光格天皇の近習衆でもあり、[55]中宮肝煎は小番と兼帯の職であったと思われる。これを踏まえて整理すると、中宮肝煎（兼近習衆）→東宮三卿→議奏（兼東宮肝煎）→武家伝奏、という玉突き人事である。武家伝奏を頂点とする昇進階梯が、わかりやすく示されているといえよう。

堂上公家の近世的履歴

最後に、具体的な堂上公家の職歴を、人に即して具体的にみてみたい。前述したように、こうした職歴をそのまま記載

した史料はあまりないので、ある程度の履歴を個別の史料や研究で追える人物から若干名を選んで示すことにする。

まず、最初の皇嗣付三卿として、前節で触れた池尻勝房（慶安三生、宝永八没）。

禁裏外様小番→儲君五宮（東宮朝仁親王＝東山院）三卿→禁裏（東山天皇）「四人衆」→同・近習衆→議奏→東山上皇院伝奏[56]（東山院譲位による）

はじめは霊元院の近習小番にも入っていなかったのだが、五宮外祖父松木宗条の娘婿であったことから儲君となった五宮に付けられ、以後は彼が没するまでともに御所を移動して累進しており、東山院の側近と呼ぶにふさわしい職歴といえる。

続いて、前項で登場した日野資愛（安永九生、弘化三没）。まず元服前に、光格上皇の児《ちご》となっている[57]。成人後の職歴は、確認できる範囲で次のようである。

光格天皇近習衆（議奏加勢・中宮肝煎を一時兼帯）→東宮恵仁親王（寛宮＝仁孝天皇）三卿→議奏→光格上皇院伝奏（光格天皇の譲位による）→武家伝奏[58]

こちらは、基本的には光格天皇の側近として累進したといってよい履歴といえよう。

次に、橋本実久（寛政二生、安政四没）をみよう。やはり元服前に後桜町上皇の児となっている[59]。成人後の職歴は次の通りである。

後桜町上皇院参衆→光格天皇近習衆（後桜町上皇没による）→光格上皇伺候衆（院参衆）→同・院評定→同・院伝奏→仁孝天皇近習衆（光格上皇没による）→議奏[60]

もっぱら仙洞御所に参仕した人物といえる。

最後に、綾小路俊宗（元禄三生、明和七没）・有美（享保七生、寛政五没）父子。俊宗は、

東山上皇院参衆→（禁裏番衆?）→東宮昭仁親王（若宮＝桜町院）番衆→桜町天皇近習衆（一時議奏加勢を兼帯）→中御門

上皇院評定→小番御免（中御門上皇没による）→女院（青綺門院）肝煎[61]

東山院・中御門院・桜町院の三代、東宮・禁裏・仙洞の三御所にわたる職歴で、小番御免となった後は[62]、非常勤ながら女院御所にも参仕した。俊宗息有美は、まず中御門天皇の児となる[63]。成人後の履歴は次の通り。

桜町天皇近習衆→中御門上皇院参衆→桜町天皇近習衆（中御門院没によるか）→儲君茶地宮（遐仁親王＝桃園院）番衆→桃園天皇近習衆（遐仁の受禅による）→儲君英仁親王（後桃園院）三卿→議奏[64]（英仁の受禅による）

父同様、特定の個人や御所に付いてはおらず、四代・三御所を行き来した経歴である。

このようにみると、特定の天皇（皇嗣・院）に近侍し続けた場合もあれば、そのようには捉え難い場合もあり、かなり多様な経歴がありえたことがわかる。児や近習小番を出発点に、その時期に存在する御所の間で転属しながら次第に累進していっており、その中で特定の天皇や御所と関係が深い場合もある、とまとめられよう。

おわりに

以上で述べた、番衆制に基づく編成・機構をごく大雑把にまとめよう。近世朝廷では、まず禁裏御所に武家伝奏・議奏、院御所に院伝奏・院評定、そして皇嗣御所には皇嗣付三卿という役職が置かれた。彼らの下には、禁裏御所では近習・内々・外様の三つの小番があり、院御所・皇嗣御所には一つの小番があった。堂上公家は家格により内々・外様に属し、近習・仙洞・皇嗣の小番はここから選抜され、小番と兼務の肝煎などを経て、上記の五職に進んだ。皇嗣付三卿は、最も低いポストで、議奏が兼任する皇嗣肝煎の指導をうけつつ経験を積んだ。十八世紀におけるあり方を、いわば〝静的な〟視点から、近世の〝典型的な〟あり方と考えるならば、本章では、以上のような体制をそれにあたるものとして提示した。また〝動的な〟視点に立てば、従来十七世紀後半について知見の厚かった近世的な朝廷機構の整備・拡充が、十八世紀にもなお継続していたこと、また皇嗣付三卿の場合においても、霊元院をめぐる動向がその発端となっていたことを本章では示し得たと思う。以下、論点と課題を整理して結びとしたい。

第一に、近世の堂上公家の昇進階梯について。先行研究が示すように、このような職制は十七世紀に後水尾院や霊元院が近臣を取り立てたことに始まるのだが、十八世紀には、濃密な嘱人的紐帯を必ずしも必要としない慣習・制度として定着していたのではないかと思われる。個別の公家の履歴について、より突っ込んだ分析を加える必要があろう。特に本章で詳しく検討できなかった要素として、番衆がおおむね兼ねるとみられる各種の奉行がある。たとえば、三卿就任者についてのみ検討してみると、[65]学問所奉行の割合が高く、[66]紫宸殿・小御所・御字書奉行が低い。学問所奉行の中身についてはなお不詳であるが、重要な昇進ルートを成している。今後の課題である。

第二に、皇嗣をめぐる制度からみた、近世朝廷における政治的中心の変化について。詳細に明らかにすることはできないが、十七世紀の皇嗣は後水尾院の子女であり、その御所で養育されていたと思われる。[67]本章の検討を踏まえると、上皇が皇嗣および若年の天皇を養育する体制から、[68]天皇が皇嗣を養育する段階へと変化した、と捉えられる。前者を担った存在が、創設期の議奏であり、後者を担う役職となったのが皇嗣付三卿および皇嗣肝煎である。筆者はかつて、院御所の機構は十七世紀末に、院政を前提としない体制として確立したと把握した。[69]ごく大まかな見取り図としては、上皇を中心とする嘱人的要素の濃い朝廷から、天皇を中心とする近世固有の機構を備えた朝廷へ変化したと考えることができよう。

なおこの点に関して、本章で明らかにしえなかった問題は、皇嗣の禁裏居住が定着した経緯である。格別の政治的背景を想定せずとも、昭仁（若宮＝桜町院）の生まれながらの皇嗣という、本来理想的だが実際にはむしろ珍しい立場がもたらした体制が、準拠すべき先例となったと、いちおう説明することはできる。それに加え、新御所造営の出費を避けられるという点で、幕府にとっては好ましかったろうし、[70]また皇嗣の養育および側近の育成を、天皇・摂関・武家伝奏や禁裏付武家の目の届く範囲で行うなど、[71]政策的な意図があったと考えることもできるだろう。これに関連する興味深い事実として、慶仁親王（長宮＝中御門院）の外戚であった櫛笥隆慶が、即位後も天皇に近侍し、朝廷の意思決定に深く関わったことが近年指摘されている。(72)朝議に対する外戚の容喙を排除するという意図があった可能性もあるだろう。今後の課題としたい。

最後に、本章で扱ったような職制がもつ機能と限界という点について。三卿についても、具体的な職掌や機能を検討することができなかった。番の懈怠、諸職の「加勢」の常置といった実態の解明も必要である。また幕末の京都政局を鑑みると、こうした職制を通じ、実務能力や政治的実力を培ったのは堂上公家の家臣層ではないかとも思われる。十九世紀、あるいは幕府・藩の機構や諸改革との比較を視野に入れ、今後検討してゆくべき問題であろう。

（1）近世朝廷において、皇嗣は儲君治定・親王宣下・立太子という儀式を経、その段階に応じて「儲君（ちょくん・もうけのきみ）」「某（諱）親王」「東宮」などと呼ばれる。また皇嗣付三卿はこれに奉仕する職で、皇嗣の呼称に「三卿」を付けて呼ばれる。煩雑であるので、本章では呼称をおのおの皇嗣・皇嗣付三卿に統一する。
（2）公家が御所に輪番で参仕することで、武家が輪番で参仕する「大番」に対する語といわれる。
（3）明石治郎「室町期の禁裏小番」『歴史』七六（一九九一年）。
（4）高埜利彦「江戸幕府の朝廷支配」『日本史研究』三一九（一九八九年）。
（5）山口和夫「天皇・院と公家集団」『歴史学研究』七一六（一九九八年）。
（6）平井誠二「武家伝奏の補任について」『日本歴史』四二二（一九八三年）、同「確立期の議奏について」『中央大学文学部紀要』一二八（一九八八年）、本田慧子「近世の禁裏小番について」『書陵部紀要』四一（一九九〇年）、田中暁龍「江戸時代議奏制の成立について」『史海』三四（一九八八年）、同「江戸時代近習公家衆について」『東京学芸大学附属高等学校大泉校舎研究紀要』一五（一九九〇年）、拙稿「近世仙洞御所機構の成立過程について」『史学雑誌』一一七―三（二〇〇八年）。
（7）矢野健治「江戸時代に於ける公家衆の経済 下」『歴史地理』六六―四（一九三五年）五八頁。
（8）田中暁龍「史料紹介「享保期の武家伝奏日記」について」『東京学芸大学附属高等学校大泉校舎研究紀要』二三（一九九八年）

八八頁。田中は史料解説の中で、今後の課題としつつ、「次期天皇である東宮の養育係としての役職」と推測している。

(9) 前注(6)田中論文一九九〇、前注(5)山口論文。

(10) 渡辺修「近世神宮伝奏の性格変化」『日本歴史』六八九(二〇〇五年)。

(11) 武家伝奏・議奏については川田貞夫・本田慧子「武家伝奏・議奏一覧」『日本史総覧 補巻二 通史』(新人物往来社、一九八六年)、院伝奏・評定については今江廣通「江戸時代における院伝奏と評定の補任」『季刊ぐんしょ』再刊三八(一九九七年。なお後桜町院評定・山本実福とあるのは、押小路実富の誤り)がある。また例外的な同時代の名鑑として、山科言縄「近臣便覧」(延享~弘化、宮内庁書陵部。なお宮内庁書陵部は、以下、書陵部と略記)、京都大学図書館「武家伝奏・議奏・東宮三卿・近習・院伝奏・評定・院祇候次第」(安永~天保、平松文庫)がある。名鑑はどちらも、特に番衆については遺漏が目立つ。

(12) 刊行されている「公卿補任」「諸家伝」、近刊のものでは橋本政宣編『公家事典』(吉川弘文館、二〇一〇年)、また各家が提出した家譜(東京大学史料編纂所蔵)は、基本的に古代以来の官位・官職によって履歴を表記している。なお、東京大学史料編纂所は、以下、史料編纂所と略記する。

(13) 史料編纂所蔵謄写本「基量卿記」天和二年三月二十七日条・同所蔵「伊季公記」同日条。いずれも霊元院の近臣の記録であるが、このレベルでも情報に齟齬があることは、あるいはこの番衆付与がひっそりと行われたことを示すものかもしれない。

(14) 前注(6)田中論文一九九〇、二〇頁、久保貴子『近世の朝廷運営』(岩田書院、一九九八年)一一五~一一七頁。

(15) 「松木前大納言・同宰相等ハ各別之義歟」、つまり外戚の松木宗条・宗顕父子は別格であろうか、と述べている。

(16) これに先立ち儲君と称された、素鵞宮=紹仁親王(後光明院)、高貴宮=識仁親王(霊元院)らは、父である後水尾法皇の御所に同居していたものとみられる。

(17) 山崎闇斎高弟、のち道統を継承。霊元院の信頼厚い人物(磯前順一・小倉慈司編『近世朝廷と垂加神道』ぺりかん社、二〇〇五年)。

(18) 史料編纂所蔵・正親町家史料「東宮三卿誓状」。前注(5)山口論文が言及。史料名は包紙ウハ書によるが、同筆で「祖考一品御書也」と付記されており、孫の公明が後代に付けた題とみられる。役職名の成立については後述。

(19) 当初のメンバーのうち梅園は「年来春宮伺公の処、忠直の志を存ぜず」との理由で蟄居を命じられており(史料編纂所蔵「基量卿記」貞享二年九月六日条)、かわって池尻勝房が加わっている。

(20) 貞享三（一六八六）年十二月七日、呼称が「議奏」と定められた。前注(6)田中論文一九八八。
(21) 前注(6)拙稿、七一・七二・七八・七九頁、田中暁龍「貞享期の朝幕関係」桜美林大学『人文研究』一（二〇一〇年）。
(22) 譲位前は霊元天皇近習筆頭（「伊季公記」貞享四年一月二十四日条）、後に霊元院院伝奏。官職上は朝仁親王（五宮＝東山院）東宮大夫、譲位後は霊元院御厩別当。
(23) たとえば、最上席となる鷲尾隆長は、母が宮外祖父櫛笥隆慶の姉妹にあたる。
(24) 前注(14)久保書、一七〇～一七三頁。想定される反対勢力は、霊元上皇だったという。
(25) 書陵部蔵・庭田重孝「直廬御用雑誌」享保五年十月二十八日条、大阪府立中之島図書館蔵・町尻兼重「直廬御用記」同日条。
(26) 書陵部蔵・庭田重孝「直曹雑記」享保七年二月二十一日条。
(27) 若宮＝英仁親王（後桃園）の場合のみ、儲君治定の四カ月後、親王宣下に前後して任命されている。理由は不明である。
(28) 「儲君祇候庭田重孝書状」（国学院大学久我家文書編纂委員会『久我家文書　三』国学院大学、一九八五年、九二三頁）。奉書形式であり、東宮昭仁親王令旨と呼ぶのが適切であろう。
(29) 石井が選ばれた理由としては、石井家が昭仁親王の外戚近衛家の家礼であることが考えられよう（松澤克行「近世の家礼について」『日本史研究』三八七、一九九四年）。
(30) 享保十一・十六年。なおこれ以前のものには、三卿とそれ以外の番衆の区別がない。朝幕研究会編『近世朝廷人名要覧』（学習院大学人文科学研究所、二〇〇五年）所収のものを参照。
(31) 三卿在任者が残した職掌日記の原題をみると、温仁親王（寛政十三生、同没）三卿の山科忠言の記録に「三卿」の語がみえ（書陵部蔵）、以降確認できるすべての別記の原題に、「三卿」の語が含まれている。
(32) 前注(6)平井論文一九八八。なおこの職名は、源頼朝が後白河院政期の朝廷に置かせた役職に由来する。幕府の支援をうける朝廷で院政を敷こうとした霊元院の政治的意図が反映しているのではないかと思われる。また史料上明確ではないが、院評定衆についても明らかな異称はみえず、同様に中世の役職にならい定められたものとみられる。
(33) 前注(14)久保書、二〇一・二〇二頁。
(34) 史料纂集『通兄公記』延享三年一月二十一日・三十日条（続群書類従完成会、八巻）、『桜町天皇実録』（ゆまに書房、二〇〇六年）一巻、一〇頁。

(35)橋本政宣『近世公家社会の研究』(吉川弘文館、二〇〇二年)八一〇~八一二頁。
(36)『通兄公記』延享三年一月二十一日条(八巻)。
(37)「御三間」「花御殿」など。藤井譲治監修『天皇皇族実録』第I期(ゆまに書房、二〇〇六年)の各天皇第一巻を参照。
(38)史料編纂所蔵謄写本「定祥卿記」弘化二年五月二十一日条。このころ皇嗣付三卿は近習衆の兼任となっており、全体としては中山忠能が三卿任命を辞退したことについて、職の重みがないことを嘆いている。
(39)「大納言基香卿自記伝奏日記」享保十三年三月八日条(前注(8)田中論文、三三二頁)。なお『歴代残闕日記』所収本では「院伝奏」が「伝奏」となっている(二八巻、臨川書店、一九七〇年、三八四頁)が、語順からみて院伝奏が正しい。
(40)「大納言基香卿自記伝奏日記」享保十三年一月五日条(前注(8)田中論文、二八頁、『歴代残闕日記』二八巻、二三九頁)。記主の武家伝奏園基香は欠席、翌日出向いている。
(41)史料編纂所蔵「基長卿記」、書陵部蔵・庭田重孝「直廬御用雑誌」。
(42)『通兄公記』一~四巻(一九九一~一九九六年)。「基長卿記」享保六年。
(43)これ以前の皇嗣付三卿の参賀日については未詳である。
(44)「十五人」の内訳は、武家伝奏二人、議奏五人、院伝奏二人、評定三人、皇嗣付三卿三人であろう。
(45)史料編纂所蔵「兼香公記」では「東宮役人」という呼称が散見される。
(46)前注(6)拙稿二〇〇八、七四頁、拙稿「近世初期の朝廷機構と江戸幕府」『論集きんせい』三一(二〇〇九年)一二頁。
(47)武家伝奏・議奏は幕府から、院伝奏・評定は院の蔵から役料を給付された(前注(6)拙稿二〇〇八)。
(48)任免の連絡だけは武家伝奏から所司代に対してなされている(「徳大寺実堅武家伝奏記録・二条往来」天保十五年九月二十二日条など)。これは院評定衆と同様である。
(49)武家伝奏両名・院伝奏一名は、天皇・上皇の新年を賀す使者として、毎年一度江戸へ派遣され、新任後初度の将軍との対面の際には太刀・馬代を献じて伝奏就任の礼を行うのが通例だった。儲君・東宮から年頭の使者が出されることは、立坊前後に一、二回ある程度で、また必ずしも三卿ではなかった(「柳営日次記」『徳川実紀』)。
(50)遐仁親王(茶地宮=桃園院)が即位する際は三卿は三名とも議奏へ転じたが、これは上皇となった桜町院が評定衆を置かなかった(前注(11)今江論文)ため。

(51) なお神宮伝奏・上卿と議奏をともに経験した七三名（前注(10)参照）と、以上で示した三卿からの昇進組は二名（姉小路公文・正親町実光）が重複するのみで、まったく別の昇進ルートであったことがわかる。この二つの異なる昇進ルートを合わせると、約一五〇名が知られる議奏の約三分の二を占めることになる。

(52) 前注(14)久保書、二〇五頁。

(53) 女院御所研究会「平松時行『女院御用雑記』（宝暦三年）―翻刻と解題―（一）」『論集きんせい』三〇（二〇〇八年）「解題」。

(54) 拙稿「近世朝廷における公日記について」東京大学史料編纂所研究成果報告書二〇〇八―一・二〇〇七（平成十九）年度～二〇〇八（平成二十）年度科学研究費補助金（学術創成研究費）研究成果報告書『目録学の構築と古典学の再生―天皇家・公家文庫の実態復原と伝統的知識体系の解明―』（編集・刊行 田島公・東京大学史料編纂所、二〇〇九年）。

(55) 前注(11)「武家伝奏・議奏・東宮三卿・近習・院伝奏・評定・院祇候次第」。

(56) 久保貴子「近世天皇と後宮・側近」『岩波講座　天皇と王権を考える2　統治と権力』（岩波書店、二〇〇二年）二二四頁、表1、前注(6)拙稿二〇〇八、前注(6)田中論文一九九〇、前注(11)今江論文。

(57) 『御所詰所日記部類目録』「諸堂上方之事」項、天明六年八月二十六日。

(58) 前注(11)「武家伝奏・議奏・東宮三卿・近習・院伝奏・評定・院祇候次第」、書陵部蔵「仙洞後桜町上皇御所詰所日記」文化十年九月十五日条、前注(11)「武家伝奏・議奏一覧」、前注(11)今江論文。

(59) 『御所詰所日記部類目録』「諸堂上方之事」項、寛政十年二月五日。

(60) 主に史料編纂所蔵謄写本「実久卿記」による。実久と仙洞御所の職制については、拙稿「近世院政の組織と制度」『論集きんせい』二四（二〇〇二年）に詳しく述べた。

(61) 史料編纂所蔵謄写本「基長卿記」宝永六年六月二十五日条、国立公文書館内閣文庫蔵「八槐記」享保二十年二月一日条、史料編纂所蔵・蜂須賀本「宗建卿記」享保二十年十二月一日条・享保二十一年一月二十三日条、「八槐記」享保二十年末番文、『通兄公記』元文二年八月七日条、『広橋兼胤公武御用日記』寛延三年六月二十三日条（刊本一巻、九頁）。女院肝煎は常勤で勤番する職ではない（前注(53)「解題」参照）。

(62) 老齢などにより勤番を免じられること。参賀や触伝達に際しては、近習・内々・外様ごとの「小番御免」というまとまりで扱われる。なお十九世紀の皇嗣付三卿野宮定祥は、上皇が没すると院伝奏・院評定は番御免となる例で、「是れ其の主を失うに依る也」と述べている（史料編纂所蔵「定祥卿記」弘化三年二月十三日条）。

(63)『御所詰所日記部類目録』「諸堂上方之事」項、享保十四年三月四日。

(64) 国立公文書館蔵「八槐記」享保二十年末番文、史料編纂所蔵謄写本「宗建卿記」田中本・享保二十一年二月十一日条、「八槐記」延享元年十二月二十八日条、史料編纂所蔵謄写本「兼香公記」議奏部・延享三年一月二十九日条、書陵部蔵「通兄公記」延享四年四月二十一日条、「儲君親王御用日記」宝暦十二年七月二十七日条、前注(11)「天皇・議奏一覧」。

(65) 書陵部蔵『禁裏諸奉行補略』。これによる情報の整理については、平井誠二氏に貴重なご助力を頂いた。

(66) 御学問所が存在しなかった温仁親王三卿（寛政十二任。寛政度内裏における御学問所の造営は文化二年）を除くと、宝暦以降はほぼ全員が該当する。

(67) 前注(16)参照。

(68) たとえば議奏は、十七世紀に後水尾上皇が後光明天皇および霊元天皇に付けた存在に始まる。松澤克行「後光明天皇期における禁裏文庫」田島公編『禁裏・公家文庫研究』第三輯（思文閣出版、二〇〇九年）、田中暁龍「江戸時代議奏制の成立について」『史海』三四（一九八八年）。

(69) 前注(6)拙稿二〇〇八。

(70) 享保期ごろから、御料の物成だけでは立ち行かない禁裏御所の会計を補塡することが常態化、宝暦・明和期にその額が激増したという（奥野高廣『皇室御経済史の研究・後篇』中央公論社、一九四四年）。

(71) なお詳述はできないが、寛政期以降、天皇正配との同居中は、三卿は近習小番衆と兼任されるようになる（書陵部蔵・山科忠言「儲君三卿備忘」寛政十二年三月七日条、国立公文書館蔵「伊光記」文化四年七月十八日条。ともに儲君治定日）。

(72) 近世の天皇・朝廷研究第三回大会（朝幕研究会主催）、石田俊報告「近世中期の朝廷運営と外戚」。

2章　十八世紀の朝廷財政と朝幕関係

――江戸幕府の財政政策・遠国支配政策と関連して

佐藤　雄介

はじめに

近年の天皇・朝廷研究は、朝幕関係史・宗教論・身分論など、さまざまな視角から研究が行われているが、[1]その中でももっとも重要なもののひとつは、江戸幕府と朝廷との関係を探る朝幕関係史研究であろう。この分野についても多様な研究があるが、幕府から朝廷への財政的基盤の保障や支援に焦点をあてたものはほとんどない。

幕府は、天皇・朝廷に一定の政治的・宗教的役割を認め、財政的基盤の保障や支援を行った。天皇・朝廷は、これらを受けることによって、はじめて存続・機能することができた。幕府からの保障や支援は、朝幕関係を根底のところで支えていた要素のひとつといえる。

したがって、そのあり様（方式や額など）と変化の過程、およびそのような変化を生じさせた幕府の意図を解明することは、朝幕関係を考えるうえで、欠かすことのできない課題のひとつである。この点を検討することによって、朝幕関係の内実をより具体的に明らかにすることができるだろう。

しかし、前述したとおり、保障や支援に関する研究は非常に少なく、おもなものは奥野高広『皇室御経済史の研究　後篇』と日柳彦九郎「江戸時代の記録に現れたる皇室費（一）（二）（三）」しかない。[2]これらによって、研究の土台となる事実のいくつかは明らかになったものの、各時期における保障や支援のあり様（方式や額など）の詳細な実態や、その変化の具体的な過程、背景にある幕府の意図など基礎的な事実レベルにおいて、不明な点はなお多い。また、幕府の意図と関連することではあるが、拙稿で明らかにしたように、保障や支援のあり様は幕府の財政政策などから多大な影響を受けており、[3]幕政との関係も究明しなければならない重要な課題である。ところが、奥野ら先行研究にはこれに対する目配りがなく、ほとんど手つかずの状態に近いといってよい。

そこで、本章では、十八世紀における幕府から朝廷への財政的基盤の保障や支援のあり様とその変化の過程、およびそのような変化を生じさせた幕府の意図を、幕政（とくに遠国支配政策と財政政策）と関連付けながら、より具体的に明らかにしていく。そのうえで、この側面から見て、当該期の朝幕関係の実態がいかなるものであったのかを考えてみたい。また、その過程で幕府遠国支配政策の特徴の一端も解明していく。

まずは、奥野・日柳ら先行研究が明らかにした点をまとめよう。なお、禁裏や仙洞など各御所の運営は別個に行われていたため、本来はすべての御所について考えていく必要があるが、本章では禁裏を中心に検討していく。

慶長六（一六〇一）年以降、禁裏料が順次設定され（「本御料」「新御料」「増御料」都合約三万石）、管理は京都代官に任せられた。[4]幕初の禁裏のおもな収入は、禁裏料からの物成と将軍家・諸大名・諸寺社など諸所からの献上物であった。前者は旗本である禁裏付が統括した口向（禁裏の勘定方ともいうべき部署）で、後者は禁裏の女房である長橋局が統括した奥で取り扱われた。定例の食費や日用品購入費、年中行事にかかる費用などは基本的には口向から出された。一方、定例外の食費や諸道具購入費、寺社への祈禱料などは奥から出され、この奥の運営に、京都所司代（以下、所司代と略す）や禁裏付が介入することはできなかったという。

その後、禁裏においては徐々に支出が増大し、不足が目立つようになった。そのため、幕府は享保年間（一七一六～三六）頃から「取替金」と呼ばれる無利子の貸付けを禁裏に対して恒常的に行い、不足を補った（また、禁裏のものではないが、享保二十年には仙洞料の確定も行われた）(5)。

この取替金はあくまで貸付けであり、返済を必要とするものであったが、実際には返済はほとんど行われず、負債は蓄積する一方であった。そのため、安永七（一七七八）年には定高制が導入され、口向の年間予算と奥に対する取替金に上限が設けられた(6)。これ以後、口向の年間予算は口向定高銀七四五貫目（禁裏料の物成と取替金の合計）、奥は諸所からの献上物などと奥定高金八〇〇両を合わせたものとなった。

しかし、実際には安永七年以後も口向の支出が定高を上回ることがしばしばあり、そのたびに臨時の取替金による補塡が行われた。その結果、寛政三（一七九一）年には、定高制の改正が禁裏に申し入れられた。その内容は、享保年間以来累積している取替金の未返済分をすべて帳消しにしたうえで、以後、口向・奥ともに定高分は貸付けではなく、「進切」、すなわちすべて無償で禁裏に渡す、ただしその代わりに、定高以上の金銭を臨時に渡すことは一切しない(7)、というものであった。

また、この時期には、「備銀」と呼ばれる制度も創設された。口向の年間予算である口向定高（銀七四五貫目）のうち、消化し切れなかった残金を「余銀」と呼んだが、この余銀の三分の一を備銀として京都代官のもとに貯え、臨時の支出に対する備えとした。残りの三分の二は、そのまま奥に渡されていたが、寛政八年から、そのさらに三分の一、要するに余銀の九分の二を「荒年手当銀」として貯え、備銀と同様、臨時の支出に対して活用した(8)。

以後、文久三（一八六三）年に口向定高が一〇〇貫目ほど増額されるまで、定高制自体に大きな変化は見られなかった。

このような先行研究の成果に対して、筆者は以前、享保年間頃から恒常的に行われていた巨額の財政支援である取替金の性格と具体的な使われ方を、一部ではあるが、明らかにした。そのうえで、幕府財政の全体的な悪化とともに（取替金に）制限が加えられるようになり、定高制の導入によって上限が設けられていく詳細な過程とその意味を論じた(9)（くわしくは後述する）。

その後、寛政～天保年間（一七八九～一八四四）における禁裏の全体的な支出の動向と幕府の対応を検討し、次のような点を明らかにした(10)。

定高制改正とそれを支えた備銀などの創設は、支出増大の制御を狙って、禁裏に一定の財政的基盤をあらためて保障しつつ、その枠組み内でのやりくりを求めたものであったが(11)、それは禁裏が「不自由」しないよう配慮されたものであった。当初、定高制を軸としたこれらの諸制度は、比較的順調に機能したが、寛政末年以降に目立つようになった支出増大のため、だんだんとうまくいかなくなった。これに対して、幕府は、口向定高の増額こそ認めなかったものの、枠組み内でのやり繰りに強く固執はせず、京都代官管理の「京都代官預諸渡銀」などを用いることによって、一定程度は枠組みを超えた禁裏からの要望にも対応した(12)。

以上が拙稿も含めたこれまでの研究によって、明らかになっている点である。ここから、取替金の恒常化が始まった享保年間（一七一六～三六）、定高制の導入・改正が行われた安永（一七七二～八一）・寛政年間（一七八九～一八〇一）が画期といえる。

しかし、この間の保障や支援のあり様には、いまだ不明な点が多い。具体的にいえば、取替金については、拙稿で一部検討したものの、財源など基礎的な事実に未解明の部分が残る。また、定高制にしても、導入・改正の経緯やその周辺（くわしくは後述するが、当該期にはさまざまな規定の作成や改正などが行われていた）には、未検討の部分が多い。これらも含めて、十八世紀の保障や支援のあり様とその変化の過程、および背景にある幕府の意図を、幕政（とくに遠国支配・財政政策）と関連付けながら、究明していく必要がある。

そこで、本章では以上のような点を、これまでの拙稿の成果も援用しながら具体的に明らかにしていく(13)。そのうえで、若干ではあるが、保障や支援の面から見て、当該期の朝幕関係の実態がいかなるものであったのかも考えてみたい。また、その過程で、この時期における幕府の遠国支配政策の特徴についても見ていく。

1 取替金の活用——享保〜明和八年

支出の増大によって、不足が生じるようになった禁裏に対して、幕府は「取替金」と呼ばれる無利子の貸付けを行った。それが恒常化したのが、享保年間(一七一六〜三六)であったという。[14] 本節では、禁裏に対するきわめて大きな財政支援であった、この取替金の実態について見ていく。

性格

取替金は、金額に上限はあるものの(三〇〇両から五〇〇両未満の間)、基本的には老中に伺うことなく、所司代の判断で活用でき、その柔軟な特性のため、さまざまな局面でかなり自由に使われた。[15] 以下、いくつか具体例を挙げよう。[16]

まず、宝暦十二(一七六二)年の緋宮(桜町天皇次女、後の後桜町天皇)の「御服料」に関する事例を、武家伝奏広橋兼胤の公用日記「兼胤記」(東京大学史料編纂所所蔵)の記事をもとに取り上げる。[17] 緋宮は、幕府から「御服料」として毎年銀二〇〇枚を年の前半と後半に一〇〇枚ずつ渡されていた。宝暦十二年についても前半に一〇〇枚を渡されていたが、同年七月に(緋宮が)践祚したため、残り一〇〇枚の提供は取り止めになっていた。しかし、その後、残りの分ももらいたいとの要望を武家伝奏が禁裏付に伝えている(「兼胤記」宝暦十二年十一月二十四日条)。それに対する返答の内容が、次の〔史料1〕から判明する。

〔史料1〕「兼胤記」宝暦十二年十二月一日・十日条

(十二月一日条)

一、御附申、緋宮御服料之残差上候事、伊予守（阿部正右、所司代）へ申談候処、当時御服料ト有之候而ハ関東へ往来も難渋候、仍自山本志摩守（晃顕、女院取次）差出候書付差返候、何とそ御不足之補ニ而御跡仕舞も無滞相済候様ニ与有之候ハヽ、了簡も可有之歟之由申之由也（後略）

（同月十日条）

一、緋宮之御跡仕舞御不足ニ付、御服料残百枚之事、当時其名目ニ而ハ取計難成、伊予守申ニ付、自禁裏御用ニ付、百枚差上候様ニ御附へ被仰出候へハ、御取替之中ニ而可取計由ニ御附談ニ付、其段小督へ申入候処、大御乳人へ申談、宜取計呉候様ニ与頼ニ付、以大御乳人、長橋へ内々申入（中略）其後、両人謁御附、御入用之儀、実ハ緋宮御跡仕舞御入用ニ候、宜被取計申達、御附領掌了、

銀一〇〇枚の提供の要望を禁裏付から伝えられた所司代は、「緋宮の服料」との名目では老中に掛け合うことも難しい。しかしそのうえで、「御跡仕舞」すなわち緋宮の践祚・即位に際して生じるさまざまな「後始末」的な案件[18]を滞りなく済ませるための費用の補いと名目を変更してもらえれば、考えもあるとしている（一日条）。これを受けて禁裏付が、「御用」のためと禁裏の方で名目を替えて、再度要望すれば、取替金から銀一〇〇枚を提供することはできるだろうと提案し（十日条）、所司代の了承を得たうえで（＝「昨日被仰出白銀百枚御取替之事、今日伊予守へ申、相済候由御附申聞了」（同十一日条））、取替金の活用が決定されている（同日条）。

このように取替金は、老中に伺うことが難しいような案件に対してでさえ活用された。このほか、老中と掛け合っていると時間がかかり、面倒が生じるような際（「兼胤記」明和四（一七六七）年四月十三日条）、あるいは口向から表立って賄うことが難しいような場合（「兼胤記」寛延三（一七五〇）年十二月三日・七日条）にも、所司代の判断で用いられた。

さらに、公家個人の拝借金にも活用された。たとえば、明和三年のはじめに綾小路俊宗・清水谷実栄は幕府からの拝借金を願ったが、一度は所司代によって却下された。しかし、その後、再願したところ、所司代の判断で必要分を取替金と

して出すことで拝借が認められた（「兼胤記」明和三年一月十五日・二月五日・三月十五日条）。通常、幕府から公家への拝借金は、公家が武家伝奏を通じて所司代に願い出で、所司代がその願いを老中に取り次ぎ、了承を得たうえで、はじめて貸し付けられるものであった(19)。しかし、この事例からは、それとは性格の異なる、所司代の判断による拝借金が存在したことがわかる(20)。

財源

取替金の財源については、京都町奉行・京都代官取扱いの貸付金の利息と、京都代官が管理していた除料から徴収された物成の売払代金の貯蓄がその一部であったこと(21)以外は不詳であり、検討の余地が残る。

武家伝奏油小路隆前の公用日記「油小路隆前卿伝奏記」（宮内庁書陵部所蔵）には、

〔史料2〕「油小路隆前卿伝奏記」天明七（一七八七）年一月六日条

一、附武申、仙洞ヨリ去巳年中、七社七ヶ寺御祈、毎月七ヶ日被　仰付候ニ付、被下物之事「去々年冬申達」、七社七ヶ寺江銀五枚ツ、都合七拾枚、小堀数馬（邦直、京都代官）諸渡銀之内ヲ以御取替（後略）

との記事がある。「七社七ヶ寺」への下賜物銀七〇枚が京都代官預諸渡銀(22)のうちから取替金として出されており、京都代官が管理していたこの金銭も、取替金の財源のひとつであったことが明らかになる。

以上から、取替金の財源としては、京都町奉行・京都代官取扱いの貸付金の利息と、京都代官が管理していた除料から徴収された物成の売払代金の貯蓄、および京都代官管理の京都代官預諸渡銀が想定しうる。つまり、所司代が自身の判断で取替金を活用できたのは、それだけの財源を確保することができる、京都代官をはじめとした幕府の在京部局があってこそだったと考えられる(23)。

なお、勘定奉行所は、これら財源のすべてを把握できていたわけではなかった。

〔史料3〕「向山誠斎雑記及雑綴」(24)（「癸卯雑記　八」）

宝暦三酉年九月十三日、相模守（堀田正亮、老中）殿江上ル、

御金銀有高之覚

（中略）

二条

一、金壱万六千五百両　御城内ニ有之分

右之外、御旧料物成金之儀ハ所司代御取計ニ御座候間、渡方・有高等、此方ニ而相知不申候、

（後略）

この史料は、宝暦三（一七五三）年九月付で老中に渡されたものである。その全体の内容は、江戸・大坂・二条・駿府・甲府に貯め置かれていた金銀の額（宝暦三年時点）の書上げであるが、傍線部から、次の二点が明らかになる。

①二条城内には金一万六五〇〇両ほどが貯蓄されていたが、それとは別に、「御旧料物成金」、すなわち除料から徴収された物成の売払代金も貯め置かれていた。

②この分に関しては、所司代の管轄であり、貯蓄高などを勘定奉行所の方で把握することはなかった（＝「御旧料物成金之儀ハ……渡方・有高等、此方ニ而相知不申候」(25)）。

つまり、すくなくとも宝暦三年の時点では、勘定奉行所は、二条城内にあった除料から徴収された物成の売払代金の貯蓄について、その額など詳細を把握していなかった（あるいはできなかった）。後述するように、口向役人不正事件を機に、勘定奉行支配で出納の監査を職務としたという京都入用取調役(26)が新設され、口向の実務上級職（賄頭・勘使）の多くも勘定奉行所系列の者が占めるようになった。それによって、間接的にではあろうが、この分の把握も一定程度は可能になったと思われる。

小括

取替金は、老中に伺うことなく所司代が自身の判断で用いることができた。所司代は、この取替金を用いることによって、老中に伺うことが難しいような、あるいは口向から表立って賄うことができないような禁裏からの要望に対してでさえ、自身の判断で対応することができた。[27]その背景には、京都代官らによって確保されていたいくつかの財源があった。つまり、取替金の積極的な活用とそれを裏付ける財源の設定は、禁裏からの経済的要望へのより柔軟な対応を可能にしていた。朝幕間の無用な軋轢を減じさせ、両者の関係をとくに安定させていたと考えられる。

2 勘定奉行所と朝廷財政——明和八年〜安永七年

取替金の増大と諸制限

宝暦年間（一七五一〜六四）後半から明和年間（一七六四〜七二）にかけて取替金の増大が目立つようになった。[28]安永六（一七七七）年十二月付武家伝奏宛所司代書付（「御所々御入用筋書抜」[29]（東京大学史料編纂所所蔵）第三之上巻、禁裏御賄御入用等之部）には、「当時、　御所数も多、別而近来奥為御取替物、御手張ニ相成候趣付、前書御定高相極候」とあり、とくに奥に対する取替金が増大していたという。このような口向・奥に対する取替金増大の原因は明確にはわからないが、人員（非蔵人など）の拡大や御所数の多さといった点が関係していたと考えられる。[30]さらに、文政年間（一八一八〜三〇）前半における支出増大の一因が、奥からの下賜物などの華美化であったことを考慮に入れれば、[31]この時期にも同様の傾向が見られた可能性がある。

こうした状況を受けて、取替金に制限が加えられるようになった。以下、その過程を見ていこう。[32]

明和八（一七七一）年四月、大名・寺社・公家に拝借金制限令が出た。

〔史料4〕『御触書天明集成』一八三五号[33]

去寅年夏中御料所旱損之国々多、御収納高格別相減、御勝手向御入用御不足ニ相成候ニ付、当卯年より五ヶ年之間、格別之御倹約被　仰出候ニ付、

一、諸拝借之儀、所司代幷大坂御城代は勿論、遠国奉行、諸小役人等御役被　仰付候節は、是迄御定之通拝借可被仰付候、其外万石以上以下共、不依何事、拝借相願候とも、当卯年より五ヶ年之間は、容易ニ御沙汰ニ被及間敷候（中略）

但、公家衆、門跡方其外寺社等、江戸遠国ニ不限、拝借之儀は勿論、堂社御寄付等も五ヶ年之間は御沙汰ニ不被及筈ニ候事、

四月

右之趣、向々え可被相達候、

この中では規定されていないが、禁裏に対する取替金も、この触れや同年同月に出された、幕府の各部局の年間支出に一定の上限を定めた触れ[34]（詳細は後述）を契機に、制限を受けるようになった。それを示すのが、次の〔史料5〕である。

〔史料5〕「兼胤記」明和八年四月十八日条

一、去夏旱魃ニ付、関東御料収納不足ニ付、此度倹約有之ニ付、当地之向々ハ不及申、御所向御修復等迄も御入用相減候様ニ取計候、右ニ付、此度定金高も被申付候得者、御取替等之儀、差支之程も難計儀ニ付、是迄御附申聞次第大炊頭（土井利里、所司代）了簡を以致取計来候得共、此度定候年限之内者、容易難致取計候、委細倹約之書付、此間御附を以差越書付之通之由、且又拝借被願、不依何事年限之間ハ（中略）容易ニ難及沙汰之心得ニ而取計候様ニと大炊頭より申来（後略）

以後、これまでのように簡単には、取替金を用いることはできなくなるとしている。この前年の明和七年に、当時の幕

府財政政策の中心にいたとされる[35]、勘定吟味役川井久敬が、京都に仙洞御所造営奉行として派遣され、禁裏や仙洞などの「賄方」について、所司代らと相談を行っている（＝「禁裏　女院　新女院御取替年々相嵩ニ付、去々年川井越前守在京之節以来、御賄方等之儀申談」（「兼胤記」安永元年十二月二十一日条））。その際に、〔史料5〕のような取替金の制限についても、話し合われたと考えられる[36]。

口向役人不正事件

この後、安永二（一七七三）年から三年にかけて口向役人不正事件が起きた。前述したとおり、口向とは禁裏の勘定方ともいうべき部署であり、旗本から任命された禁裏付が統括した。禁裏付の下には、賄頭や勘使兼買物使（以下、勘使と略す）といった口向役人がおり、物品購入や事務手続きなどの実務を担っていた[37]。口向役人不正事件とは、この口向役人の不正を幕府が摘発した事件である。まずは先行研究をもとに、その概要を述べよう。

安永二年十月、事前に関白・武家伝奏らの了承を得たうえで、京都町奉行所が不正を働いていた口向役人の一部を呼び出し、吟味を行った。その後、三〇名あまりもの口向役人の解官が朝廷の手で行われ、最終的には、幕府によって、賄頭・勘使ら四名が死罪、仙洞の勘使ら五名が遠島に処せられ、そのほか出入りの者らも含めた多くの者が処罰された。また、京都代官小堀邦直も処罰を受けた[38]。

事件の概要は以上のようなものであるが、死罪などに処せられた賄頭ら口向役人の罪状は、所司代から武家伝奏に渡された書付に、

〔史料6〕「兼胤記」安永三年八月二十六日条

御所役人共勤方不埒ニ相成、重御法令共致忘却、　御所御料物成幷御取替被進候米銀之内、御附之者江も不申聞、私之相対を以、為致拝借、御用ニ無之品々帳面ニ記、其外取拵候書面を以、長橋局江申達、御払銀之内を掠取、致配分

候付、御用之品々麁末ニいたし、奥・表江渡物等甚不埒之取計有之、　御所向を相掠候儀共、吟味之上相顕（中略）私欲不法之儀共、聊不相改、諸向之人江　御所御外聞も不相弁、且関東を不奉恐仕方重々不届ニ付、此度当人幷悴共御仕置被　仰付候（中略）

右之趣、御達申候様、従年寄共申越候（後略）

とあるように、禁裏料からの物成や取替金などを禁裏付に無断で拝借させたり、帳簿を操作して私腹を肥やし、「御用」を粗末にしたといったものであった。

さて、この事件後、賄頭の定員は一名とされ、幕臣坂野高孝が充てられた。さらに勘使二名（定員四名）も幕臣が任命され、以後、賄頭と、勘使のうち上座の二名は幕臣が任ぜられることになった。(39) また、この際、口向役人らに職務の心得などさまざまな注意が与えられたほか、(40) 禁裏財政に関する所司代の諮問機関「御所向取締掛」（禁裏付と仙洞付らによって構成された。以下、取締掛と略す）(41) や、勘定奉行支配の京都入用取調役も新設された。(42) さらに、後述するような、諸規定の作成・改正も行われ、状況が落ち着くまでの措置として、勘定組頭益田新助が上京することも決められた（安永三年九月二十四日付取締掛宛所司代申渡（「御所々御入用筋書抜」第一巻、御取締掛勤方大意其外之部））。

この事件についても、明和七（一七七〇）年に川井と所司代の間で話し合われていたと思われるが、とくに重要な点として、新任の賄頭坂野の前職が支配勘定（後職は勘定）であり、勘使二名も勘定奉行所系列の者であったことを挙げたい。(43) つまりこの人事によって、口向の実務を担う役職のうち上級の多くを勘定奉行所系列の者が占めることになったのである。

不正事件の前、賄頭は、幕臣から一名、地下官人らから一名の定員二名であったというが(44)（「兼胤記」安永三年四月六日条）、「雲上明鑑」や「雲上明覧」などによると、実際には、幕臣から任ぜられることは少なく、二名とも地下官人らが勤めることが多かったようである。(45) また、勘使は幕臣ではなく、地下官人らが任ぜられていた。(46)

ところが、この事件の結果、勘定奉行所系列の幕臣によって、賄頭は独占され、勘使についても、その半数をかれらが占めることになった。このような傾向は、基本的にはこの時だけではなく、以後もつづいたと考えられる[47]。

元文~明和年間（一七三六~七二）にかけて長崎では、地下役人を把握・統制するための作成やさまざまな取決めの作成や、勘定役人の長崎奉行所常駐、勘定奉行の長崎奉行兼任など、多様な改革が行われ、勘定奉行所の影響力が強まった[48]。後述する諸規定の作成・改正も含めて、口向役人不正事件を契機とした一連の動きと、長崎における動向とには類似する点が多くあり、この時期における幕府の遠国支配政策の一環として理解できる。つまり、幕府は、遠国支配に対する勘定奉行所の監督を以前と比べて飛躍的に強め、より積極的に江戸（老中・勘定奉行）から制御しようとしたものと考えられる。その意味で、老中・勘定奉行所は、口向役人不正事件を幕府役人（勘定役人）の手があまり及ばない禁裏財政に切り込む契機として扱ったものと思われる。

諸規定の作成・改正

不正事件前後、とくに後には、多くの規定が作成・改正された。具体的には、以下のようなものである。

①人件費などに関する規定。一例として、〔史料7〕を挙げる。この史料は安永五（一七七六）年正月に所司代から京都町奉行・禁裏付に渡されたものである。

〔史料7〕「御所々御入用筋書抜」第一巻、御取締掛勤方大意其外之部

（前略）禁裏其外　御所々御内之者新規被　召出、或者御加増被下候儀、且寺院江御寄附物被　仰出候節、其外前々御用被　仰付来候者之外、絵師幷祈願者等江新規御用被　仰付候類者、前以自分江可被申聞候、尤右体之儀、女中向・堂上方より吹挙等無之様、向々江被達置候様、伝　奏衆江相達候間、可被得其意候（後略）

「御内之者」つまり口向役人の新規召出しや加増、寺院への寄附や新規の絵師らへの「御用」に関しては、事前に所司代まで届けるように。また、その際、奥の女房や公家からの推挙があってはならないとの内容である。

ここから、口向役人の新規召出しなどに関して、奥や公家の関与を禁じ、事前に所司代の了解を得るようにしたことが明らかになる。(49)

②禁裏付が把握していなかった、賄頭や勘使らの判断による公家に対する合力米の前借りや拝借金、物品の調達などの禁止。ここでは、物品の調達の禁止に関する具体例として、安永五年三月付付武家宛所司代達書を挙げよう。(50)(51)

〔史料8〕「御所々御入用筋書抜」第三之上巻、禁裏御賄御入用等之部

（前略）

一、御進物・御道具類・呉服物・被下物等之類、奥向より被　仰出、無拠相増候旨、毎度御入用掛り之者申立候、右之類、取次・御賄頭等承知ニ而取計、各江不申達調進致来候儀与相聞候、右躰奥向其外共例年・例月無之品者、少分之儀ニ而も取次・（「御」脱カ）賄頭等之心得ニ而者難取計旨、先々江相達（後略）

内容を要約すると、次のようになる。奥から出される要望によって、下賜品などの調達費用が増している。これらは、「各」つまり禁裏付などに断らず、取次・賄頭らが自身の判断で取り計らい、調達してきたとのことであるが（＝「御進物・御道具類……与相聞候」）、今後は、支出が増大するような定例外の品に関しては、たとえ微少のものであっても、賄頭らだけの判断で調達してはならない（＝「右躰奥向……ニ而者難取計」）。

〔史料8〕の内容は以上のようなものである。ここから、〔史料8〕以前は、禁裏付などには何も知らせず、取次・賄頭らの判断で下賜品などを調達していたようであるが、以後、新規・臨時の品に関しては、これを禁止したことがわかる。

③御用達商人に関する規定の作成。不正事件で多くの御用達商人が罰せられたこともあってか（前述）、定員規定の作成などが行われた。(52)

以上のような諸規定の作成・改正は、長崎でも行われており、(53)当該期における幕府の遠国支配政策の一環であったと考えられる。

定高制の導入と幕府財政

以上のような措置を前提に、安永七（一七七八）年に定高制が導入され、取替金の年額に上限が設けられた。ただし、その際、この制度の導入によって、禁裏が「不自由」しないように気を付けよとの注意が、再三再四老中から所司代らに伝えられていた[54]。また、不正事件の際には、とくに「供御」といった天皇らの食事などについては、けっして粗末にならないようにせよ、との命もくり返し老中らから出されていた（安永三年八月付口向役人宛所司代達書「御所々御入用筋書抜」第一巻、御取締掛勤方大意其外之部）。これらのことから明らかなように、幕府は朝廷に一定の配慮は払っていた。

さて、この定高制導入などの背景をもう少しくわしく見てみよう。明和七（一七七〇）年に禁裏の「賄方」について、所司代と内談を行った勘定吟味役川井久敬は翌年二月に勘定奉行に昇進した[55]。そのような状況の中で、取替金の制限・口向役人不正事件・賄頭らに関する新人事などが行われた。川井は安永四年十月に没したが、前述したとおり、不正事件以後、禁裏財政に対する勘定奉行所の影響力が飛躍的に拡大しており、安永七年の定高制導入などにもその影響が色濃く及んでいたと思われる。この時期の一連の動きに勘定奉行所は深く関わっていた。

それでは、川井らが活躍した、この時期の幕府財政はいかなるものだったのか。藤田覚によると、「宝暦期の好調期」を経て、「宝暦末年以降に財政状況が悪化しはじめ、安永期に一時的に持ち直したものの、天明期にはひどく悪化した[56]」という。

また、大石慎三郎によると、この時期、幕府は、町奉行や作事方、賄方などといった各部局の年間支出に一定の上限を定めたうえで（＝定高）、その中でのやり繰りを取り決め、支出を抑えようとした。これを命じた触れは、寛延三（一七五〇）年から、宝暦五（一七五五）年・明和八年・安永七年とつづけて出されたが、明和八年のそれは、とくに米収支の連続的赤字・金収入の大幅減少などといった「最悪の状況」を受けてのものであった[57]。取替金に対する制限は、こうした触れや前述の拝借金制限令の影響を受けてのものであり、禁裏への定高制導入などは、明らかに以上のような幕府の財政政策の一環であったと考えられる(58)。

小　括

取替金の制限・口向役人不正事件・勘定奉行所系列の者の口向上級職就任・諸規定の作成や改正・定高制の導入など、この時期の一連の動きは、当時の幕府財政政策・遠国支配政策と軌を一にし、勘定奉行所の強い影響力のもとで行われたものであった。つまり、幕府財政の悪化を背景に、それまでは所司代ら在京幕府役人や禁裏に大部分を任せていた禁裏財政の管理・運営に対して、幕府財政・遠国支配の規定を一定程度適用し、支出の増大を抑えようとしたものであったと考えられる。

明和八年以降の幕府（老中・勘定奉行）の方針は、①在京幕府役人や禁裏に多くを任せていた禁裏財政の管理・運営に、勘定奉行所の監督をより一層強めること、②在京幕府役人らのコントロール強化、および（それと関連することであるが）恣意性の排除にあったといえる。これらを通じて、より積極的に「江戸」（老中・勘定奉行）から禁裏財政を制御しようとしたものと考えられる。

こうした幕府の姿勢は、幕府財政全体が緊縮に努めていたことや長崎の事例を考え合わせれば、けっして禁裏財政だけを厳しく制限しようとしたものではなかったが、それまでと比較すれば、禁裏の経済的要望に対する幕府の態度は厳しくなったといえる。

ただし、その際、天皇らの食事を粗末にしてはならない、あるいは禁裏が「不自由」することがあってはならないと老中は再三再四、所司代らに注意もしていた。このことから明らかなように、幕府は禁裏があまりに「不自由」な状態に置かれないよう、つねに一定の配慮を払っていた。

3 定高制導入による諸問題と同制度改正——安永七年〜寛政年間

定高制の実施状況

明和八（一七七一）年以後、取替金に対する制限が大幅に強化され、口向役人不正事件などを経て、安永七（一七七八）年には定高制という一定の枠組みが設けられた。その結果、宝暦〜明和年間（一七五一〜七二）に比べれば、取替金の頻度は減少したと思われる。しかし、それでもしばしば用いられてはおり（寺社への下賜物や月見の費用などに活用されていたことが確認できる）[59]、口向の支出は定高制を軸とした枠組み内には収まりきらなかった。

たとえば、武家伝奏久我信通の公用日記「公武御用雑記」（宮内庁書陵部所蔵）には、

〔史料9〕「公武御用雑記」安永十年五月二十一日条

一、出雲守（久世広明、所司代）より申達趣、　禁裏御賄御入用之義、享保年中より無御拠御取替銀有之、夫より追々相増、去午年御所役人吟味之上、私欲筋相顕、仕置ニ相成候上、取締被仰付（中略）定高　被仰出、以来先々之御振合ニ立戻り（中略）御取替セ物等御省略有之、御手軽ニ相成候様、去安永六酉年暮被　仰出候処、去子年御入用高、御大礼等御入用之分相除候而も御入用嵩之、午年以来追々被　仰出候御趣意ニ相振候哉ニ相聞（中略）御取締不相弛様心得候様奥女中向、其外向々江も得と御達可有之事、

との記事がある。ここでは、支出の増大に対して所司代が注意を促しており、早くも口向の支出が定高を超過していたことが窺われる。実際、天明五（一七八五）年の口向の支出は五三貫目[60]（「油小路隆前卿伝奏記」天明六年二月七日条）、六年は六二貫目あまり（同七年二月二十八日条）、七年は六〇貫目強ほど定高を超過していた。奥野・日柳も指摘していることだが[61]、定高は実際には守られないことが多かった。

幕府の対応

以上のように、取替金の増大を抑えようとして導入された定高制は、一定の成果は収めたものの、遵守はされず、支出はかならずしも定高内には収まらなかった。これに対して幕府は、①前述した〔史料9〕のような支出増大に対する注意を行い、②他御所への禁裏の勘使（幕臣）派遣なども試みた。その後、松平定信が老中首座になると、③倹約令、④諸規定の作成や改正、⑤定高制改正などが実施された。以下、ひとつひとつ見ていこう（①は前述したので省略する）。

②他御所への禁裏の勘使（幕臣）派遣。幕府は、支出の増大が目立つ大宮に禁裏の勘使（幕臣）を派遣し、監査の手を入れようとしたが（「公武御用雑記」安永十年八月二十七日条）、大宮からは「立入難相成」と拒否された[62]（同九月十七日条）。

③倹約令。各御所に対して倹約を求めた。

〔史料10〕「油小路隆前卿伝奏記」天明七年八月二十四日・二十五日・十月五日条

（八月二十四日条）

一、関東自当年至来酉年、三ヶ年倹約、就夫御所方御入用方取締之事、因幡守（戸田忠寛、所司代）ヨリ申越切紙二通「具在御用帳」、殿下（関白）江入覧了、写二通上野ヲ以附長橋了、写二通以書中院伝江相達、御内儀江可被申入旨申遣了（後略）

（二十五日条）

一、関東三ヶ年倹約幷御所方取締等書付、為心得万里小路（政房、議奏）江入披見、相役中江も可被為見申含了、

一、右取締之事、御常用一々申子細候様ニてハ甚御不自由之段被恐入候、何卒返答之勘弁可有之、関白殿被命（後略）

（十月五日条）

一、参殿下、去一日口向取扱方之儀所存書付可進被命候、右者万事御不自由ニ可被為在段甚々恐入候、口向御断申上

候も御用脚不調故之事、無致方候か、三ヶ年之内右等之御用、御内儀取計候而も可有之哉之由、書付進入了「控在別」

幕府の三カ年倹約に伴って、各御所においても倹約を行うよう求める切紙が所司代から提出された。これに対して関白は、「御常用」＝定式の支出について、いちいち天皇に倹約を求めては、「不自由」を強いることになると難色を示している（傍線部）。倹約を求める幕府と朝廷の間で問題が生じていたことがわかる。

なお、ここで関白が難色を示していることからも推測されるように、幕府が朝廷に「御常用」のことにも及ぶような事細かな倹約（内容は不明であるが）を求めたのは、非常に久方ぶりであったのではないか。比較的、緩やかであった明和八（一七七一）年以前との落差が窺える。

④諸規定の作成・改正。安永年間（一七七二〜八一）につづいて、さまざまな規定の作成・改正が行われた。具体的には、非蔵人や女中の定員規定の作成や口向役人の定員規定の見直しなどであるが[63]、ここでは、二つほどそのほかの事例を挙げよう。

(A) 口向役人の隠居料に関して[64]。寛政三（一七九一）年十一月に、それまでは奥の判断で決定していた口向役人の隠居料を、以後は奥の判断は取り止めにし、一定の規定に則って決定することが定められた。その際、所司代から禁裏付らに宛てられた達書の中で、口向役人と幕府の御家人である抱入の者が比較されている。

(B) 禁裏料の取箇について。寛政六年に所司代が、禁裏財政に関する自身の諮問機関である取締掛（禁裏付らによって構成）に、次のようなことを伝えている（寛政六年四月十四日付取締掛宛所司代達書および同年八月九日付取締掛宛所司代達書。ともに「御所々御入用筋書抜」第二巻、禁裏准后御料御取箇納払等之部）。

これまで、禁裏料の取箇に関して京都代官から伺いがあった場合には、所司代が指図をしていた。しかし、今後は、京都代官の「吟味」に対して、取締掛が調査を行い、それを書付にし、所司代に差し出す。その後、所司代は「江戸表」

（＝老中・勘定奉行）に伺い、そこからの指図に従うようにする。

これらに代表されるように、この時期にも諸規定の作成・改正が行われたが[65]、その狙いは安永年間と同じく、勘定奉行による監督の強化や在京幕府役人らのコントロール、恣意性の排除にあったと思われる。

⑤定高制の改正。奥野・日柳によると、寛政二年から朝廷では、幕府の求めに応じて厳しい倹約が実施され、その後、つづけて定高制改正が行われた。前述したとおり、その内容は、享保年間（一七一六～三六）以来累積している取替金の負債をみな帳消しにしたうえで、以後、口向・奥ともに定高分は貸付けではなく、すべて無償で禁裏に渡す、その代わりに、定高以上の金銭を臨時に渡すことはしないというものであった。さらに、この時期には、臨時の支出の備えとして、備銀や荒年手当銀といった制度も設けられた[66]。

この改正された定高制とそれを支えた備銀などの諸制度（および④のような諸規定）は、以後の保障や支援の基本的な枠組みとなった[67]。つまり、この寛政年間半ばに、明和八（一七七一）年を境に見直された保障や支援の枠組みの再整備が完了したといえる。

経済的要望に対する幕府の姿勢

以上のような変化に対して、禁裏は戸惑いを見せた（③の関白など）。この時期以降、禁裏がたとえば宝暦～明和年間（一七五一～七二）前半などの「取締」以前の先例をもとに経済的要望を出しても、幕府は「取締」以前の事例は先例足り得ないとし、要望を拒否することがしばしばあった[68]。この「取締」が不正事件直後のさまざまな処置を限定的に指すのか、それとも（その延長である）安永七（一七七八）年の定高制導入や寛政年間（一七八九～一八〇一）の同制度改正を意味するのか、正確なところはわからない（あるいはそのすべてを含むのかもしれない）。ただし、たとえば「安永三午年御取締被仰出」（文政七年五月二十一日付所司代宛京都町奉行・仙洞付書付（「御所々御入用筋書抜」第三之上巻、禁裏御賄御入用等之部））などとあるように、史料上、不正事件直後のさまざまな処置の実施を、「取締被仰出」と記すことは、非常によく見られる。本章では、「取締」は不正事件直後の処置のことを指すと考えておきたいが[69]、いずれにせよ幕府は「取締」以前のことを先例とは認めず、要望を拒否することが間々あった。また、より直接に定高制をたてにすることも多くあった[70]。

このように、先例が「取締」以前の事例であることや定高制をたてに、幕府が禁裏からの経済的要望に難色を示すことはしばしばあった。この時期、またこれ以後の幕府は、享保年間から不正事件（や定高制導入・改正）までの時期における保障や支援のあり様を、過剰に手厚いものと認識していたと思われる。さらにいえば、おそらくは取替金に制限が加えられるようになった明和八年以前のそれに対しては、とくにそのように見なしていたのではないかと推測される。

小括

安永七年に定高制が導入されたが、実際には枠組みを超えた取替金がしばしば出された。これに対して、幕府は基本的には枠組みの遵守を求め、支出増大に対して注意の喚起を行い、他御所に対する禁裏の勘使（幕臣）派遣も試みた。その後、松平定信が老中首座になると、倹約令・諸規定の作成や改正・定高制改正などを実施した。

つまり、勘定奉行所による監督の強化、在京幕府役人らのコントロール、恣意性の排除を通じて、「江戸」すなわち老中・勘定奉行所からのより積極的な制御を図るという、幕府の姿勢は継続、もしくは強化されてもいた。明和八年を境に見直され、口向役人不正事件などを経て再整備された、財政的基盤の保障や支援の枠組み（改正された定高制や、それを支えた備銀などの諸制度、諸規定）が、一定の完成を見せたのが、寛政年間半ばであったといえる。

ただし、定高制改正の際には、老中が所司代らに、（改正によって）天皇・上皇らの「手元」が「不自由」することがあってはならないとくり返し厳命しており[71]、禁裏には一定の配慮をしていた。とくに天皇らの「手元」が「不自由」にならないようにせよとの表現から窺われるように、天皇家の当主（とその周辺）に対してはより重点的に配慮を払っていた。

おそらくは幕府財政の再建と無関係ではなかったと思われるが、享保年間（一七一六〜三六）に、禁裏への財政的基盤の保障や支援の枠組みが見直され、取替金の恒常化など一定の整備がなされた（禁裏とは関係ないが、この時期には仙洞料の確定も行われた）。

おわりに

これらをもとに、明和八（一七七一）年以前においては、手厚い保障や支援が行われた。とくに宝暦年間（一七五一〜六四）後半からは、取替金の増大が目立っており、より積極的に取替金が用いられていたことがわかる。後の幕府からすれば、先例と見なせないような保障や支援が行われていたのであり、この時期の（保障や支援の）あり様は、それ以後から見れば過剰ともいえるほど、とりわけ手厚いものであったと考えられる。つまり、享保年間に整備された枠組みが機能し、一定の成熟を見せたのが、宝暦年間後半から明和八年以前であった。

しかし、幕府財政の問題、またそれに伴う遠国支配政策の一環として、明和八年をひとつの契機に、口向役人不正事件などを経て、禁裏への保障や支援にも勘定奉行所の強い監督が加えられるようになり、恣意性の排除なども図られるようになった。明和八年を境に、枠組みの再整備が始まったといえるが、それが一定の完成を見せたのが、寛政年間（一七八九〜一八〇一）半ばであった（定高制の改正や、それを支えた備銀などの創設、諸規定の作成・改正）。ただし、この再整備においては、天皇や上皇らに一定の配慮が払われていた。

以上が、本章で明らかにした点の要約であるが、ここから次のようなことが考えられる。

幕府は天皇・朝廷に対して、つねに相応の財政的基盤の保障や支援を行い（禁裏料・取替金・定高制など）、それを裏付ける財源を設けていた。その意味で、財政的な側面から見ても、近世の天皇・朝廷は、幕府と「不可分の関係」[72]にあった。

取替金がより積極的に活用された、宝暦年間後半から明和八年以前は、その到達点のひとつといえ、とくに朝幕関係に問題が少なかった時期と考えられる。

しかし、当たり前のことではあるが、「不可分の関係」とはいっても、何の問題も生じなかったわけではない。十八世紀でいえば、明和八年がひとつの大きな境目であった。この年以降、それまでの保障や支援のあり様に対して見直しがなされるようになり、勘定奉行所による強い監督などが加えられるようになった。長崎の事例を考え合わせれば、これは、当時の幕府の財政政策・遠国支配政策に則ったものであり、勘定奉行所による監督の強化などを通じて、遠国支配に対する「江戸」(老中・勘定奉行)からの制御をより積極的に図ろうとしたものと考えられる。ほかの遠国奉行所についても、さらに検討を加えていく必要があるが、幕政における勘定奉行所の影響力拡大と捉えることができる。当該期における幕政の特色のひとつといえよう。

さて、明和八年以前は、所司代ら在京幕府役人や禁裏に、保障や支援の管理の大部分が任されており、それは比較的、緩やかに行われていた。しかし、この年以降、幕府財政の悪化に伴って、冗費の節減を図らなければならなくなった。一方で、従来どおりの関係を保持するために、天皇・朝廷に相応の配慮も払わなければならなかった。冗費の節減と朝幕関係の保持、この二つの均衡をいかに保つかが、明和八年以降の幕府の課題となった。

そのような難しい状況下において、ひとつの基準となったのが、天皇・上皇らに対する重点的な配慮であったと考えられる。老中からは、天皇や上皇らの「手元」が「不自由」しないようにせよ、あるいは天皇らの食事は粗末にならないようにせよとの厳命がしばしば所司代らに出されていた。冗費の節減という最重要問題に優先的に対応し、禁裏財政の幕府財政一部局化とも思えるような動き(勘定奉行所系列の幕臣の口向上級職任用など)を推し進めつつ、朝幕関係の保持を図るための方策のひとつが、天皇家の当主(とその周辺)に重点的に配慮を払うことであり、これが以後の幕府の基本的な方針となったのではないかと思われる。このように、当時の幕政において重要であった財政政策、またそれに伴う遠国支配政策に則りつつ、朝幕関係保持のための配慮も一定程度は行う、この微妙なバランスこそが当該期の朝幕関係の実態であったのではないだろうか。

(1) 近年では、梅田千尋『近世陰陽道組織の研究』(吉川弘文館、二〇〇九年)、高橋博『近世の朝廷と女官制度』(吉川弘文館、二〇〇九年)、中川学『近世の死と政治文化』(吉川弘文館、二〇〇九年)、西村慎太郎『近世朝廷社会と地下官人』(吉川弘文館、二〇〇八年)、野村玄『日本近世国家の確立と天皇』(清文堂出版、二〇〇六年)、高埜利彦編『身分的周縁と近世社会八　朝廷をとりまく人々』(吉川弘文館、二〇〇七年)、上田長生「近世社会における天皇・朝廷権威とその解体」、鍛冶宏介「江戸時代教養文化のなかの天皇・公家像」ともに『日本史研究』五七一号(二〇一〇年)、松澤克行「後光明天皇期における禁裏文庫」『禁裏・公家文庫研究　第三輯』(思文閣出版、二〇〇九年)、藤田覚「近世王権論と天皇」、山口和夫「近世の朝廷・幕府体制と天皇・院・摂家」いずれも大津透編『王権を考える』(山川出版社、二〇〇六年)などが挙げられる。なお、研究史整理としては、久保貴子「近世朝幕関係史研究の課題」『近世の朝廷運営』(岩田書院、一九九八年、初出は『歴史評論』四七五号、一九八九年)、山口和夫「近世天皇・朝廷研究の軌跡と課題」『講座　前近代の天皇　第五巻』(青木書店、一九九五年)などがある。

(2) 中央公論社、一九四四年。『山口商学雑誌』四〜六号(一九二七年)。このほかには、禁裏料・公家領を扱った橋本政宣「江戸時代の禁裏御料と公家領」『近世公家社会の研究』(吉川弘文館、二〇〇二年、初出は『歴史と地理』二七九号、一九七八年)、公家領を扱った大谷光男「近世土御門家の家領について」『東洋研究』一四五号(二〇〇二年)などがあるが、いずれも奥野・日柳の研究を大きく超えるものではない。なお、奥野と日柳は互いの研究に言及していないため、両者が同じ事実を明らかにしている際、どちらを出典にすべきか難しい場合がある。その際、本章では両者をともに挙げた。

(3) 拙稿「十八世紀の京都所司代と朝廷」『論集きんせい』二九(二〇〇七年)。

(4) 慶長六年に徳川家康によって約一万石の禁裏料(「本御料」)が定められ、その後、元和九(一六二三)年に「新御料」一万石が、さらに、宝永二(一七〇五)年には「増御料」約一万石が増加され、禁裏料は都合約三万石になった。翌年に山城国田村新田約九八石が増された後は幕末まで禁裏料の石高に変化はなかった(前注(2)奥野書、二六七・三一三頁、前注(2)日柳論文(一))。また、慶長〜元和年間(一五九六〜一六二四)においては、禁裏料の管理は朝廷が行っていたが、その後、遅くとも寛永十一（一六三四）年までには幕府が担うようになったという（藤井讓治「江戸幕府の成立と天皇」『講座・前近代の天皇　二』青木書店、一九九三年、一三六～一三八頁）。

(5) 基本的には一万石、上皇並立の場合は、本院が一万、新院が七〇〇〇石と決められた（前注(2)奥野書、五三〇頁）。

(6) くわしくは後述するが、各部局の年間支出に一定の上限を設ける制度自体は、寛延三（一七五〇）年頃から幕府内でひろく行われており（大石慎三郎「宝暦・天明期の幕政」『岩波講座日本歴史十一　近世三』岩波書店、一九七六年、一五六～一六二頁）、禁裏への定高制導入もそのような流れの一環にすぎなかったと考えられる（前注(3)拙稿〇七年）。なお、史料上では、口向に対する定高（口向定高）は「御賄御入用御定高」、奥に対するそれは「奥御用御定高」と表記されることが多い。

(7) なお、大規模な神事や儀礼の費用は、定高とは別に幕府から提供された（前注(2)奥野書、四五一頁、前注(2)日柳論文(二))。

(8) たとえば、ある年の支出が七〇〇貫目だったとすると、四五貫目が余銀になり、その三分の一の一五貫目が備銀になった。残り三〇貫目の三分の一である一〇貫目が荒年手当銀となり、残った二〇貫目が奥に渡された。なお、荒年手当銀の正確な創設時期については、拙稿「近世の朝廷財政と実務役人」『東京大学日本史学研究室紀要』別冊藤田先生退職記念論集『近世政治史論叢』（二〇一〇年）で、寛政八年と確定した。

(9) 前注(3)拙稿〇七年。

(10) 「近世後期の朝廷財政と江戸幕府」学習院大学人文科学研究所共同研究プロジェクト近世朝幕研究の基盤形成『近世の天皇・朝廷研究』一号（第一回大会成果報告集、二〇〇八年）、「京都町奉行・京都代官と朝廷財政」『史学雑誌』一一八編三号（二〇〇九年）。

(11) なお、改正後の定高の財源は、おもに京都代官によって確保されることになっていた（拙稿「近世後期の朝廷財政と京都代官」『歴史学研究』二〇一一年掲載予定）。

(12) 「京都代官預諸渡銀」は、京都代官が管理していた金銭全般を指すと思われる（前注(11)拙稿一一年）。なお、改正後の定高のおもな財源は京都代官が確保する役割を担っていたこと（前注(11)）、枠組みを超えた禁裏からの要望にしばしば用いられていたのが（京都代官管理の）「京都代官預諸渡銀」であったことなどを考慮に入れれば、改正後の保障や支援の財源を確保する役割は、おもに京都代官が担っていた（前注(10)拙稿〇九年、前注(11)拙稿一一年）。

(13) なお、取替金の恒常化のはじまり(享保年間)と、それ以前の保障や支援のあり様については検討できなかった。今後の課題としたい。
(14) 前注(2)日柳論文(一)。この点については寛政四(一七九二)年十二月十八日付禁裏付ら宛所司代申渡(「御所々御入用筋書抜」(東京大学史料編纂所所蔵)第三之上巻、禁裏御賄御入用等之部。なお、「御所々御入用筋書抜」の性格については後述する)に「御物成ニ而者御不足ニ付、享保之比より御取替之儀被 仰出」とあることなどからも明らかである。なお、奥野は取替金の初見を「基量卿記」(宮内庁書陵部所蔵)貞享三(一六八六)年五月十三日条の記事「伝奏被申云、自大樹御所、御不足銀黄金四千両、中宮御所千両、女一宮御婚礼為御用意、白銀百貫目被献上由也」を引いて、同年としている(前注(2)奥野書、四四一頁)。しかし、これは貸付けではなく、「献上」すなわち無償での提供であり、取替金の初見とはいえない。
(15) 前注(3)拙稿〇七年。なお、上限以上の取替金を用いる場合には、老中の許可が必要であった(前注(3)拙稿〇七年)。また、本文で三〇〇両から五〇〇両未満の間とした上限額について、前注(3)拙稿〇七年では、三〇〇両程度ならば所司代の判断で用いることができたことしか明らかにできなかったが、「兼胤記」(東京大学史料編纂所所蔵)明和元年十月十日・同六年四月二十四日・五月十一日条からは、五〇〇両だと老中の許可が必要であったことがわかる。
(16) これらは前注(3)拙稿〇七年で検討したが、重要な点であるので、もう一度詳述する。
(17) なお、「兼胤記」については東京大学史料編纂所編『広橋兼胤公武御用日記』(一〜九巻、東京大学出版会、一九九〇〜二〇〇九年)として出版がつづいている。本章では、刊行済みの年代分(寛延三(一七五〇)年六月〜宝暦十年四月)に関しては、これも参照した。
(18) 緋宮は宝暦十二年七月二十七日に践祚、翌年十一月二十七日に即位した。なお、「御跡仕舞」を滞りなく済ませるための費用とは、践祚・即位そのものに要する費用を指すのではなく、たとえば緋宮が宮でなくなることによって生じる支出など「後始末」的な費用のことを指すと考えられる。
(19) 大屋敷佳子「幕藩制国家における武家伝奏の機能(一)」『論集きんせい』七(一九八二年)。
(20) なお、宝暦三年十二月二十八日には、所司代の「心得」で、少禄の公家衆に拝借金の貸与を行うことが決定されている(「兼胤記」同日条)。その元手は明記されていないが、取替金とは別の金銭を用いた、所司代の判断による拝借金が存在した可能性がある。

(21) 前注(10)拙稿〇九年、前注(11)拙稿一一年。なお、除料から徴収された物成の売払代金の貯蓄について説明すると、次のようになる。仙洞料などは、仙洞らが没すると幕府によって収公され、京都代官の管理下に置かれた。これを「除料」と呼んだ(前注(2)奥野書、五一九～五三七頁)。この除料(「旧料」とも称された)から徴収された毎年の物成は売り払われ、所司代の管理のもと二条城内に貯蓄された。その一部が取替金の財源となった(前注(11)拙稿一一年)。

(22) 前述したように、京都代官が管理していた金銭全般を指すと思われる(前注(12))。

(23) ここで挙げたものが取替金の財源すべてとは限らないが、京都代官ら在京幕府役人が管理していた金銭がおもなものであったという傾向は読み取れよう。さらに、改正された定高の主要な財源は京都代官が確保する役割を担っていたことから(前注(11)拙稿一一年)、おそらくは取替金についても、京都代官が管理していた金銭がおもな財源であったと思われる。

(24) 大口勇次郎監修・針谷武志編『向山誠斎雑記　天保・弘化編　第四巻』(ゆまに書房、二〇〇四年)九一～九六頁。

(25) 「癸卯雑記」には勘定奉行所関連の史料が多く収められていることなどから(針谷武志「解説」前注(24)『向山誠斎雑記　天保・弘化編　第二六巻』三二頁)、「此方」は勘定奉行所(の役人)と想定して良かろう(なお、「癸卯」＝天保十四年、誠斎は勘定組頭であった)。

(26) 前注(2)奥野書、三四三頁。

(27) 所司代を勤めた後に老中に就任する者が多いことを考えれば、このような取替金の活用は、老中も理解していたものと思われる。

(28) 前注(2)奥野書、四四三頁。

(29) 「御所々御入用筋書抜」は、安政五(一八五八)年頃に朝廷財政の取調べを行った幕府役人が、京都の「御所向取締掛」役所に蓄積された諸文書を編纂したものと思われる(前注(10)拙稿〇九年)。なお、「御所向取締掛」とは、禁裏付らによって構成された、朝廷財政に関する所司代の諮問機関である(安永六年十二月二十七日付京都町奉行宛所司代達書(「御所々御入用筋書抜」第一巻、御取締掛勘方大意其外之部)、前注(2)橋本書、四〇八頁など)。

(30) 前注(10)拙稿〇八年。

(31) 前注(10)拙稿〇九年。

(32) この点も前注(3)拙稿〇七年で検討したが、行論の都合上、もう一度くわしく見る。

(33) 高柳真三・石井良助編、岩波書店、一九三六年、四八三頁。
(34) 前注(6)大石論文、一五六頁。
(35) 山田忠雄「天明期幕政の新段階」『講座日本近世史　五』(有斐閣、一九八八年)二〇頁。
(36) なお、〔史料5〕以後、取替金に対する所司代の態度が実際に厳しくなっていることが確認できる(前注(3)拙稿〇七年)。
(37) 前注(2)奥野書、三四二頁。
(38) 前注(2)奥野書、四四五～四五八・五七七頁、平井誠二「江戸時代の公家の流罪について」『大倉山論集』二九(一九九一年)。なお、小堀が受けた処分は「御前はばかり」であったという(『寛政重修諸家譜』一六巻、続群書類従完成会、一二〇頁)。
(39) 前注(2)奥野書、四四八頁。
(40) たとえば、安永三年八月には、所司代から新任の口向役人らに、①禁裏付の指示の厳守、②朝廷に「尊敬」の念を払い、幕府の「威光」が立つよう心がけるべきことなどの訓示が与えられている(安永三年八月付口向役人宛所司代達書「御所々御入用筋書抜」第一巻、御取締掛勤方大意其外之部)。
(41) 前注(29)を参照のこと。
(42) 前述したように、出納の監査を職務としたという(前注(26))。
(43) 安永三年八月付所司代達書(宛先不明、禁裏付らか)によると(「御所々御入用筋書抜」第一巻、御取締掛勤方大意其外之部)、この時、勘使に任ぜられたのは高橋八十八と山本郡七であった。前者は宝暦元(一七五一)年に普請役元締となり、勘使を経て、安永七年に京都入用取調役に任ぜられた。その後、天明四(一七八四)年には勘定に就任した(所司代達書、前注(38)『寛政重修諸家譜』二一巻、二六五頁)。一方、後者は、前述の所司代達書によると、勘定吟味役下役からの就任であった。その後、安永七年に勘使病免となった(歴史資料課「近世領主並びに近世村町別閲覧可能関連文書一覧」『資料館紀要』三一号、二〇〇三年)。また、坂野高孝は支配勘定から賄頭を経て、勘定になり、後に勘定組頭に任ぜられた(前注(38)『寛政重修諸家譜』二〇巻、一七〇頁)。
(44) くわしくは前注(1)西村書を参照してもらいたいが、地下官人とは朝廷の下級官人のことである。
(45) たとえば延享元(一七四四)年に賄頭であった飯室越前守・座田薩摩守・飯室勘解由(座田・飯室勘解由は寛延二(一七四九)年・宝暦元(一七五一)年も賄頭)、宝暦七(一七五七)年の座田左兵衛大志・飯室左衛門尉・近藤和泉守など(「新校正御公家鑑」延享元年、「改正雲上明鑑」寛延二年・宝暦元年・同七年、いずれも東京大学史料編纂所所蔵のもので、本章では、朝幕研究会編『朝廷人名要覧』（学習院大学人文科学研究所、二〇〇五年）を活用した）。

(46) 前注(2)奥野書、三四二頁。

(47) 網羅しているかは不明だが、京都府立総合資料館歴史資料課が、賄頭・勘使なども含めた在京幕府役職の在任者一覧を作っている（前注(43)「近世領主並びに近世村町別閲覧可能関連文書一覧」）。それによると不正事件以降、天保十四（一八四三）年までに勘使を勤めた幕臣は二八名おり（十五年以降は不明）、その中で前職がわかるものは二五名いる。そのうち勘定奉行の支配にあった普請役および同元締などからの就任は一四名、評定所書役からが四名、代官手付が一名、残りは勘定吟味方下役三名、留守居同心二名、小普請一名である。後職については判明した者が一九名、うち直接、支配勘定になった者が一名、賄頭や勘定奉行支配の京都入用取調役を経て勘定になった者が一〇名いる（うち六名が京都入用取調役を、四名が賄頭を経ている）。残りは賄頭三名（後々職は小十人組・不明・病免各一名。後々職が勘定である者を含めると勘使の後職が賄頭の者は七名）、京都入用取調役一名（後々職は賄頭（その後は不明）、後々職が勘定の者を含めると勘使の後職が京都入用取調役の者は七名）、進上取次上番一名、二之丸火之番二名、膳所台所人一名である。賄頭に関しては（不正事件以降天保九年まで）、全一〇名中、二名が支配勘定、七名が勘使、一名が京都入用取調役からの就任であり、離職後、五名が勘定になっている（残りは、死亡・不明各二名、小十人組一名）。

たとえば、安永五（一七七六）年に普請役から勘使に任ぜられ、天明七（一七八七）年に賄頭になった保田定市は、その後、寛政四（一七九二）年に勘定に就任した。さらにもう一例挙げると、立田岩太郎は、文政三（一八二〇）年に普請役から勘使になり、同八年に京都入用取調役、同十一年には勘定となった。このように、歴代の賄頭・勘使のうちに勘定奉行所系列の者は非常に多くいた。

(48) 鈴木康子『長崎奉行の研究』（思文閣出版、二〇〇七年）第五章〜八章・結論。

(49) このほか、口向役人の人員規定作成なども行われた（前注(10)拙稿〇八年）。

(50) 付武家とは、禁裏付・仙洞付らの総称である。

(51) 合力米の前借りや拝借金、あるいは物品の調達の禁止に関するほかの事例としては、「兼胤記」安永二年十二月十九日条、同三年六月十九日条などが挙げられる。なお、前述したように、このような拝借金については不正事件の際に問題になっている。

(52) 天保十五（一八四四）年二月付賄頭伺書（「御所々御入用筋書抜」第一巻、御取締掛勤方大意其外之部。宛先は不明）によると、「安永三年以後」に御用達商人の数が一定数に取り決められた。また、寛政七（一七九五）年にはその一部改正が伺われた。規定が作られた正確な年代は不明だが（徐々に定められたのかもしれない）、①前述したように、不正事件によって多くの御用達商人が罰せられており、（御用達商人に関する）あらたな規定を定める必要性が早急にあったと考えられること、②規定作成がなされてすぐに改正が伺われたとは考えにくいことなどから、規定が設けられたのは安永三年から間もない頃と思われる。

(53) 前注(48)鈴木書、第六章～八章。たとえば、長崎地下役人の職掌や定員に関する規定の改正（一八五～一八九頁）、職務怠慢に対する罰則規定の取決めなど（一八三～一八八頁）。

(54) 前注(10)拙稿〇八年、〇九年。

(55) 前注(38)『寛政重修諸家譜』一八巻、二五九頁。後述の川井の病没日もこれによる。

(56) 『田沼意次』（ミネルヴァ書房、二〇〇七年）七二～七五頁。

(57) 前注(6)大石論文、一五六～一六二頁。

(58) 前注(3)拙稿〇七年。

(59) 下賜物については「油小路隆前卿伝奏記」天明七年正月六日条、月見に関しては同六年六月五日条の記事などが挙げられる。

(60) 前注(2)奥野書、四五二頁。

(61) 同右、四五一頁、前注(2)日柳論文（一）。

(62) 前述したように、不正事件の結果、禁裏の賄頭と勘使のうち二名は幕臣（勘定奉行所系列の者）が勤めるようになったが、仙洞などほかの御所においては、賄頭らの交代はなく、従来どおり地下官人らが勤めていた（前注(2)奥野書、五七八頁）。なお、未実施ではあるが、この禁裏の勘使（幕臣）派遣が老中の指示なのか、それとも所司代らの判断であったのかは不明である。

(63) 前注(10)拙稿〇八年。

(64) 同右。

(65) このほか、たとえば口向役人見習いの召出しについても、禁裏付の判断で取り計らってきたが、今後は所司代の判断を仰ぐよう取り決められるなど（寛政三年正月付京都町奉行宛所司代達書「御所々御入用筋書抜」第五巻、御所々御内并女中人数等之部、前注(10)拙稿〇八年）、さまざまな規定の作成・改正が行われた。

(66) 前注(2)奥野書、四五二〜四五七頁、前注(2)日柳論文(一)。

(67) 前注(10)拙稿〇八年、〇九年。

(68) 一例として、文政三(一八二〇)年十月二十二日付京都町奉行・禁裏付宛所司代達書(「御所々御入用筋書抜」第五巻、摂家堂上方以下御内幷女中御宛行米之外増被下米等之部)に書き留められている事例を紹介しよう。北小路俊幹が没したので、かれに与えられる予定であった文政三年分の合力米の半分を拝領したいと、かれの子どもが例書を添えて願った。これに対して所司代は、例書の事例は「取締被　仰出以前之儀」であり、先例足り得なく、要望を叶えることはできないと返答した。

(69) なお、「兼胤記」安永四(一七七五)年十月二十八日条の記事では、禁裏付が「一昨年以来、取締厳密」と述べており、不正事件を契機に朝廷財政に対する取締りが厳密になったと認識していたことがわかる。

(70) 定高制をたてに要望を拒否する事例は枚挙に暇がないが、その一例としては「公武御用雑記」安永九年三月九日条の記事が挙げられる。その全体の内容は、医師浦野玄瑞にあらたに宿番を命じてほしいとの禁裏からの要望に対する禁裏付の返答であるが、その中で禁裏付は、新規の宿番を命じることによる支出増大と定高の兼合いなどを理由に要望に対して難色を示している。

(71) たとえば、寛政四年十二月十八日付で老中からの申渡しを所司代が禁裏付らに伝えているものには(「御所々御入用筋書抜」第三之上巻、禁裏御賄御入用等之部)、「(定高を)年々被進切ニ被　仰出候間、以来(中略)被　仰出之御趣意相立、御手元御不自由ニ不被為在候様勘弁を加可被取計候」との記述がある。

(72) 前注(1)山口論文、二四二頁。

〔付記〕 本章は、平成二十二年度科学研究費補助金(特別研究員奨励費)による成果の一部である。

3章 「みよさし」論の再検討

三ツ松 誠

はじめに

「天照大御神《アマテラスオホミカミ》の御はからひ」のもと、「朝廷《テウテイ》の御任《ミヨサシ》」によって、徳川家康以来の将軍家は「天下の御政《ミマツリゴト》」を行い、大名たちはその「御政」を「預《アツ》かり行《オコナ》」う。本居宣長が『玉くしげ』において当時の統治をこのように説明したのは、十八世紀末のことであった。この時期に浮上した、彼の「みよさし」論を含む大政委任論は、一般に、存在する統治を肯定し、天皇権威によって幕藩制を正統化する理論として考えられている[1]。

しかし、天皇から将軍への政務委任が理論に先立って存在したわけではない。天皇から実際に将軍が委任を受けたのは、文久三（一八六三）年のことである。だがその事実は、裏を返せば、将軍の統治は天皇からの委任によるものだとする観念が、幕末には現実の政治過程を規定するに至っていたことを意味する。そして、この委任確認の勅書を幕府が獲得しようとした背景には、幕府を批判する尊王攘夷論の高まりが存在していたのである[2]。

つまり、一方では近世社会の成熟の果てであり、他方では内憂外患で体制が動揺しはじめた時代である、十八世紀後半に定式化され、幕府の「御威光」を補強するはずだった論理が、幕末に至ると、幕府の政治運営を縛るものとして機能することになったわけだ。これは日本近世の政治と思想の関係を考えようとする者にとって、極めて興味深い事実である。従って、この問題に関しては既に議論の蓄積があり、国学的「みよさし」論の系譜に限っても、先行研究は少なくない。しかし本章では、議論の重複を恐れず、国学者の天皇・将軍・大名に関する政治理論について、再検討を加えることを目指す。

と言うのも、尊王攘夷運動の理論的源泉の一つに平田篤胤の国学があったことは、教科書レベルの事実として認められていながら、それが幕末維新期の政治過程の中で如何なる展開を示したかを思想史的に明らかにした研究が、意外に少ないのである。国学政治思想に体制変革的契機を認めないのが戦後の通説であり(3)、そうではない研究も、対象が竹尾正胤らに限られるなど(4)、検討が未だ不十分なように思われるのだ。

そこで具体的には、必要な範囲で宣長以降の論者の「みよさし」論を参照しつつ、平田銕胤・延胤期の気吹舎のテキストにおける幕府に対する見解の変化を順に確認していく(5)。この作業によって、幕政を正統化する「みよさし」論的な国学政治思想が、天皇による統治を正統化するものへと変化する過程を明らかにしたい。

本来、このテーマに関しては当該期の政治史的分析を踏まえた上で答えを出すべきではあるが、本章はその準備作業として、まず全体の見通しを立てることを目指して、近年の宮地正人氏らの史料調査に基づく研究成果に学びながら(6)、テキストの内容分析によって国学政治思想の変化を概観することとする。個別の著作の書誌学的検討は、行論上必要な範囲に限って行う。また、水戸学など他の諸思潮との関係についても、ここでは措く。

1　宣長と篤胤

宣長の「みよさし」論――『玉くしげ』

まずは大政委任を国学的に定式化した、宣長の「みよさし」に関する説を引用しよう。(7)

〔史料1〕

さて今の御代《ミヨ》と申すは、まづ　天照大御神《アマテラスオホミカミ》の御はからひ、　朝廷《テウテイ》の御任《ミヨサシ》によりて、　東照神御祖命《アヅマテルカムミオヤノミコト》より御つぎ〳〵、　大将軍家《ダイシヤウグンケ》の、天下の御政《ミマツリゴト》をば、敷行《シキオコナ》はせ給ふ御世にして、その御政を、又一国一郡と分《ワケ》て、御大名《ダイミヤウ》たち各《オノオノ》これを預《アヅ》かり行《オコナ》ひたまふ御事なれば、其御領内《ゴリヤウナイ》〳〵の民《タミ》も、全《マツタ》く私《ワタクシ》の民《タミ》にはあらず、国も私《シ》の国にはあらず、天下の民《タミ》は、みな当時《タウジ》これを、　東照神御祖命《アヅマテルカムミオヤノミコト》御代々の　大将軍家《ダイシヤウグンケ》へ、　天照大御神の預《アヅ》けさせ給へる御《オン》民《タミ》なり、国も又　天照大御神の預《アヅ》けさせたまへる御国《オンクニ》なり

アマテラスの「御はからひ」・朝廷の「御任《ミヨサシ》」によって、家康以後代々の「大将軍家」が「天下の御政《ミマツリゴト》」を施行している。これが現在の治世なのであり、大名たちはその「御政」を預かり行っているのである。宣長は現存する統治形態をこう説明する。彼にとって「民」も「国」も「私」のものではなく、アマテラスから預けられたものだということになる。

こうした宣長の立場は、古典的な議論を引けば、「現に行われている政治を天皇の権威に帰することによって、被治者の現実政治に対する批判と反抗とを封ずることが意図(8)」されたものだ、ということになる。被治者の批判と反抗を封じることを課題とした理論家として宣長を位置付けることの当否はさて措き、宣長が現に存する体制を批判・変革することを意図していないと見る点は、首肯できる。確かに宣長は、真心のままの古代を理想視し、当代を漢心の流入で堕落したものと捉えている。しかしそうした変化も神の計らいによって起きたものなのだから、精神世界は古代の雅やかなものへと

近づくべきではあっても、現実世界は私意によって改変すべきものではないのである(9)。

篤胤期の出版物から――『霊能真柱』

宣長没後にその門人を自称し、神学的・宇宙論的著述を多く残した国学者、平田篤胤。膨大な草稿が今も残るが、生前に完成・出版に漕ぎつけた著述はごく僅かである。その中で最も有名であろうものが、彼の出世作にして主著と見做されることも多い『霊能真柱』（文化十〈一八一三〉年四月刊）である。そのうちにも、「みよさし」論的な一節がある。

〔史料2〕［下、七丁オ～ウ］

大国主ノ神は。杵築ノ宮に鎮リ坐シて。いはゆる冥府の事を掌《シ》りしろし看《メ》すなり。但しその御手に代《カハ》りて。事《コト、》執《リ(ママ)》り奏《マヲ》したまふは。事代主ノ神に坐すとおもはるゝ。其《ソ》は。息長帯比売《オキナガタラシヒメ》ノ命の。韓《カラ》を征伐《ウチ》たまへる時。また天武天皇の大友ノ皇子と御軍《ミイクサ》の時も。大国主ノ神はものし給はで。彼ノ神の助ケ奉り給へることなどを思ヒ合せて暁《サトル》べし。此《コ》は其ノ父大神の御言に。吾子等《アガコドモモ、》百八十神者《ヤソガミハ》。八重事代主《ヤヘコトシロヌシ》ノ神。為《ナリ》二神之《カミノ》御尾前《ミヲサキ》一ト而。仕奉則《ツカヘマツラバ》。不《ジ》レ有《アラ》二違《タガ》フ神《カミ》一ハ也。と宣へるを以て考フるに。此ノ神の御尾前と坐《マシ》て助ケ奉リ給ふ上は。かの十七代《トヲマリナ、ヨ》の神々の御子御子《ミコミコ》のうからやからの神々。また其百《カノモ、》八十《ヤソ》神の御々子々《ミコミコ》の神等《カミタチ》の親族《ウカラヤカラ》の神々も。悉《コト〱》に助ケ奉リ賜ひけむこと知ルべし。此状《コノサマ》を今の顕世《ウツシヨ》の事に合セ考フるに。天皇命《スメラミコト》は。山城ノ国に御座《オハシ》まして顕事《アラハニゴト》の本を治看《シロシメ》し。将軍家ハ。その大御手《オホミテ》に代《カハ》りて。天ノ下の御政を執奏《トリマヲ》したまひ。八十諸《ヤソモロ〱》の大名がたを帥《ヰ》てその御尾前となりて。仕ヘ奉りたまふ状にいとよく似たり。此もまた幽《フカ》き謂レあることなるべし。

ここで篤胤は、杵築宮に鎮座して幽事を主宰するオオクニヌシの働きについて説明し、その息子たるコトシロヌシが代理を務めて、他の神々とそれを助けている旨を説く。そしてこの有様は、山城国に座す天皇が顕事の本を治め、将軍家がその代理を務めて、諸大名を率いて仕えている様子に似ているのだという。

篤胤にとって世界は、オオクニヌシの治めるあの世＝幽事と、天皇の治めるこの世＝顕事、この二つの領域からなる。この引用箇所で篤胤は、幽事におけるオオクニヌシとコトシロヌシ、他の神々との関係を詳述するべく、それと相似を為すものとして、顕事における天皇と将軍、諸大名の関係を引き合いに出している。つまりここで篤胤は、かの「みよさし」を所与の事実として扱い、顕事と類似した構造を有する幽事を説明するための例示として、引用しているのである。霊の行方を明らかにして「大倭心」を堅固にすることを課題視した『霊能真柱』［上、一丁ウ〜二丁オ］における「みよさし」論は、説明の材料としての位置を与えられているに過ぎない。

篤胤が没するまでに刊行した他の著作(10)の内容を見ても、「みよさし」論の十全な展開を見出すことは難しい。篤胤が「みよさし」論を説いた著作として知られてきたものに、例えば神祭の作法を示した『玉襷』の二巻がある(11)が、これは武家政権について正面から論じたものであり、それ故刊行が文久元（一八六一）年まで遅れたと考えられている(12)。これについて篤胤生前に門人から問い合わせがあった際も、彼の塾である気吹舎の回答は、「玉たすき二之巻上木之事被二仰下一候へ共、是ハ子細有ㇾ之跡へ相廻し申候(13)」というものであった。篤胤が自らの著作を世に問うにあたって、「みよさし」を論ずることの優先度は、政治的な差し障りもあってか、低かったのであろう。篤胤が生前に流布させようとした学説の中心的位置を、現存する政治体制の如何をめぐる議論が占めていたと見做すのは、困難である。

2　ペリー来航と「御武威」

銕胤期当初の気吹舎

幕政を論じた著述の出版回避も、彼の学に対する幕府からの嫌疑を回避するには十分なものではなかったのか、篤胤は、国許への退去と著述の差し留めの幕命を受け、天保十二（一八四二）年に秋田へ向かうこととなり、翌々年に死去した。

気吹舎を継いだ養子の銕胤は、篤胤の退去また死去後も江戸にあって、篤胤の学問の流布に努めた。

この時期の気吹舎の議論を理解するため、嘉永元（一八四八）年五月に刊行された、『古道大意』に目を向けてみよう。篤胤が民衆相手に講談を行って己の学問を広めようとしたことはよく知られており[14]、その演目の中でも筆頭に挙げられていたのが「古道の大意」であった。内容は「神代のあらまし、又御国は神国にして、万ノ物万ノ事の万国にすぐれたること、惣じてこの御国のありがたき所以を演説す[15]」るものであり、啓蒙的性格の強いこの講釈の原稿を、銕胤は講本として刊行したのである。

では、この「御国」についての議論の中に、「みよさし」論は登場するのか。答えは、否である。確かに太平をもたらした家康を賞賛する箇所はあるものの、その文脈は、主として篤胤の主張する古学を興した存在として称揚する、というものである[16]。つまり篤胤は、自らの学問を現体制の創設者の名を借り権威付けようとしているのだ。体制の正統性の所以そのものを論じる意図は、ここには窺えない。

開国と『志都能石屋講本一名医道大意』

気吹舎の出版物における政治的性格の、かかる相対的な薄さは、ペリー来航後に変化する。ここで注目するのは、嘉永七（一八五四）年六月――日米和親条約締結直後――に銕胤が刊行した、『志都能石屋講本一名医道大意』である。篤胤は『霊能真柱』中、オホナモチ・スクナビコナの二神が諸外国を創出するとともに、医道の始祖にもなったのだとして、外国由来の医療技術を選択的に受容すべきことを説いた箇所で、医道について詳しくは『志都能岩屋』で述べると予告していた［上、五六丁オ～ウ］。従ってここでは、海外の医療技術受容の是非が説かれているわけだが、実はその議論の射程は医道に限定されたものではない。

〔史料3〕［上、二五丁オ～二五丁ウ］

四方ノ夷狄ドモ。技巧《テワザ》ノ限リヲ尽《ツク》シ齎来《モチキ》テ。御機嫌《ゴキゲン》ヲ取申シ。或ハ我ガ漂民ヲ送ルニ言託《コトヨせ》テ。通商ヲ請《コ》ヒナド。漸々ニ覗《ウカヾ》ヒ奉リ。又中ニハ負気《オフケ》ナキ狂業《タハワザ》ヲ企《クハダ》テルモ有ルヤウニ聞エルデム。然ルニ此レラノ事。速《スミヤ》カニ御咎《トガ》メモ无《ナ》キハ。例ノ大ラカニ差置レルノデム。然《シカ》レトモソレハ小事ノ事。終《ツヒ》ニハ皇国ノ損害《ソコナヒ》トモ相ヒ成ベキ大事ニ至テハ。少《イサヽ》カモ宥《ナダ》メ給フ事ナク。御稜威《ミイツ》ヲ震《フル》ツテ打亾《ホロ》ボシ給ハン事ハ。弘安ノ度《トキ》ハ云ニ及バズ。其外ヲリヲリ御験《シルシ》ノ有タルヲ以テ知ベキモノデム。但《タヾ》シ是ハ。人ヲシテ御討《ウタ》せナサル、モ。神ノ御稜威《ミイツ》ニ依テ亾《ホロ》ブルモ。実ハ同ジ理デム。扨サヤウ有リツ、モ。皇国ヲ覗《ウカヾ》フ心ナホ止《ヤ》マズ。年ヲ重《カサ》ネ世ヲ経《フ》ルマ、ニ。彼《カレ》ニ懲《コ》リ此《コレ》ニ怖《オソ》ル、其ノ中ニ。四方ノ戎狄ドモ。興廃《コウハイ》沿革《エンカク》サマ〳〵有テ長久せズ。本ヨリ彼《カレ》ニ主従ノ定マリナク。万事猥《ミダ》リガハシキニ付テモ。我ヵ大君ノ大御代ハ。幾千《イクチ》世歴《ヨヘ》テモ替《カハ》ラセ給フ事ナク。征夷大将軍ノ御威光モ。弥増《イヤマス〳〵》々ニ四海ニ輝《カヾヤ》キ。彼ノ戎狄ラ。終《ツヒ》ニハ尊卑善悪強弱ヲモ。心ノソコヒ思ヒ弁ヘ。イ這《ハ》ヒ拝《オロガ》ミ服従《マツロヒ》奉リ。カノ通商交易ナド云事ハイツシカ絶《タエ》テ。我ヵ大君ハ。四海万国ノ大君上《キミ》ニオハシ坐シ。彼レ等ハ一向《ヒタスラ》ニ臣下《ミヤツコ》ト称《マヲ》シテ。国産ドモ沢山《サハ》ニ貢《ミツ》ギ献《タテマツ》リ。参来《マヰ》ルベキ事。鏡《カヾミ》ニ挂《カケ》テ見ルガ如ク。阿那《アナ》尊《タフト》キカモ。阿那愉快《コヽロヨ》キカモ。

「夷狄」が接近して通商を請うようになり、「負気《オフケ》ナキ狂業《タハワザ》」の企ても耳にする。これらは小事ならば「大ラカニ差置」かれるものの、「大事」ならば神の「御稜威《ミイツ》」で滅ぼされる。結局は、「征夷大将軍」の「御威光」も四海に輝き、主従の定まりが無く乱れた「戎狄」は、替わることなき「我ヵ大君」に朝貢することになるだろう。要約すれば、こんなところか。

つまりこの書は、外国の通商要求・軍事的脅威を問題視しつつも、最終的には永続性を有した王朝の下、「征夷大将軍」の「御威光」の前に、諸外国は服従すると見通す一節を含んでいるのである。傾聴すべき宮地正人氏の議論によれば、篤胤の国学の出発点には、資料集「千島白波」の編纂活動からよく窺うことのできるように、十九世紀初頭のロシアの接近という対外危機が重要な契機として存在した、ということになる。(17) かかる視角からすれば、ロシアを念頭に置いたものとはいえ、篤胤が対外危機に対して〔史料3〕のような見通しを用意していたとしても、不思議は無い。ペリー来航以後の対外的危機の中で、指針を求めた人々の問いに、これが一つの回答を示すものとなったと見ることもできよう(18)。

ところが、である。「一名医道大意」の別称の通り、この『志都能石屋講本』は、篤胤の残した講釈原稿「医道大意」を底本にしていると考えられるのだが、「医道大意」の篤胤直筆本(19)には、上の引用箇所が存在しないのだ。つまり前述の箇所は、出版に先立つ編集によって成立したものだと考えられ(20)、だとすればこの著作の時局的性格は明白である(21)。

ではこの時の気吹舎の時局認識は如何なるものだったのか。やや特殊な史料になるが、門人参沢明の著作「神界物語」の中から、明に送られた銕胤書簡の一節を引用しよう(22)。

〔史料4〕

当正月以来参候亜墨利加船、所々へ上陸致シ、少ツ、は乱暴も致し、或ハ陣営の内ニ入り、不礼の振舞も有レ之候得共、公辺ニ而ハ一向御構無ク、而来私ニのみ御取扱、いか様のこと致候共御咎無レ之は、只々戦争御厭ニ而無事ニ退帆致シ候様ニとの御事と被レ存候ヤ、此ニ而は御武威の廉無レ之と、慷慨歎甚の至ニ奉レ存候

銕胤曰く、この正月以来やってきたアメリカ船は、所々へ上陸し、いささか乱暴な行いもし、陣営内に入って無礼な振る舞いもしました。しかし公辺はそれには一切お構いなしで「私」にのみ取り扱っており、どんなことをしても処罰が無いのは、只々戦争が嫌で事を構えずに退帆させたくての仕業に思われませんか。これでは御武威も成り立たないと、嘆かわしい限りです、と。彼にとって幕府の現状は、「御威光」を「四海」に輝かすどころか、戦争を忌避して、無礼な振る舞いを咎め立てすることも無い、この上なく嘆かわしい、「御武威」の成り立たない状況だったのである。

ではあらためて〔史料3〕を読み直してみよう。それは、「御威光」をその身に纏った「征夷」大将軍を言辞の上では賞賛しており、その意味では禁忌たる幕府批判ではない。だが目に映る幕府の実態が、「戦争御厭」で「御武威の廉無レ之」有様であったとすれば、賞賛されるべき幕府のあり方とはそぐわない。幕府に対するこうした認識を共有するなら

ば、〔史料3〕の如き言説は、あるべき姿を示して、それとかけ離れた幕府の現状に対して批判的な意識を呼び起こすものとして機能したと考えられよう。「御威光」「御武威」に支えられた将軍権威は、「征夷」の不可能性を明らかにした途端、その輝きを失ったのである。(23)

3 安政の大獄と「みよさし」論

『大道或問』

幕末政治情報ネットワークとしての気吹舎の姿については既によく知られているが、「風雲秘密探偵録」から窺える、秋田藩への情報提供が始まるのは、明くる安政二(一八五五)年後半からのことである。(24)三年に日本に着任したハリスは、四年には条約改正交渉に入る。翌年になると勅許を出さない朝廷の意向にも拘らず、ハリスの圧力を受けた幕府は条約調印を認めることとなる。かくして批判の嵐が幕閣に向かって吹きつけることとなるが、大老井伊直弼はこれを反対勢力の大弾圧によって乗り切ろうとすることになる。

「探偵録」を見る限り、大獄の最中は秋田藩当局者への気吹舎からの情報提供は無い。(25)しかしこの時期も気吹舎は、政治情報を記した秘密日記を綴るとともに、(26)「道」を論じた冊子の配布すら行っていた。それが安政六年九月刊行の『大道或問』である。(27)

当然銕胤は、この書を流布させるにあたっては細心の注意を払ったようで、陸奥の門人にこの書を送る際には、「此或問と申物近比上木相成候間、六部差出し申候、此書ハ子細有レ之、書肆などへは一切出し不レ申候、秘書として有レ之事に候間、御同志之外猥りニ御他見被レ下間敷候(28)」と注意を促している。その内容は、「漢土《モロコシ》」と対比して皇国の「道」を論じる明白な政治論であり、天皇と将軍の関係についても、次のように説明がある。

〔史料5〕〔四丁オ～ウ〕

世界万国の中ハ。尺寸の土地も。　天皇の御土地ならざる所ハ無レ之。一人の民も。　天皇の御人ならざるハ無レ之。乍レ恐摂政関白大樹公と申せども。　天皇の勅許を蒙り玉ひて。官位に任じ玉ひ候へば。是以　天皇の御臣下なる御事ハ。申迄も無レ之候。但し　天皇の御名代として。天下の万人を御治め在せられ。下々の者ハ。近く御恵《メグミ》を蒙る事ニ候へば。　天皇の御次には。右の御方々を。尊び奉るべき御事ニ候。殊ニ　東照宮は。数百年の乱世を治め玉ひ。夷狄を攘《ハラ》ひ。天下の悪政を正して。　天皇を厚く御尊崇被レ為レ在。正き学問の始をも起し玉ひ。其御功徳の大なる事ハ。申迄も無レ之。当時太平を楽み候も。皆この神の御恩徳なれば。其御志ニ基《モトツ》き奉るべき事に候。

世界の土地も人民も全て天皇のものである。「大樹公」も天皇の臣下であり、その「御名代」として万民を治めている。それ故に、天皇の次には、尊ぶべき存在である。特に家康は、乱世を治め、攘夷を行い、天皇を尊び、「正き学問の始」を興した。この志に基づくべきなのである。ここでは「みよさし」の理論によって、将軍による統治があくまで天皇に従属するものであることが強調されている。家康の偉大さの所以も、乱世を治めたことのみならず、攘夷や悪政を正して尊王の態度をとったこと（および国学を興したこと）に求められる。当時の幕府が、攘夷の姿勢に欠け、天皇の意思に反する政治を進めるものと見るならば、この志の強調は、幕政に対する現状批判として機能することだろう。

翻って、当時生じていた違勅調印による朝廷・幕府の分裂状況は、朝廷の権威によって幕府の統治を正統化する「みよさし」論（の本来的形態）にとっては、異常事態であった。

そして『大道或問』は、かかる忠誠の矛盾に対し、一つの解答を示すものとなっていた。

〔史料6〕〔一七丁オ～ウ〕

抑　皇国にて　君と申奉るハ。　天皇御一柱に相限り。其余ハ皆臣にて候。扨其臣たる方々の中にて。又私に。君臣の約を結び候も有レ之。世禄譜代の人に候ても。君臣の道ハ同様ニ候へ共。非常の節に至り候ハヽ。少々意味違ひ候処可レ有レ之候。然は漢土の君臣と。似たる様にて。又大小相違有レ之候。今仮に名目を立て申候ハヾ。　天皇に仕《ツカ》へ奉り候ハ。大君臣の道と称すべく。其以下の君臣ハ。小君臣の道とも可レ申候。扨大君臣の道に於てハ。　東照宮も。小松殿の志ハ廃すべからずと。仰置れ候通りにて候。又小君臣の道と申候ハ。万一事起り候時。其君もしも。不正之念慮相生じ。後世の瑕瑾《カキン》とも可二相成一儀ハ。命のあらん限り諫言して。是を止め。其君をして。不忠不義の名を蒙らしめず候時ハ。大君臣の道と同様にて。万代不朽の大忠臣と可レ申事ニ候。

皇国においては本来「君」とは天皇だけであり、その他の者は全て天皇の臣である。この君臣関係は「大君臣」である。「大君臣」においては、家康も言い残した通り父である清盛に対する孝よりも後白河上皇に対する忠を優先した小松殿こと平重盛に倣って、只管に忠を尽くすべきである(29)。

他方、その他の君臣関係は全て私的な「小君臣」である。こちらでは、諫言して「君」に「不忠不義」の汚名を着せないように行動させるべきである。「小君臣」における「君」もまた天皇の「臣」なのだから、直接仕える主君に対し、命の限り天皇の意思に従って行動するよう諫言しろ、というわけだ。これなら確かに「小君臣」も「大君臣」と同様である。

攘夷をめぐって天皇に対する忠と幕府に対する忠が一致しない状況を前提にして気吹舎が流通させた『大道或問』は、「みよさし」論を否定するものではないものの、非常事態における大小二つの君臣関係の区別を提起して、世界万国の土地と人民を所有する皇国唯一の「君」たる天皇への忠誠を強調した(30)。他の私的な君臣関係においても仕える相手に天皇への忠を果たさせることが重要点と見做され、家康もその文脈で評価されるのだった。

さらに言えば、「君臣の道に限らず。父子兄弟の上も。右に准じ可レ申。又浪人百姓町人ハ。主従の約ハ結び不レ申候へ共。是又其心得ハ。武士に准じ可レ申。只　皇国の御人たる事を忘れ不レ申候へバ。人道の本《モト》ハ立《タチ》申候」〔一七丁ウ～一八丁オ〕。この倫理は、「皇国」のあらゆる人々にとってのものとして提示されるのである。

長野義言「沢能根世利」

他方、宣長の生み出した「みよさし」論の後継者は、大獄の推進者の側にも見出すことができる。長野義言である。公儀の代表者となった大老井伊直弼の側近として京都で政治工作を行い、弾圧における主導的役割を担った彼は、「沢能根世利」なる政治論を、国学の弟子でもある直弼に呈していた(31)。

そこで義言の言う「まことの道」とは、「大御神の神勅のまに〳〵　朝廷の。天地の極ミ日月の共《ムタ》。うごきますべからぬ道理《コトワリ》にしたがひて。大将軍家にハ永世天下の事を　御子孫に伝へ給ひ。諸侯ハ永世国を御子孫に譲り給ひ。士ハ永世君を奉して子孫を保つこと(32)」である。

この不磨の秩序を崩さぬために、義言は藩主に対して次のように心構えを説く。即ち、「国君　朝庭公儀の御依しニよりて国君たる位ハある物ぞと思し給ハんにハなどか政事に私あらん(33)」、「国君もし　王公の命をもちて。私の御ふるまひだにまじらずは。たとひ政事下の心にかなはずとも。国にあたなふ逆ハあらじ(34)」。つまり、自らの地位を「みよさし」によるものだと意識させ、政治を「私」することを回避させて、「下」に構うことなく、現存する政治秩序を維持することを、説いたのである。

しかも彼は「朝廷ハ何事も大将軍家の御はからひに。万まかせ給へる」現状を肯定的に評価し、「たとひいま　朝廷の直命奉る事を得ずとも。公儀の命令則それ也。是を用ひてその恨。その国君に至る事ハよもあらじ(35)」とまで述べる。朝廷の直命を得られずとも、公儀の命令が即それに当たるのであり、これを用いていれば、恨みが国君に至ることはあるまい。義言はこう予測したのである。

こうして見るに、現存する政治秩序を絶対化し、政治が幕府に委任されたものであることを強調した「沢能根世利」は、その後の義言の政治的行動を説明できるものとして予め成り立っていたかにも見える(36)。しかし、水戸浪士の「恨《うらみ》」が彼の「国君」の命取りになることまでは、予想できなかったようである。

4　攘夷の時代

気吹舎の議論の展開

直弼の暗殺後、「探偵録」における気吹舎からの情報提出が再開される(37)。「みよさし」論を正面から述べており、これまで刊行が差し控えられてきた『玉襷』二巻も、文久元（一八六一）年七月には出版される。翌年五月になると、秋田藩は気吹舎三代目の延胤に対し、京都の政情探索を命じる。これとほぼ同時期に成立したと推定されるのが、「鐘小響」である。

この文久二年五月付の草稿は、「我ガ師ノ道」について議論を補足するものであり(38)、後述の『復古論』に継承される論点が多く、ここでは延胤の手になるものとしておきたい。

この書においてまず反論される疑問は、平田の「師説」が「私ノ主君」「私ノ君臣」を、二の次にしていることへの疑いである。『大道或問』のように、天皇に対する君臣関係ばかりを強調・重視することに対する疑問であろう。これに対する回答は、「足下ノ主君　天子ヲ尊奉セザレバ、主君ノ臣下モ又主君ヲ尊奉セザルノ意ヲ生ズベシ、主君　朝廷ヲ崇奉セバ、臣下モ又主君ヲ崇奉スベキ道理ナリ、然ルニ尊王ノ説ヲ誹ルハ、主君ニ不忠セヨト教ユルガ如シ」、「基本タル　天子ノ尊ト御国体ノ厳ナルトヲ知ラバ、其余ハ概シテ知ラルベシ」［二丁オ～ウ］というものである。

さらに、大政委任を理由に幕命を絶対化しようとする立場も、ここでは否定される。

〔史料7〕［三丁オ～四丁オ］

又問テ曰、鎌倉ノ幕府以後ハ、　天子ヨリ勅ヲ下シテ大臣　大将軍ニモ任ゼラレ、天下ノ兵権ヲ任セ置カル、故ニ、幕府ノ命ハ則　天子ノ勅詔ニ同ク尊奉スベキ事ナリ、且恐多キ事ナレドモ、天子ハ僅々タル小地ヲ領シ玉ヒテ、

其余ハ悉ク幕府ノ土地ナルガ如シ

答

答テ曰ク、幕府ハ大政官ニ同ジケレバ尊奉スベキ事勿論ナリ、然ルニ皇国ノ地ヲ　天子ヨリ幕府ニ賜ヘル事ナク、其政権ヲ任セ置カル、ナリ、仮令　天子ハ僅々タル地ヲ領シ玉フトモ、開闢以来万代無究（ママ）ノ天子タリ、幕府ハ仮令皇国ノ全地ヲ領セラル、トモ、臣下ハ臣下タリ、足下ノ言ニ従フ時ハ、幕府ノ領地ハ　天子ヨリ賜フトスルカ、又奪ヘリトスルカ、　天子ヨリ賜ヘル事ハ素ヨリ無シ、然ラバ奪ヘリトスルカ、足下ノ言ハ甚恐ルベキノ妄言ナリ、能ク考究スベシ、且頼朝卿ヨリ以前ハ天下ノ大政悉ク京都ノ大政官府ヨリ出テ、士民モ皆後世ノ幕府ノ如ク大政官ヲ尊奉セシナリ、然レドモ大政官タル人清盛公ノ如ク違勅或ハ暴逆ヲ行フ時ハ、天下ノ人是ヲ赦サズ、コレ　皇国ノ本体万々世動カザル所以ナリ、前日或人予ニ語テ曰ク、公家ノ政道ニテハ天下治平ナラズト、予答テ曰ク、コレ時勢ニ諂ヘル言ナリ、公家ノ政道ニテ天下太平ナリシ事既ニ四千（ママ）余歳ナリ、武家ノ政道トナリシハ頼朝卿以後ノ事ニテ、今ニ至テ纔ニ六百余年ナリ、然ルニ足下ハ幾許ノ年数ヲ経タリト思ヘルヤ、彼人答テ知ラズト云ヘリ、嗚呼世ノ青盲多キヲイカニセント、慨歎セシ事アリキ

幕府は、「皇国」全土を有する朝廷にとっての「大政官」同様の存在であり、あくまで天子の臣下として尊ぶべきものである。その「大政官」も「違勅或ハ暴逆ヲ行フ時ハ、天下ノ人是ヲ赦サズ」[39]というのが「皇国ノ本体」なのである。そして武家政権は「六百余年」のものに過ぎないとして歴史的に相対化され、公家による政治すらほのめかされる。

では諸侯とその家臣は何を為すべきか。即ち、言わば「兄」に当たる幕府に対し、「弟」に相当する諸侯は、老いた「父」に当たる天子への「孝」（つまり忠）を果たさせるように行動しなければならない。諸侯の家臣に対しても、天皇への忠義を主君に尽くさせるよう諫奏すべきだ、との主張が繰り返されることになる［四丁ウ～五丁ウ］。

とはいえ気吹舎も、大老暗殺について「カヽル国誅ヲ受ル事ハ全ク　御国体ヲ知ラザルノ不明ヨリ起レリ、其身天罰国

誅ヲ蒙ルノミナラズ、猶後世万代無究(ママ)ニ悪名ヲ伝フベシ」〔四丁ウ〕とまで言い切るこの政治文書を出版することは無かったようだ。

だがこの年十一月、『講本気吹颸』なる書が出版される。これまでこの書には「講釈本のエッセンス」、「幕末の門人急増という事態に応じて、上下二冊で他の数冊分の講釈本に相当する内容を持った『伊吹於呂志』を刊行したのであろう」(40)といった評価がなされてきた。

しかしこの書はまた、「大日本魂《オホヤマトダマシヒ》ノ人ノ。外国ニ渡リタル時ノ。手本トモスベキ」〔上、四八丁オ〕山田仁左衛門長政の伝説を広めた著作としても知られている(41)。この著作は、「日本ノ威風ヲ外国ニ顕《アラハ》」〔同四四丁ウ〕した人物を称えたものでもあるのだ。

しかもその中で天皇と将軍は、次のように位置付けられている。

〔史料8〕〔下、八丁オ〜ウ〕

実《マコト》ニ御国ノ内ニモ。殊ニ江戸ノ人気ハ。強ク勇マシクナケレバナラヌ。大切ノ訣ガアルデム。其ノ大切ノ訣ト云フハ。先頃モ申ス通リ。コノ大日本ハ。万国ノ本国。祖国デ。其ノ上ニ。ワガ天皇様ハ。天照皇大神宮様カラ。御血筋ガ御《ゴ》連綿《レンメン》ト御ツヾキ遊バシテ。万国ノ御《オン》大君ニ御坐《オハシマ》シ。ソノ御大君ヨリ。万国ノオキテ。御取締《トリシマリ》ヲ御命ジアソバシテ。御大政ヲ御任《マカ》せナサレテ指置ル、。征夷大将軍ノ御膝元《ヒザモト》ニ生ル、者ハ。猶更自然ト。強《ツヨ》クナケレバナラヌ訣デム。夫ハマヅ征夷大将軍ト申ス御事ヲ。人ハ何ト心得テ居ルカ。則《スナハチ》征夷ノ夷ノ字ハ。エビスト訓《ヨ》ム字デ。（中略）ソノ東西南北ノエビスドモノ。御国へ対シ奉リ。不届《フトヾキ》ヲせヌヤウ。マタ不届無礼ガ有タナラバ。相糺《アヒタヾ》シ。打平ゲヨト云フ。大将軍ニ御任ジオカレテサシ置ル、。大切ナル徳川ノ御家ニ坐《マ》スニ依テ。征夷大将軍トハ申シ奉ルデム。斯《カク》ノ如ク。四夷八荒至ラヌ隈《クマ》ナク。鎮《シヅ》メタマフ。御武徳マシマス。大将軍ノ御膝《ヒザ》元ニ生レテ。上ニ染《ソマ》ル下ノ事故。ソノ御武威ノ自然《オノヅカラ》ニ。下々マデニ布《シキ》及ンデ。是ハ斯《カウ》ナケレバナラヌ故デム。

万国の大君である天皇から、将軍は大政委任を受けている。そのお膝元に生まれた人々は勇ましくなければならない。と言うのも、征夷大将軍とはまさに「夷」が日本に対して無礼をしないように徳川家が任命された、「御武徳」「御武威」を有した存在だからである。

実は、篤胤の残した草稿である「いふきおろし」(42)には、この箇所が存在しない。底本と考えられるのは、篤胤の「江戸気性」なる講釈稿本(43)であり、しかも、それとも異なる部分が少なくない。特に注目すべき点を指摘すれば、「江戸気性」では、将軍の膝元で生まれ、自然と強くなければならなかったのはあくまで「江戸つ子」だったのに対して、この版本ではその限定が抜けており、日本人全体について述べたものに改変されているのである(44)。

つまり『講本気吹颸』とは、将軍の職務は武威を以て無礼な「夷」を打ち平らげることだと強調する一方、外国に武勇を輝かせた日本人を賞賛し、日本人全体に勇ましくあることを求める著作として、複数の篤胤の草稿を繋ぎ合わせ改変して成立したものなのだ。

かくして気吹舎は、あくまで篤胤の著作として、政治批判の形をとらずに、奉勅攘夷を促す著述を流布させたのであった。そして銕胤は秋田藩から同十一月二十七日に上京を命じられ、門人たちも次々に攘夷派渦巻く京都に身を投じることになる。翌年二月の足利三代木像梟首事件は、こうした状況下で生じるのである(45)。

そして文久三年三月、現実に将軍委任の勅書が下る。しかし周知の通り、それは「攘夷」をなすべき「征夷将軍」の委任であって、大政に関する白紙委任ではなかったのである(46)。

政治運動と党派的純化

ここでもう一人の「みよさし」論者を登場させねばなるまい。篤胤の没後門人にして、後に暗殺された国学者、鈴木重胤である。彼について詳しくは先行研究に譲るものの、入門当初、彼はある種の緊張関係は持ちつつも銕胤と協力関係にあった[47]。だが次第に両者の仲は険悪になり、安政五（一八五八）年二月には絶交に至っていた。この時に平田家が関係記録をまとめたのが「児の手かしハ」である。そこでの重胤に対する平田側の批判の主たる理由は「日本書紀伝」における篤胤学説の盗用であり、「嘉永元年の頃まで八本の重胤にて在けむが、此より後にかの驕慢の魔縁に牽れて、いつとなく妖魅の入替りて、今ハ狂人と成果たるなるへし」とまで言われている。既に彼は元の彼ではないのである。

ちょうどこうした評価の変わり目頃の著作で——気吹舎もこれを門人に広めている[48]——、「みよさし」論の一形態としてよく知られているのが、嘉永三（一八五〇）年の『世継草』である。その思想は産霊の観念に基づく「修理固成《つくりおさめかためなす》」に要約される。「修」とは士農工商という国家有用の職業の分担であり、「理」とは仁儀礼智忠孝といった倫理の実践であり、「固」とは各自の職分に励むこと、「成」とは国家の成就を目指す無限の努力を示す[49]。身分に応じた職分奉公を説く、生活倫理になっているわけだ。

こうした職分に応じた秩序を重んじる重胤は、身分の階梯を崩す者を否定的に見る。

〔史料9[50]〕

天下《テンカ》の士庶人《さぶらいヒヤクシヤウ》ハ申《まう》す迄《まで》も無《な》く、悉《こと〳〵》く朝廷《ミかど》の公民《おほミたから》なりと雖《いへど》も、然計《さばか》り普《あまね》き天下《テンカ》の事《こと》を、天皇《ミかど》の御直《ゴジキ》に御指揮《ゴシキ》も出来《いでく》まじきが故《ゆゑ》に、文武《ブンブ》百官《ヒヤククワン》を置《おき》て、天下《あめのした》の政務《まつりごと》を統領《まうさ》しめ給《たま》ひ、諸国《ショコク》ニ八国守《ヂタウ》有《あ》り、郡司《ダイクワン》有《あ》りて、士庶人共《シシヨジンとも》に預《あづ》け置《おか》せ給《たま》ふ所《ところ》なれは、其従《そのしたかい》て主《あるじ》と為《す》る官長《ヤクニン》の其身《そのミ》こそハ、三公九卿等《くものうえひとなど》に比《ヒ》すべからね、同《おな》しく天皇《テンシ》の御名代《ゴメウダイ》ト申《まう》す者《もの》なれば、其人《そのひと》の指揮《シキ》する所《ところ》、即《すなハち》朝廷《チヤウテイ》の御指揮也《ミことよさしなり》、其主人《そのシユジン》に奉仕《ホウシ》する所、即《すなハち》朝廷《うえさま》に仕奉《つかへまつ》るなり（中略）狂人《キヤウジン》に翼《つばさ》する王《ワウ》室家《シツカ》など云ふ僻学《ヘキガク》の徒《ト》は、僭乱《センラン》の罪遁《つみのが》るべからぬ痴者《しれびと》なり、欺《あざむ》かるゝ事勿《ことなか》れ

政務の「みよさし」による階層的な秩序が肯定され、それを無視した朝廷への奉仕というものはあり得ない。尊王運動家などというものは、僭乱の罪人なのである。

ペリー来航後、彼が著したと伝えられる「駁夷論　柳之落葉[51]」でも、こうした態度は一貫している。そこでは攘夷の心

構えが説かれてはいるものの、次の批判に答えられなかった有様がそのまま記されている。即ち、「汝モイサ、カ由アル家ニ生レナバ、ナジカハ喋々カクハ言ベキ、畢竟位モナク財モナク楽ナケレハ、死シテモ亦悔ナキモノ也、サレバカク放言激論シテ胸鬱ヲ慰スルニコソ、当今権貴ノ御家賢君智将少カラズ、ソレダニ其言悉ク建ザリキ、況ヤ汝蟷爾タル一身、言フ所亦糟粕ニシテ、誰カハサモト諾クベキ、アタラ紙筆ヲ費サンヨリ睡ルニシカジ」、と。階層的な社会秩序を飛び越えて政治を語る（自分を含めた）志士たちのあり方は、素直に肯定できるものではなかったのだろう。

こうした姿勢と重胤の死の原因を結び付ける考え方もある。重胤は文久三（一八六三）年八月、自宅で何者かに切り殺された。多くの関係者が、下手人は平田門人であったと考えている。井上頼圀はその理由を彼の建言書であるという「心のためし」に求めたのだが、実際にはそれは彼の著作ではなく、「彼に託して此文を流布し、以て当年の過激派たる志士浪人の手を借りて彼を害せむと試みたる」ものではないか、とも言われている[52]。では文久三年二月の成立を称する「こゝろのためし[53]」は何を説いているのか。

〔史料10〕［二丁ウ〜二丁オ］

都て国家の御政道ハ幕府へ御委任の事なれば、小事までも京師にて指揮し玉ふハ、都て国の破となる（中略）偏に雲上は雲上の御権威に軽率に浪人等の卑きもの御取あけ有ましき事なり

ここでは幕府への大政委任を前提に、朝廷は細かなことは幕府に任せ、浪人の言うことなど聞くべきではないと主張される。「神州の諸民夷人を悪む故に、彼等其理に乗し一時妄言を唱へ、其身の口腹を養ひ、金銀融通の手術となすのみ、彼等如きの力にて何ぞ攘夷の術あらん」［三丁オ］！

〔史料11〕［二丁オ〜ウ］

抑当時　東照宮以来将軍家御代々の御掟にて、天下の士民ハ各其領主地頭の号令を奉し、領主地頭ハ将軍家の法度を守り、夫々身分相当の礼儀を尽し、順道に　天朝へ忠節を尽し候事、是則天下太平の基にして自然の理なり、返

すく〳〵も浪人党眼前の君父にさへ不忠不孝の身にて、独　天朝公辺の御為に忠節を抜へき謂無き事に候

そもそも、人々は将軍の下で、身分相当の礼儀を尽くし、階層に応じて朝廷に忠節を尽くすべきなのである。自分の「君父」にさえ不忠不孝の浪人が「天朝公辺」に限って忠節を尽くせる謂われは無い。従って「　将軍家を閣き　雲上に寄て忠義貌するハ大逆なり、逆ハ逆梯なり、逆なる者は速に処置し玉ふへき事也」〔二丁ウ〕と主張されることになる。

つまりこの書は、「天朝」から将軍家への政道委任と、階梯的身分秩序を前提に、攘夷を唱え、朝廷に直結しようとする浪士たちを、不忠者として処断することを主張しているのだ。重胤が『世継草』で説いた身分秩序の強調・王室家批判と同様の論理が、「こゝろのためし」ではより全面的に、しかも攘夷派志士を逆上させるような形で、展開されている。

ところで気吹舎資料の中には複数の「こゝろのためし」が存在するが、[54] それらにはいずれも「癸亥九月廿二日井上氏の本を借りて写しぬ[55]」との註記の他、「厳橿本のあろし」の署名、そして頭注における逐条批判が付されており、その最終丁の頭注部には、こうある。

〔史料12〕

亥八月十六日江戸日本橋張札

鈴木重胤

此者儀年来　皇国之学を唱へ、口に正議を飾り　御国体をも乍二相弁一、奸吏共ニ通じ正議之士を害せんと致候条、不届至極ニ付、昨夜其宅ニ於て加二　天誅一もの也

つまり、気吹舎に残された「こゝろのためし」の諸ヴァージョンは、重胤の暗殺後に作成され、重胤殺害の正当性を示す性格を有したと考えられるのである。幕府への全面的な「みよさし」と浪士を批判する階梯的秩序の強調は、「妖魅」の所業として位置付けられ、否定されたのであった。

5　王政復古へ

文久三年六月の「口上書」

文久三（一八六三）年五月十日という攘夷期限を幕府は守らず、これを見た延胤は藩当局者に行動を促す[56]。既に「祖父故大角之著述書ニ家康公之徳を称し認置候儀」は、「頻ニ誹謗致候勢」であり、「謹　王之徒海内ニ充満致居候」。しかし「権威を憚り自ら発し候者も無レ之候」。それ故延胤は秋田藩に対し、「最早徳川家者天下ニ顕然明白たる逆賊ニ相違無レ之、世間忽土崩瓦解之勢ニ御座候間、速ニ　御　勤王の御義旗を被レ為レ挙、関東之逆臣御誅伐」を、と訴え、「征夷大将軍の御大権を御掌握被レ遊候大機会」であると説くことになる。

〔史料13〕

天下之御大政追々復古之機会者、既ニ七八年以前より相顕候、勿論、復古之時勢も奸人之所為ニ而時々弐三分位者戻り候事も御座候得共、左候得者、又七八分も復古致候勢ニ御座候

始まった「大政」「復古」の勢いは、一時的に後退することはあっても、もはや抑えることができないのである。

「馭戎論」

しかし八・一八クーデタ後に攘夷派の影響力は後退し、明くる元治元（一八六四）年の禁門の変は政治情勢を大きく変化させ、延胤をはじめとした藩内の平田派も処分を受けることになる。列強の艦隊の圧力を受け、遂に慶応元（一八六五）年十月、条約勅許が認められる。

かくして慶応二年冬に書かれたのが、延胤の署名の残る「馭戎論」である。「千代の神風」の別名を持つこの著作は、

平田家資料の調査で多数の草稿が発見され(57)、調査成果の公表にあたって「孝明天皇が条約を勅許したため、狭い意味での尊王攘夷の段階は終り、いかに欧米列強に対処していくべきかの理論化が求められた。篤胤の考えをどのように発展させるか、苦心の跡顕著である(58)」と評価されている。

そこでは(59)、夷を打ち払うものとしての将軍が賞賛されることも、単純な攘夷の実行が促されることも、もはやない。異国の渡来は、彼らによる臣従の始まる兆しと位置付けられ（これは『志都能石屋講本一名医道大意』や『玉襷』で描かれたあるべき姿と一致する）、尊卑本末を明らかにするべきことが力説される。具体的な政策の如何に関して言えば、外国と対等な開国や、彼らによる貢献を否定する鎖国は、何れも採られない。為すべきことは、天皇が世界万国の支配者であることを示すべく、大道を明らかにして武備を整えることとなる。

『復古論』

他方、政局は転変を遂げる。薩長盟約が成立して、二度目の長州攻めは幕府の敗北に終わる。将軍、天皇がおのおの交代し、政争が繰り広げられ、大政奉還と討幕をめぐる駆け引きの末、王政復古、そして戊辰戦争に雪崩れ込む。

その戦いの最中に刊行され(60)、王政復古を正統化するものとして取り上げられてきた議論に(61)、『復古論』がある。先の平田家資料の調査では、前年末の成立と考えられる、この『復古論』の草稿も発見された。これまた延胤の著作であることが判明したのである(62)。

〔史料14〕〔二丁ウ～三丁ウ〕

方今諸侯ノ領地ハ幕府ヨリ賜ヘルモノトシ、或ハ幕府ト君臣ノ義アリト公然トシテ談ズル者アルハ笑止ナル事也、如レ斯云フ時ハ幕府ヲモ其君ヲモ逆罪ニ陥ル、也、其故如何トナレバ、尺土モ　王土ナラザルハナク一民モ　王臣ナラサルハナシ、剰へ此　皇国ヲ天朝ヨリ幕府ニ賜ヒシ事ナシ、然ルニ万一此　王土ヲ私領トシ　王臣ト君臣ノ義ヲ約スルハ叛逆ナリ、抑頼朝ニ天下ノ総追捕使ノ　勅許アリシ以後、私ニ盗ミ領シ来レルヲ、足利以後世々ノ将家其盗物ナルヲ知ラズ持伝ヘシ也、然レハ今ノ領地ハ幕府ヨリ諸藩ニ分チ預ケラレ、且　王民ヲバ其従属トセラレシトスル時ハ、幕府ノ事業モ美ナルベシ、然ルニ領地ハ幕府ヨリ賜ヘリトシ、幕府ト君臣ノ約アリトスル時ハ、君侯ノミナラス幕府ニモ叛逆ノ汚名ヲ蒙ラシムル也、況ヤ官位ハ　朝廷ノ賜物ナレバ、官位ノ号アル人ニ至リテハ猶更王臣ニ混レナシ、誰カ臣トカセン

全土全人民は天皇のものであり、官位を受けた者は皆王臣である。見覚えのあるかかる論理は、ここにおいて、頼朝以後の「将家」を盗物を持ち伝えた者として位置付け、そして「王臣ト君臣ノ義ヲ約スルハ叛逆ナリ」と断言するに至る。一君万民の立場からすれば、天皇以外の存在との君臣関係は、もはや全て叛逆なのである。

〔史料15〕［四丁オ］

又曰、幕府六百八十年ノ恩ヲ忘ル、ベカラズト、実ニ尤ナル言ナリ、然レ共、如レ斯ニテハ　朝廷二千余年ノ大恩ヲ何トセン、又若六百余年ノ間ハ　朝恩ナシト云ハヾ、其前二十《ママ》余年ノ大恩ヲ如何セン、若世上ノ人悉ク幕府アリシ後ニ出来テ其前ニ父母ナキ者ナラバ六百余年ノ恩ト云フ共然ルヘシ、如レ斯万事ヲ狭小ニ見ル時ハ扶持米ヲ渡ス役人ヲ恩人ト云フニ至ルベシ

現存した武家政治を、それに先立つ古を引き合いに出して相対化する論理も、ここでまた動員され、幕府に対する恩義は「朝恩」によって乗り越えられることになる。

〔史料16〕［一丁ウ～二丁オ］

草莽ヨリ勤　王ノ論起リ、最初ハ浪士ヨリ始リテ藩士ニ及ビ、藩士ヨリ大夫ニ至リ、大夫ヨリ君侯ニ及ヒ、終ニ草莽ノ発揮尽力ヨリ日々ニ盛大ニナリ、自然ニ復古シタルナレバ、万カ一モ　上ノ思召ハ変スルトモ、万民ノ心ガ変セサレバ、武家ニ政道ノ戻ルベキ道理ナシ

武家の政道から王政へと復古し、しかもそれは「草莽」の勤王論から始まったものであるが故に、「上」がどう思おうと、万民が心変わりを起こさない限り、元に戻りはしない。

かくして気吹舎は、一君の下、万民からの王政復古の実現を、弁証するに至ったのであった。

おわりに

本居宣長の没後門人を自称し、江戸で学者として名を挙げるべく格闘した平田篤胤は、「みよさし」の論理を受容して議論を展開したものの、生前の出版活動の中で、それが中心的位置を占めることはなかった。

篤胤の婿養子であった銕胤も、篤胤が幕府から嫌疑を受けたこともあってか、当初は幕政を位置付けた著作の積極的な出版は行わなかった。しかしペリー来航に対する危機意識の高揚を前提に、気吹舎は幕府の弱腰な対応に不満を抱く一方、「征夷」大将軍を賞賛する著作を出版し、幕府の現状に対する批判の契機を広めていくことになる。

さらに、攘夷と条約勅許をめぐり朝幕の矛盾・分裂が明白化すると、あらゆる身分の者に対して天皇が日本の君主であることを強調して、他の君臣関係を天皇に対するそれの下に位置付けた。

既存の秩序を絶対化し、幕府は現実の天皇や下の者の意向に左右されることなく政治を実行すべきことを説いた長野義言流の「みよさし」論が桜田門外の変で破綻する一方、気吹舎は武家政権を歴史の中で相対化し、ますます天皇への忠誠を強調する。また将軍の存在理由と武威とを積極的に結び付け、あらゆる人々に勇ましさを求め、攘夷を煽っていく。その過程で、身分に応じた生活倫理を強調する「みよさし」論を説いた鈴木重胤は暗殺され、階梯的な社会秩序を強調して浪人を批判した「こゝろのためし」が否定されるべきものとして位置付けられる。

最幕末に至り、条約勅許が認められると気吹舎は、尊卑本末を明らかにする、といった方向に主張を修正し、新たな時代状況に対応する。そして戊辰戦争期には、完全に天皇以外との君臣関係を否定し、下からの王政復古を説くに至ったのであった。

長い太平の中で、政治体制の安定・伝統化を見た十八世紀末、眼前の社会とその知識から宣長が組み立てた「みよさし」論においては、天皇と、政治を委任された将軍、またそれ以下の存在との関係が矛盾をきたすことは無く、それが彼の生きた身分制社会[63]の秩序を批判するものだったとするのは困難である。国学者流の皇国意識は一面では泰平の時代の産物だったのだ、と見ることもできよう[64]。しかしペリー来航後、政治状況の変動の中で体制の矛盾が露呈すると、「みよさし」論の諸ヴァリアントは、社会規範として互いに異なった性格を示しはじめる。十九世紀初頭の対外危機に大きな影響を受けた平田国学の後継者が、新たな対外危機の時代に展開したそれは、幕府の現状を批判して尊王攘夷運動を促進するものであり、最終的には一君万民の王政復古を正統化する議論にまで辿りつく。一見安定した時期に芽生えた要素が、状況の変化とともに体制の大変動の一動因と化したわけである。

本章は、平田国学に即した、しかも限られた視角からの試論に過ぎないものの、かかる意味で、十八世紀末には大政委任論・王臣論が普及していたことの重要性を再確認して、まとめに代えたい。

(1) 藤田覚「近代の胎動」同編『近代の胎動』(吉川弘文館、二〇〇三年)。
(2) 石井良助『天皇—天皇の生成および不親政の伝統—』(山川出版社、一九八二年)、原口清『幕末中央政局の動向　原口清著作集一』(岩田書院、二〇〇七年)など。
(3) 松本三之介『国学政治思想の研究』(未来社、一九七二年)、同「幕末国学の思想史的意義」『日本思想体系五一　国学運動の思想』(岩波書店、一九七一年)、田原嗣郎『平田篤胤』新装版(吉川弘文館、一九八六年)。
(4) 例えば、松浦光修「幕末国学者の変革思想」『季刊日本思想史』四三号(一九九四年)、岡田千昭『本居宣長の研究』(吉川弘文館、二〇〇六年)。

（5）以下、諸本の参照箇所は［ ］で囲って表記する。なお特記の無いものは架蔵の版本によった。

（6）宮地正人『幕末維新期の社会的政治史研究』（岩波書店、一九九九年）、同「伊吹廼舎と四千の門弟たち」『別冊太陽　平田篤胤』（平凡社、二〇〇四年）、『明治維新と平田国学』（国立歴史民俗博物館、二〇〇四年）、『平田篤胤関係資料目録』（国立歴史民俗博物館、二〇〇七年）など。

（7）「玉くしげ」（『本居宣長全集』八巻、筑摩書房、一九七二年）三一九頁。同書所収の「臣道」（五〇三～五一〇頁）にも同様の議論がある。

（8）前注（3）松本書、一二九頁。

（9）こうした宣長の捉え方は、渡辺浩「「道」と「雅び」（一）―宣長学と「歌学」派国学の政治思想史的研究―」『国家学会雑誌』八七巻九・一〇号（一九七四年）に学んでいる。

（10）以下、篤胤の著作の刊行年代については、「蔵板物覚」（国立歴史民俗博物館所蔵平田篤胤関係資料冊子一一）に従った。

（11）「さて東照宮より将軍家の御代々《ミヨ〱》。無窮《トコシヘ》に天皇の御手代《ミテシロ》として。江戸の御城《オムシロ》に坐《マシ》つゝ。諸蕃国を鎮《シツ》めて天下を治《ヲサ》め。万民を撫育し給ふことは。畏《カシコ》けれど。神世に天照大御神《アマテラスオホミカミ》。皇産霊大神《ミムスビノオホカミ》の。青人草《オヲヒトクサ》を愛《イツク》しみ給ひ。其《ソ》を治《ヲサ》め給はむ為《タメ》に。皇孫《スメミマ》邇《ニ》ニ芸《ギノ》命《ミコト》を天降《アマクダ》し給ひし大御恵《オホミメグミ》を。天皇に代《カハ》りて。将軍家のなし行《オコナ》ひ給ふ道理《コトワリ》なるが。また国々所々《クニ〱トコロ〱》を持分《モチワ》け領《シ》らす侯等《キミタチ》は。その御《ミ》手代《テシロ》として。預《アツ》かり治《ヲサ》むる道理《コトワリ》にぞ有リける。（割註略）然れば古道に志《コヽロザ》さむ徒は殊《コト》によく此ノ深理《フカキコトワリ》を弁《ワキマ》へて其ノ時々の御制度を常忘《ツネワス》れず畏《カシコ》み尊奉し奉るべき事にこそ」［五六丁ウ～五七丁ウ］。

（12）前注（6）宮地論文、一〇八頁。

（13）高玉安兄宛天保五（一八三四）年十月七日平田銕胤書簡（「相馬地方における平田銕胤書簡（Ⅵ）」『國學院大學研究開発推進機構紀要』一号、二〇〇九年）。

（14）飛鳥井雅道『日本近代精神史の研究』（京都大学学術出版会、二〇〇二年）、沼田哲「鬼神・怪異・幽冥―平田篤胤小論―」尾藤正英先生還暦記念会編『日本近世史論叢』下（吉川弘文館、一九八四年）、子安宣邦『平田篤胤の世界』（ぺりかん社、二〇〇一年）など。

（15）国立歴史民俗博物館所蔵平田篤胤関係資料箱一〇―五。

（16）［上、一二丁オ～一三丁ウ］。

(17) 前注(6)宮地論文、一〇〇～一〇四頁。前述の通り、本章は氏の研究成果に大きく学んでいる。しかし篤胤を思想史的に論じることに不満を有する氏は、篤胤の「みよさし」論を、松平定信の大政委任論と対比的に論じて、政治的中間層が公儀秩序を説明する道具にして、職分を遂行し得ない上位者への義憤を噴出させる武器として機能した、と主張する（同一〇〇・一〇八頁）。しかし「みよさし」的な説明が、宣長およびそれ以後の諸国学者の間で共有された議論であった事実から考えれば、その相互の異同を検討すること抜きに篤胤の議論だけを特権的に評価することは、思想史の方法からすれば、作業不足にも見える。氏の議論を本章の出発点には据えることができない所以である。

(18) 実際、「志都の石屋評判宜候趣」で、追加注文が来ても品切れで直ぐには応じることができず、増刷を急ぐ状態だったことが、門人への書簡から窺える。高玉安兄宛嘉永七（一八五四）年十一月七日・安政元（一八五四）年十二月八日平田銕胤書簡（近世社家文書研究会「相馬地方における平田銕胤書簡―解題と翻刻―」『國學院大學日本文化研究所紀要』八九輯、二〇〇二年）。

(19) 秋田県公文書館所蔵貴九―一、二。篤胤の書き換えのみならず、銕胤の手になると思しき編集の跡も見て取ることができる。

(20) なお、例えば『霊能真柱』［下、四丁ウ～五丁オ］などに、類似した表現が見られる。

(21) 嘉永七年二月七日の門人宛書簡には「志都の石屋講尺本上木相始メ申候、来月頃ハ出来の筈、乍㆑去右之アメリカ騒キに而少々延引ニも可㆓相成㆒哉ニ御座候」とある。つまり三月刊行の予定が六月まで遅れたのであり、その要因に対米交渉が関係していると考えられるわけだ。高玉安兄宛嘉永七年二月七日平田銕胤書簡（前注(18)史料）。

(22) 参沢明宛嘉永七年三月十七日平田銕胤書簡（宮負克己氏所蔵「神界物語」一五巻）。この経緯については、別稿を用意している。

(23) 渡辺浩「「御威光」と象徴」同『東アジアの王権と思想』（東京大学出版会、一九九七年）四〇～四六頁。

(24) 宮地正人「幕末平田国学と政治情報」前注(6)宮地書。以下、秋田藩と気吹舎の関わりについては、これによる。

(25) 東京大学史料編纂所所蔵維新史料引継本Ⅱ―ほ―五二―一。

(26) 国立歴史民俗博物館所蔵平田篤胤関係資料冊子六一―一など。

(27) 本文の前に置かれた、碧川好尚「大道或問由縁」（安政四年九月）によれば、この著作は「先ニ我ヵ師。故気吹ノ舎ノ大人ノ。或人ノ問ニ答ヘラレテル書留ナルガ。其説ノ尊キハ云マデモ無《ナケ》レド。元ヨリ心覚ト思《オボ》シク。反故ノ裏ナドニサヘ有テ。読難《ヨミガタ》ク足ヌ所モ有シヲ。故有テ已《オノレ》密ニ得ツレバ。何クレノ書ドモ引合せ。人々ニモ問訂シ。清書シテ又ナキ宝ト秘蔵《ヒメモ》タル」ものであるという。つまりこの書は、篤胤の手になる明確な底本が無いのだ。これまた時局に要請された編纂物と考えられるのではないか。なお碧川好尚は銕胤の実弟である（平田一族については、「平田家系図」前注(6)『明治維新と平田国学』が便利である）。

(28) 鶴舎有節ら宛十月二十一日平田銕胤書簡（『青森県史』資料編　近世学芸関係、青森県、二〇〇三年）。

(29) 『大道或問』の先の段［五丁ウ・一三丁オ〜一六丁オ］における、『源平盛衰記』や、所謂「東照宮御遺訓」を典拠に称して展開された議論が、この部分の解釈の前提にはある。

(30) 前注(4)松浦論文で紹介された、竹尾正胤の「大君臣」あるいは「大忠／小忠」の議論に、この『大道或問』は先立つ。

(31) 弘化三（一八四六）年から嘉永二（一八四九）年に成立か。母利美和『幕末維新の個性六　井伊直弼』（吉川弘文館、二〇〇六年）七一・九九〜一〇〇頁。

(32) 東京大学史料編纂所所蔵謄写本二〇二一―八、七丁ウ〜八丁オ。

(33) 同右、六丁オ〜ウ。

(34) 同右、四五丁ウ。

(35) 同右、四四丁オ・四五丁ウ。

(36) 渡辺浩「「道」と「雅び」（四・完）―宣長学と「歌学」派国学の政治思想史的研究―」『国家学会雑誌』八八巻五・六号（一九七五年）二五〜二六頁。

(37) 前注(25)史料。

(38) 国立歴史民俗博物館所蔵平田篤胤関係資料草稿A六二。なお、同草稿A一二一の「撞のまにまに」（このタイトルは、気吹舎の教説に関するFAQに付されるものであり、この書が延胤の議論であるとする説に適合的である）は、この草稿の別ヴァージョンであり、丁数が付され、より刊本に近い体裁をとっているが、年代をはじめとした巻末部分を欠く。

(39) 桜田門外の変も、こうした「天下ノ忠義士」の「憤激」として位置付けられる［四丁ウ］。

(40) 中川和明「平田篤胤の著書と国学運動」前注(6)『平田篤胤関係資料目録』四六三頁。この論文は、『講本気吹颫』の草稿が複数ある点も指摘するが、それらの内容分析を欠く。

(41) 矢野暢「「山田長政」はいなかった」『中央公論』一〇二巻六号（一九八七年）二三〇〜二三一頁。

(42) 国立歴史民俗博物館所蔵平田篤胤関係資料草稿A二二八。

(43) 国立歴史民俗博物館所蔵平田篤胤関係資料、冊子二一四。

(44) 〔史料8〕の直後には「是《ココ》ヲ熟《ヨク》ワキマヘテ。御当地ハモチロン。此ノ御国ニ生レタラン人ハ。仮《カリ》ニモ義ニ当《アタ》ラヌ行ヒ。マタ卑《イヤ》シキ根性ナドハ。モタヌガ宜イデム。」［下、九丁オ］との記述があるが、ここも「江戸気性」は「こゝをよくわきまへて御当地に生れたらん人は、かりにも義に当らぬ行ひ、またけちなこん性などハもたぬかよいでム」としている。

(45) 上京の経緯の一例として、三輪田元綱については、拙稿「異国と異界―安政期の三輪田元綱―」『神道宗教』第二一六号（二〇〇九年）を参照。

(46) 前注(2)石井書、原口書。

(47) 篤胤の著作を閲覧したがる重胤に対し、銕胤はそれを積極的には見せようとはせず、重胤は門人桂氏による出版助成の斡旋を通じて閲覧の機会を得ようとすることになる。吉田麻子「平田篤胤『古今妖魅考』の出版事情」『書物・出版と社会変容』一号（二〇〇六年）。

(48) 高玉安兄宛嘉永三年十二月七日・同六年正月六日平田銕胤書簡（「相馬地方における平田銕胤書簡（Ⅳ）」『國學院大學日本文化研究所紀要』九九輯、二〇〇七年）、前注(18)史料。

(49) 前注(3)松本論文、六四一～六四二頁の、明快な整理によった。

(50) 鈴木重胤著、桂誉重注『世継草摘分』（一八八三年）の近代デジタルライブラリー版を参照した［中、三六丁ウ～三七丁ウ］。

(51) 豊橋市立図書館所蔵和一二一、二―七三、西尾市岩瀬文庫函六三―四。

(52) 星川清民『鈴木重胤伝　附門人伝』（言霊書房、一九四三年）。引用部分は三二一頁。

(53) 国立歴史民俗博物館所蔵平田篤胤関係資料冊子三九二。

(54) 同右、冊子一一二、冊子三九二、和装D二一（「児の手かしハ」の巻末に書き写されている）。

(55) 門人井上頼圀の残した神習文庫中の「こゝろのためし」（財団法人無窮会神習文庫八二一四）には、朱筆での「此ハ鈴木重胤ノ著也、当時ノ浪士之ヲ怒リ、其徒五六名東京小梅村ノ家ニテ鈴木氏宅議論ノ末斬害セリ文久三八ノ十五」といった後世の加筆はあるが、かかる注記・頭注や「厳橿本のあろし」との署名は無い。もしもこれが件の「井上氏の本」だったとするならば、気吹舎の諸本には、写本元には存在しない重胤の署名が書き足されていることになる。

(56) 東京大学史料編纂所所蔵維新史料引継本Ⅱ―ほ二五二―三。この口上書の内容については前注(6)宮地書がまず紹介している

（二一二～二一三頁）のだが、天野真志「幕末平田国学と秋田藩―文久期における平田延太郎（延胤）の活動を中心に―」『東北文化研究室紀要』五〇集（二〇〇九年）は、この建言を正式に秋田藩に提出されたものではなく平田国学の支持者であった在府家老渋江内膳に内々に提出されたものである可能性を指摘するとともに、その背後に、攘夷親征論と連動した在京門人の動きを見る。

(57) 国立歴史民俗博物館所蔵平田篤胤関係資料草稿A四九・一五九・一六〇・一六一、B五九など。

(58) 前注(6)『明治維新と平田国学』六三頁。

(59) 各地に写本が存在し、うち新城図書館牧野文庫のものには、末尾に慶応三年三月付の矢野玄道の評や、「平田君の許にこひ申して広岩敬敏に書写さしめつ　羽田野たかお」（広岩敬敏は羽田野の紹介で元治元年四月に入門した三河の神主）との書き入れ、さらには広岩の蔵書印がある。伝来が確実であり、公表を前提としない未定稿ではなく気吹舎が書写を認めたヴァージョンであるため、以下の記述は主としてこの本の国文学研究資料館に収められたマイクロフィルム版（二五五―一〇七―一）によった。

(60) 第三には慶応四年八月の刊記がある。東京大学経済学部図書館所蔵版本三―A　九六一。

(61) 「復古論」（『明治文化全集』二五巻、日本評論社、一九六七年）がその先駆けか。

(62) 前注(6)『明治維新と平田国学』六三頁。

(63) 小野将「「国学」の都市性―宣長学のいくつかのモティーフから―」『都市文化の成熟』（東京大学出版会、二〇〇六年）。

(64) 渡辺浩「「泰平」と「皇国」」前注(23)渡辺書。

〔付記〕本章は、平成二十二年度科学研究費補助金（特別研究員奨励費）による成果の一部である。

Ⅲ部　十八世紀の対外関係

1章　十八世紀の対外政策と長崎

木村　直樹

はじめに——十八世紀の対外関係をどのようにとらえるか

本章の目的は、十八世紀という時代を、対外関係の視点からとらえると、どのような流れとして整理することができるのか、長崎での政策展開を機軸に素描することである。

十八世紀の日本の対外関係を、前後の時代から比較すると、相対的に安定していた。前世紀である十七世紀は、中国の王朝交代を主要因としたアジア動乱の時代であり、同時に幕藩制国家自体が、国内でのキリシタン禁制を遂行のためにカトリック諸国との対峙という政策を選んだことによって、国内沿岸では異国船対策の強化に迫られていた(1)。

しかし、これら十七世紀の幕藩制国家の対外政策の基調を規定した二つの要因は同世紀末に解消しつつあった。一六八〇年代の中国本土における三藩の乱終結と、それに続く台湾鄭氏の清朝への帰服により、日本を取り巻く海域は安定した方向へ向かった。また貞享二(一六八五)年に漂流日本人の送還を理由として、長崎へ寄航したマカオからの使節船を、無事出帆させることによって、カトリック諸国との厳しい対峙という関係性は軟化していたからである。

一方、十八世紀末になると、ロシアの南下に始まる欧米諸国との接触が開始され、海防体制の強化が以後幕末にいたるまで政治の主要テーマとなっていった(2)。

総じて十八世紀は、荒野泰典氏が提唱した対外関係の基本的なあり方に見られるように、東アジアの諸国間の関係性は安定していたと言うことができる(3)。一方で、十八世紀の長崎を中心とした政策をめぐっては、さまざまな課題とそれらへの対応が存在した。代表的な政策をあげると、吉宗政権下での、唐船打払い、洋学の本格的導入の前提となる漢訳洋書の輸入緩和、薬種の国産化や輸入馬の導入、田沼政権による北方への視座、長崎奉行と貿易政策や都市政策をめぐる諸政策の実施などがある(4)。

対外的緊張が緩和した十七世紀末段階から対外関係のあり方そのものは当然ながら変容し、政策レベルで見れば、十八世紀には新たな仕組みが必要とされたことになる。元禄年間から寛政年間までの間に、政策変更の可能性は常にあり、十九世紀に新たな段階を迎える欧米諸国との関係を見る前提として、十八世紀には、どのような政策が継続し、一方で、どのような政策が変質・変更したのか、政策論としてとらえる必要がある。

そこで、本章では、次の二つの視点によって十八世紀の長崎をめぐる対外政策を、時期区分をしながら俯瞰してみたいと思う。

第一の視点は、幕府の政策展開と長崎奉行のあり方である。十八世紀、正徳新例などに代表されるような政策の変更を迫られた幕府は、一方でその実務機関たる長崎奉行の任務や体制についても見直しを図ることになっていく。また沿岸警備体制も、十七世紀の西洋諸国への警戒から、十七世紀末になって頻発する唐船の抜荷対策へと転換し、そして十八世紀末には北方問題に関わって海防問題が再浮上する。さらに、幕府による貿易・外交のみならず都市政策も含む長崎に関わる政策も、長崎の都市としての成り立ちを勘案しながら、より貿易に重心をかけた政策へと変わっていくことから、長崎奉行所の人的構成やその政策指向についても検討すべき点があると考えられる。

第二の視点は、関連する諸藩の動向である。長崎警備を家役とした佐賀・福岡両藩のみならず、非常時には長崎などへの出兵の可能性がある他の九州諸藩、あるいは長崎での円滑な貿易遂行のために、自藩の産物生産を幕府より義務づけられた藩など、多くの藩が長崎での対外関係に関わる諸政策に関与している。これら諸藩が、一方で、十八世紀に藩政改革などによって自藩の建て直しを図る中で、どのように幕府に対して、長崎に関わる負担を遂行していったのかという視点からも検討を加えたい。

そして、次の政治的区分から、それぞれの時期の特徴を示していきたい。(1)綱吉政権、(2)家宣・家継政権（正徳の治）、(3)吉宗政権（大御所時代も含む）、(4)田沼政権（宝暦から天明期）、(5)定信政権（寛政期）とする。また、各時期の分析にあたっては、(1)沿岸警備、(2)貿易制度、(3)長崎支配を軸に検討したい。

1　元禄年間の長崎と対外政策――十八世紀の始まり

十八世紀が始まったときは、幕府においては五代将軍綱吉の晩年にあたる。すでに、「はじめに」で触れたように、綱吉政権下では、明清交替が終了し、またマカオ船の来航を経験しており、次の時代の到来を予想した政策が求められていた。そのため、貞享二（一六八五）年の定高仕法、元禄元（一六八八）年の唐人屋敷建設開始など、唐貿易をにらんだ政策展開を行っている。それにもかかわらず、十七世紀末には来航する唐船の数は増大の一途をたどっており、(5)早晩貿易政策についての基本方針を定める必要があった。そこで一七〇〇年前後に幕府が実施した長崎に関する政策や制度の変更を簡単に述べると、次のようになる。

元禄十一年に、幕府は佐賀藩に対して、同藩による長崎警護の概要と現状の説明をもとめ、同藩は覚書「長崎御番方大概抜書」を提出した。(6)翌十二年は、前年の長崎奉行の不祥事件もあり、長崎奉行の在府二名・長崎二名の四人制が導入される。相互監視が目的と想定される。また長崎の町内外の区別が廃止され、勘定奉行荻原重秀による長崎巡見によって貿易利潤のうち七万両を市中配分とし、残りは収公となった（『長崎実録大成』三五六頁）。さらに、十四年には、大坂銀座に付す形で銅座が設立されている。

十七世紀末前後、綱吉政権には、長崎の支配や諸藩との関係について、現状を集中的に把握しようとする指向を見出すことができる。その関心は、⑴貿易政策、⑵警備体制に向けられ、そして⑶長崎の利潤を幕府にどのように吸収するかが政策課題であったと見ることができる。以下、本章で中心的に検討する、幕府の貿易方針・警備体制・長崎都市支配のあり方、といった十八世紀全体を通じて課題となる政策を、幕府としては認識していたと見ることができるが、その具体的な展開については、綱吉政権では本格的に展開しないまま次の政権をむかえることになったと確認しておきたい。

2　家宣・家継政権――正徳の治

本節では、いわゆる正徳の治が展開していた将軍家宣・家継の時期における、沿岸警備体制の運用状況を確認し、また当時すでに問題となっていた貿易制度に対する改革構想から、同時期の政策課題の特徴を考えてみたい。

シドッチ入国と沿岸警備

まずは、家宣・家継時代の沿岸警備体制の特徴を、宣教師シドッチによる日本への密入国事件に際しての、薩摩藩と幕府の対応から考えてみたい。

宣教師シドッチが大隅国屋久島へ密入国するのは、宝永五（一七〇八）年八月のことであった。しかし翌六年正月に綱吉が死去しており、実質的な江戸における取調べや、その後の処罰は、六年秋になって家宣政権下で行われ、その一環として、同年秋から翌七年冬にかけて、後に『西洋紀聞』に結実するような新井白石によるシドッチへの聞き取り調査が行われていることから、家宣・家継期に起きた事件としてとらえておきたい(7)。

まず、捕らえられたシドッチに対する薩摩藩の対応を次の史料から見てみたい。

〔史料1〕(8)

（前略、八月二十八日に屋久島沖で異国船が目撃され、屋久島駐在の薩摩藩役人側で警戒を強めていたところ、翌二十九日になり刀を差したシドッチが発見され、捕らえられた）

則役人参候而口問仕候得共、言語難通文字不通、日本人之様さかやきいたし、日本仕立之衣類を着仕居候得共、様子者異国人と見得申候、右之通御座候得者、沖江相見得候船より、夜中陸江卸シ置為申ニ而も可有之候哉、未相知不申候、依之、人家迦ニ小屋幷外廻囲等堅固相調入置候、順風次第地方迄可送越旨、先達而以飛船申越候間、着船之砌其御地江差上可申候、（後略）

薩摩藩が警戒を強める中で、シドッチは上陸後すぐに島民によって発見され、拘束されている。手際よく事態が進んでいるが、一方でシドッチは何者であり、何のためにやってきたのか不明な状態であるという現地の様子がわかる。

宣教師かどうか不明な段階では、捕らえた薩摩藩も対応について、慎重にならざるをえない。同年九月十七日、薩摩藩では、とりあえず、日本人の風体を装ったシドッチを「異国人」と判断し、藩から警護と医師を派遣し、鹿児島への移送を決定する（『旧記雑録追録』二七〇三号、同日付、屋久島役人宛薩摩藩家老覚書）。さらに九月十八日、長崎奉行からは「其表（鹿児島）江着船次第如例警固相添、早々此地（長崎）江可被送越候」と長崎へ護送するよう指示が送られてくる（『旧記雑録追録』二七〇四号）。十月下旬になり、鹿児島へ送られたシドッチは、最初に発見した百姓らとともに、目付・物頭などや警固の藩士ら三〇名程度の人員を付して長崎へ送られることとなった。護送する諸役人への指示によれば、道中では見物にさらされないよう注意し、一方でシドッチが病気にならないようにするなど細心の注意をはらうよう指示が出ている（『旧記雑録追録』二七〇八号）。

そして十一月九日になって、シドッチ一行は長崎へ到着した。その際、「長崎入口桜馬場と申所江明六過致到着候、右之所江扣居可申候通詞被遣、口柄御聞せ、手鎖被仰付候而、御屋敷江召列可申由被仰渡候」(『旧記雑録追録』二七三二号、相良長規書状)とあり、薩摩藩側から長崎奉行所側へ身柄が引き渡され、そこで簡単な尋問が通詞によって行われ、ようやく潜入した宣教師ではないかと判断されている。つまり、シドッチの捕縛後、二カ月以上の時間を経て、シドッチが日本にとって望ましくない来訪者と認定されている。沿岸の警備は確かに機能したが、その確認の困難さが露呈している。

さらに、長崎においても、シドッチの本格的な尋問は困難を極めた。オランダ商館長日記、宝永五年十一月九日(西暦一七〇八年十二月二十日)条[(9)]によれば、「源右衛門(今村英生、オランダ通詞)の話すポルトガル語と、日本語のカタコトが理解できた」とあり、ある程度の簡単なコミュニケーションが成り立っていたが、一方で「結局その外国人の母国語が何であるか彼(今村源右衛門)の経験からはわからなかった」(同日記、十二月二十一日条)と、取調べとしては成り立たない状況にあった。オランダ商館は長崎奉行の協力要請にしたがい、商館員の中でポルトガル語を理解する者を派遣して、まずオランダ通詞仲間からポルトガル語ができるとされた三人に対して面接を行ったが「二人はほとんど駄目で、三人目がいくらかましに理解できる程度」という状態であることが判明した。そのため、結局、ポルトガル語とラテン語を理解できるオランダ東インド会社商館員を、尋問の補助に派遣することとなる(同日記、同日条)。

沿岸警備の網にうまくかかった異国人については、原則として九州沿岸では長崎に一度連れてくるのだが、長崎においてもポルトガル語などオランダ語以外の欧米言語で通訳することが、質量ともに困難な時代となっていたことがわかる。

そして、シドッチ来日の本当の目的がようやく明らかとなるのは、同年十一月十九日、入国から三カ月後のことであった。この日の尋問で、いかなる目的で来日したのか確認したところ、「将軍と信仰の事について話し合いをして、改宗させる目的」と発言(同日記、十二月三十日条)があった。十七世紀には長崎で行われていた尋問そのものが、十八世紀になると円滑には成り立ちにくい状態であった。

十七世紀前半であれば、江戸に送られた場合、棄教しない限り、処刑されるはずの宣教師であるはずが、シドッチは、将軍への改宗が目的と、布教というにはあまりに限定されていたため、結局小石川のキリシタン屋敷に永牢となった。[10]

この事件から、ほとんどの日本人が宣教師を見たことがない時代となり、十七世紀に構築された海岸からの不審者を警戒するシステムは機能しているが、本来の目的であったキリシタンやバテレンを見極めることが困難な様子が見えてくる。そして、それに連動して、処罰のあり方も十七世紀とは異なる状態になっていったと言える。

幻の「宝永新例」と長崎奉行

一方、正徳の治のもとでは、貿易政策についても根本的な転換が模索されていた。幻の「宝永新例案」の存在である。この新例の案は、金銀銅の流失阻止を前提とした新井白石の提案であり、内容の詳細については太田勝也氏による研究がある。[11] 太田氏よれば、正徳新例につながる貿易統制のあり方を模索したが、数値目標が前提となり、あまり現実的ではないという評価がなされている。実際の原案の内容については、一部錯簡があるものの、おおよそは、国立公文書館内閣文庫所蔵「長崎御役所留」に写が存在する。[12] また、この原案に対して、実施されれば現場を預かることになる長崎奉行から、この原案への疑問点が出され、その指摘は本節で見るように『通航一覧』に所収されている。

まず『新井白石日記』[13]を中心に、この「宝永新例案」がどのように具体的な政策案となっていったのか確認をしてみたい。宝永六年正月に幕府に登用された白石は、同年五月に家宣の将軍宣下が行われる前から提案を行っており、白石にとって政権が対応すべき重要な政策であったと認識していたと考えられる。宝永六年三月二十二日に、長崎について申入があったことが確認でき、さらに四月一日・九日、十月十八日に長崎に関する上書を提出している。この段階では、上書の具体的な提出先については記載がないが、年末に近づくと、政策としての立案化が本格化してくる。すなわち、一一月十五・二十日、十二月八日の各日に長崎に関する書付を、側用人間部詮房へ提出しており、具体的に協議したと考えられる。

後に長崎奉行となる大岡清相がまとめた長崎に関する覚書『崎陽群談』によれば、当時の長崎奉行に対しても「長崎御仕置筋之儀ハ不及申、商売の法の義ニ至迄[14]」と都市政策のみならず貿易制度についても諮問があった。この諮問へは四名の奉行が回答をし、特に永井讃岐守直允の案がすぐれていたが、永井が六年九月に持病で辞任したため中断したとしている[15]。そして翌宝永七年三月二十日には、長崎に関わる政策について白石と間部との間で相談がなされ、最終的に三月二十九日、老中より在府の長崎奉行へ改革案が提示されるにいたる。同日には「於御列座井上河内守殿より帳面壱冊御渡被成、被仰渡候ハ、長崎之儀共、入　御耳、今度新規ニ致方之帳面、拙者共江御渡被成候間、大切之義ニ候条、諸事無遠慮書付差上可申候[16]」とあり、老中井上正岑へ将軍より素案が渡され、それを老中が長崎奉行に諮問するという形式をとっていることがわかる。

この改革案に対する長崎奉行四名の反論は、一カ月後の四月二十九日に提出され、全面的と言っていいほどの激烈な改革案への否定であった。この反論の主だった論点を『通航一覧』巻一六五より紹介してみたい[17]。

(1)　貿易総体の取引額を約四分の一、二一・六万両から五万両にすることに対して、「日本の商売、事の外高直に罷成、上下之諸人可及難儀と奉存候事」と、かえって日本で物価高騰を招くとする。

(2)　一隻あたりの貿易枠の制限については「商売に参候唐人共、いつれも下賤者共之儀に御座候得は、法をも不存、約をも違へ、其段を恥辱共迷惑共曾て相通不申、其上異国者之儀に御座候得は、痛め申儀も不罷成、渡海を致停止候迄之儀に候、渡海致停止候てもさして迷惑不仕候」と、制限をしても、密貿易が横行し、唐人に対して効果的な懲罰方法がないので無効である。

(3)　唐人屋敷を廃止し、唐人の管理を長崎の各町に責任を負わせることについては、「唯今囲の内に差置、二重の門有之候て、番人稠敷改候てさえ、種々の悪事を日本人と相通申候、然処町屋に差置候ては、弥以悪事募り可申と奉存候事」と、かえって密貿易やさまざまな事件を引き起こすだけとする。

(4) 唐船帰帆に際しての荷改強化は、元禄十四(一七〇一)年に起きた事件、地役人が船内で抜刀し、唐人を傷つけ、本人は海へ落とされたことをあげ、「其以後改申役人共強く改候儀遠慮仕候故、段々吟味ゆるみ申候に付、毎度強改申候様に申付候といへとも、右之わけ御座候故、いつれもうわへ計にて内心得心不仕候、依之、其以後は銀子をかくし持渡り候儀多く有之候様に及承候間、四五年以来別而改強いたし候得共、改の役人共得心不仕候故、存侭に改強不罷成候事」と、事件以後、地役人たちが消極的になっており、強化策は上からの掛け声だけになりかねないという懸念を表明している。

この、長崎貿易とそれに関わる長崎支配についての、長崎奉行たちの現実的なとらえ方は、要約すれば、貿易統制の強化は、かえって中国人などとの摩擦を拡大するので、有効な方策ではない、その上、貿易縮小によって困窮する町人が出てくる、という長崎の経済的な成り立ちを考慮しなければならない長崎奉行の論理がある。一方で、地役人に対する不信や彼らに対して充分に統制がとれない、という問題を指摘しているのである。

結局、この改革案そのものは、白石が同年六月二十八日に長崎に関する書付を受け取ってから以後、記事が『新井白石日記』にはないことから、新例問題は、一度は収まったかのように見える。しかし、その後も、白石のみならず、幕閣は、貿易制度や長崎支配についての政策のあり方を継続して検討していたと推定される。

長崎奉行大岡清相は、正徳三年江戸に帰府した折、老中井上正岑から「(筆者註、「宝永新例案」の経過を述べた後) 雖然外国人の法式追年正しからす、御制外金銀外国へ相渡候段家宣公御遺戒ニも被相載候、加之諸国諸山の出銅も追年減少候へは、外国の商売も減少可申段必然之事ニ候、然る時ハ不論是非御法式可被相改時節到来之事ニ候、然上は存寄も有之候ハヽ、可申上旨被仰渡候」と、幕府としては、外国人の管理、金銀の海外流失、鉱山の衰退のため、貿易縮小路線は避けがたいとしており、意見の提出を求められている。[18] 大岡の意見書そのものは断片的にしか確認できないが、彼の長崎支配の見解を紹介したい。

正徳年間と推定される、新井白石と長崎奉行大岡清相との間で取り交わされた書簡の中で、次のように大岡は長崎政策についての見解を示している。

〔史料2〕(19)

（前略）諸事先格にまかせ、あらためのかるき年は、地下人も其心に応し候而、諸事表向計に仕候まゝ、内証は皆々繕ひ事のみに候、左様候て、無滞相すみ候へは、奉行も手柄之様に存し、地下人は尤能き奉行とほめたて申事に候、惣して当地（長崎）の事は、表向は道理たち候様に聞へ候へ共、裏へ入候而は透とちかひ申事にて候（後略）

この史料から、一般に長崎奉行として名奉行と称されるのは、先例に任せて、貿易などに対する監査なども表向きはやったことにしているような奉行であり、そのようにすれば無事奉行として任期を全うすることができる、表向きは筋が通っているように見えても実態は異なると、大岡は指摘する。ここに、長崎支配の難しさが表れているのである。

一方で、大岡自身も強い統制については必ずしも肯定的ではなく、「一、荷改之節、隠物相改候儀、今迄之如くにては稠敷は御座候得共、唐人共難儀仕儀にて聞こえも不可然候間、以来者少々差許し候而も可然儀と奉存候事」（正徳三年十二月大岡備前守存寄出申上候数条之内、『通航一覧』巻一四九）と、唐人との関係についても考慮に入れるべきとの考えを示している。長崎奉行は、長崎支配の実態については理解できているが、しかしそれを改変するということの難しさもあるという認識であった。それが十八世紀初頭の長崎支配であったと言える。

正徳新例と沿岸警備

正徳新例が最終的に決定され、正徳五（一七一五）年に通達が出された。その実施については次節で述べるように吉宗政権のことであるので、そこで取り上げ、本節では、長崎警備の変化という点を指摘するに留めておきたい。

まずは、関係諸藩に対する通知を見てみたい、次の史料は、正徳五年二月二十八日に、長崎奉行所で、佐賀藩聞役が渡された書付の写である。

〔史料3〕「仙石丹波守於旅宿、所々家来共江被申渡候口上之留書壱通」[20]

松平丹後守
松平肥前守

長崎表西泊・戸町御番所ハ、最初南蛮船渡来候時之守備之ためニ鍋島・黒田両家江被仰付候事ニ候といへとも、自今以後ハ唐船渡来候時、長崎奉行・御目付より人数を相催し候事在之においてハ、御番所を相守り候人数を引わけ候而奉行所迄差遣、奉行・御目付差引ニ任せらるへく候、

松平丹後守

長崎表の海上いわう嶋（伊王島）ニ有之鍋島方の遠見番所よりして唐船の平戸沖江懸り往来し乗筋見渡し候においてハ、自今以後唐船入津帰帆の時、平戸沖江懸り候事有之時者、番所より早船を以奉行所江注進仕へく候、若いわう嶋の番所よりしてハ、平戸沖の乗筋見渡しかたく候においてハ、可然所を見立候而鍋島方よりの遠見番所を建可申候

この史料によれば、十七世紀にキリシタン禁制政策の遂行という目的から構築されてきた沿岸警備体制が、その目的を南蛮船対策から唐船対策へ、キリシタン禁制から抜荷へと大きく変更したことを幕府自体が明確に指示していることがわかる。

そのため、長崎湾に展開する佐賀・福岡両藩の長崎警備の人数に変更はないが、唐船対策のため、必要に応じて、兵力の一部を長崎市中へ分派するよう指示されている。さらに、佐賀藩では、平戸沖など監視する箇所が新たな義務として加わってきている。オランダ船など欧州系の船は夏に来航して秋に帰帆するのが通常であるが、唐船は随時入港してくるので、現実に対処しようとすれば、警備上の負担は大きくなる。実際に、その直後佐賀藩聞役は上使仙石久尚と交渉し、新

たな遠見番所の建築は不要との了解を得ている(21)。

本節を小括すると、日本沿岸の警備体制については、発動段階のシステムは表面的に機能しているが、本来のキリシタンやバテレン対策として現実には空洞化するような変質を遂げつつあった。例えば長崎においても、奉行所の管理する十七世紀以来引き継いできた船舶が、大岡清相の記録によれば、七隻が破損状態、三隻が修復して稼動可能、ほかに管理している漂流船一隻のため、正徳年間に二隻を新造するという状態であった(22)。

また、長崎統治や貿易の仕法についても、異国人（特に唐人）、長崎町人の統制は相当困難を極めると現地を預かる長崎奉行は認識している。それを打開するために考えられたのが正徳新例であるが、次節で見るようにその実際の運用は次の政権の課題であった。

3　吉宗政権

本節では、吉宗政権期の特質を、第一に幕府の沿岸警備体制の変容、第二に正徳新例による転換後の貿易政策の実施、第三に長崎の都市政策という、三つの視点から見てみたい。

正徳新例が実施される以前の段階で、すでに新井白石や長崎奉行経験者などの認識からわかるように、長崎に関わる諸課題について幕府内部でも一定の理解ができていたという前提に立ち、吉宗政権の対応を考えてみたい。

本章の「はじめに」でも触れたように、吉宗政権は、洋学・実学の奨励を行い、漢訳洋書の輸入緩和や、象・馬の輸入、青木昆陽の登用、朝鮮人参の国産化を模索した、あるいは十八世紀後半の蘭学発展の基盤を形成した政権という殖産興業の面から評価することができる。同時に留意しなければならないことは、正徳の治のもとで準備がなされた正徳新例を、実際に実施したのは吉宗政権であるということである。

正徳新例は、正徳五（一七一五）年に長崎で長崎町人・在長崎の諸藩・唐人・オランダ人ら関係者に伝達された。そして新例は翌年から本格実施予定であったが、翌六（享保元、一七一六）年四月に将軍家継が死去し、同年夏に吉宗が正式に征夷大将軍となる。新例制定に関わった新井白石は同年中に職を辞し、翌二年正月には屋敷の召し上げなど不遇な状況へと追い込まれていった。しかし、新例については特に変更なく、『新井白石日記』享保二年一月二十六日条によれば「大岡備前守より報来ル、長崎表之事、今日相済候、入組候子細ハ書とりかたく候へ度も、大意之所ハ信牌之法不相改、御新例之通と申す事に落着と云々」と、長崎奉行大岡清相より新例の実施については予定通りという連絡を受けている。

そもそも、正徳新例とは、少なくとも長崎奉行・長崎地下人宛など、目録も含め二四点の法令が一括で出された一連の法令群として知られている[23]。この中では、貿易法令であると同時に、貿易の利潤で成り立つ長崎にとって都市法令としての性質を有し、十八世紀の長崎に関わる基本法としての役割を果たしていった。これより半世紀以上経過した、寛政二（一七九〇）年の松平定信による長崎改革において、「長崎一所の為に、日本の宝を費さるゝは、正徳の令の趣にも背き[24]」と引用されるなど、その基本的な考え方は正徳新例にさかのぼると、幕府自体が認識をしており、また十九世紀にいたるまで貿易の方法については、多くを正徳新例に倣っている[25]。

沿岸警備体制の変容と享保の打払い

正徳新例の実施に伴い、貿易ができず九州北部の沿岸で遊弋する密貿易のための唐船が増加した。これに対して、享保二・三・五各年に幕府は打払いを、小倉・萩・福岡の三藩に命じたことについては詳細な研究がある。本章では幕府が、この打払いにおいて何を目的としていたか確認しておきたい。事実の経過としては、享保二年四・五月、小倉沖に最大一五隻ほどの唐船が遊弋し、三藩はこれを一度は追い払った。そして同年十二月、目付渡辺外記永倫が北部九州沿岸ならびに長崎へ派遣され、翌年二月に到着した。派遣に際し、幕府は該当三藩に対して「外記儀三領の内へ到着迄は、追払見合可申候、唐船へ番船差出し候儀、此節より相止、唐船ゆる〳〵滞留候を見届候様に可被申付事」（『通航一覧』巻二〇〇）と、渡辺の到着まで、各藩は監視を行うが、打払いに対しては、事態を沈静化させるよう指示した。

さらに次の史料から、幕府の意図がより明確になる。

〔史料4〕享保二年十二月小倉藩主小笠原忠雄宛覚（『通航一覧』巻二〇〇）

（前略）

一、唐船必打潰し候様との儀にも無之候間、舟の模様見知られさる様に、あまり近くへ乗寄候事は無用に候、しかと目当にのり不申候とも、くるしかるましく候、大概を積り打せ可然事

一、鉄砲放懸候以後、唐船はせ出し退散候は、、少々追かけ打せ可申候、長く追候事は無用に候事（以下略）

この史料から、実際に打払いに及んだとしても、沈没させることが目的ではないので、日本側が接近して大砲の照準を正確にあわせる必要はなく、唐船が逃げ出すことが重要であるとしている。幕府としては、日本近海から退去させることが最大の目的であって、各藩が撃沈することについてはあまり関心がない。

一方、前節で述べたように、長崎湾のみならず、警戒すべき領海が増えた佐賀藩では、その負担を減らすために、長崎警備そのものの要員削減を始めていた。享保十二（一七二七）年四月に番所詰足軽の三割減を行い[26]、また翌享保十三年五月になると「今度御減省ニ付テ」と財政を理由に、二人が定数であり、佐賀藩が長崎奉行からの指示伝達を受ける長崎聞番を、一名と削減している[27]。

同じく正徳新例に際し、長崎警備を担当する福岡藩に対しては、領中海上を漂流する唐船やそれに接近する日本船に注意するよう指示が出ており、今まで以上に広範囲な警備体制が求められている[28]。

また、同時に、長崎警備に対する長崎奉行の認識が曖昧になったのも、十八世紀中葉の特徴である。その事例として、吉宗の大御所時代である延享四（一七四七）・寛延元（一七四八）年に発生した、佐賀・福岡両藩の長崎市中における宿割

問題について触れておきたい。

正保四（一六四七）年、ポルトガル船の来航時、長崎警衛のため出兵した佐賀・福岡両藩の市中での宿泊は、佐賀藩が先に到着し、市中に宿をとったため、福岡藩は市外に野営するという問題が発生した。その後、元禄年間に長崎の内町・外町半分宛割り当てる案が当時の長崎奉行川口宗恒・山岡景助より提示されていた。しかし、十八世紀半ば、半世紀近い年月がたったこともあり、延享四年、福岡藩では、町年寄高木源蔵を通じて、奉行田付阿波守景厖に確認を求めたところ「阿波守も尤に思ハれ、旧記を詮議せられけるに、その記録はし（な欠）」と回答があった。結局、田付と交替のため長崎に来ていた安部一信の計らいで、両藩に対して福岡藩二五町、佐賀藩二五町が指定された[29]。

しかし、福岡藩宿町と指定された二五町には、佐賀藩の蔵屋敷のある西築町・浦五島町が含まれていたことから、佐賀藩側が奉行へ二町の除外を求めたが、奉行は「両家相互の申合にて除らるゝ事ハ、勝手次第なるへし」と回答し奉行所が調整することを拒否した。そのため結局、福岡藩は翌寛延元年になり、佐賀藩側から証文をとって、佐賀藩の屋敷だけは除外することとなった。

この一件から、警備記録が長崎奉行側に整備されていないという事実、またその割り当ての判断も現実的ではないということが見えてくる。警備の中核となる長崎奉行自体が、関心を払っていない情況がうまれてきており、長崎警備の空洞化とも言うべき事態が十八世紀半ばには確認できる。

長崎貿易・都市支配と長崎奉行

本節で見たように吉宗政権期になると長崎奉行による長崎警備という観点からの政策遂行が現実性を失いつつあった。その背景を考えると、長崎奉行の就任者の変化と、長崎奉行による支配の重点の変化とが大きく関係すると見られる。

まず、長崎奉行の就任者について、付表を参照してもらいたい。この付表は十八世紀の長崎奉行就任者について前後の

18世紀の長崎奉行の前後の役職

奉行名	奉行在任期間	前々職	前　職	奉行在任中	次　職	次々職
近藤用高	元禄7－元禄14	目付	先手鉄砲頭	長崎奉行	大目付	側衆
丹羽長守	元禄8－元禄15	使番	目付	長崎奉行	町奉行	
諏訪頼蔭	元禄9－元禄11	先手鉄砲頭	持筒頭	長崎奉行	(閉門)	
大島義也	元禄12－元禄16	使番	新番頭	長崎奉行	作事奉行	
林忠和	元禄12－元禄16	徒頭	目付	長崎奉行	町奉行	
永井直允	元禄15－宝永6	使番	目付	長崎奉行		
別所常治	元禄15－正徳元	使番	目付	長崎奉行	(寄合)	
石尾氏信	元禄16－宝永2	使番	目付	長崎奉行	勘定奉行	
佐久間信就	元禄16－正徳3	先手鉄砲頭	西丸留守居	長崎奉行		
駒木根政方	宝永3－正徳4	使番	目付	長崎奉行	作事奉行	勘定奉行
久松定持	宝永7－正徳5	腰物奉行	目付	長崎奉行	作事奉行	勘定奉行
大岡清相	正徳元－享保2	目付	西丸留守居	長崎奉行		
石河政郷	正徳5－享保11	書院番	使番	長崎奉行	(寄合)	
日下部博貞	享保2－享保12	小姓組	使番	長崎奉行	(寄合)	
三宅康敬	享保11－享保17	徒頭	目付	長崎奉行	大目付	留守居
渡辺永倫	享保12－享保14	目付	新番頭	長崎奉行		
細井安明	享保14－元文元	使番	奈良奉行	長崎奉行		
大森時長	享保17－享保19	使番	目付	長崎奉行	小普請	
窪田忠任	享保19－寛保2	(寄合)	佐渡奉行	長崎奉行	西丸留守居	旗奉行
萩原美雅	元文元－寛保3	勘定吟味役	佐渡奉行	長崎奉行	勘定奉行	
田付景厖	寛保2－寛延元	書院番組頭	佐渡奉行	長崎奉行	勘定奉行	
松波正房	寛保3－延享3	勘定吟味役	佐渡奉行	長崎奉行		
安倍一信	延享3－宝暦元	小十人頭	目付	長崎奉行		
松浦信正	寛延元－宝暦2	駿府町奉行	大坂町奉行	勘定奉行兼帯長崎奉行	小普請	
菅沼定秀	宝暦元－宝暦7	使番	目付	長崎奉行	勘定奉行	
大橋親義	宝暦2－宝暦4	西丸小姓組頭	目付	長崎奉行	勘定奉行	
坪内定央	宝暦4－宝暦10	小姓組頭	目付	長崎奉行	勘定奉行	
正木康恒	宝暦7－宝暦13	徒頭	目付	長崎奉行	作事奉行	大目付
大久保忠興	宝暦10－宝暦12	小姓組	目付	長崎奉行	(寄合)	
石谷清昌	宝暦12－明和7	西丸目付	佐渡奉行	勘定奉行兼帯長崎奉行のち田安家家老兼帯	留守居	(寄合)
大岡忠移	宝暦13－明和元	西丸目付	山田奉行	長崎奉行		
新見正栄	明和2－安永3	目付	小普請奉行	長崎奉行	作事奉行	勘定奉行
夏目信政	明和7－安永2	佐渡奉行	普請奉行	長崎奉行		
桑原盛員	安永2－安永4	小十人頭	目付	長崎奉行	作事奉行	勘定奉行
柘植正寔	安永4－天明3	目付	佐渡奉行	長崎奉行	作事奉行	勘定奉行
久世広民	安永4－天明4	小普請支配	浦賀奉行	長崎奉行	勘定奉行	西丸小姓組頭
土屋守直	天明3－天明4	先手弓頭	大坂町奉行	長崎奉行		
戸田氏孟	天明4－天明5	徒頭	佐渡奉行	長崎奉行		
土屋正延	天明4－天明5	目付	京都町奉行	長崎奉行		

松浦信程	天明５－天明７	新番頭	小普請奉行	長崎奉行	大目付	留守居
水野忠通	天明６－寛政４	使番	西の丸目付	長崎奉行	先手弓頭	小普請奉行＊
末吉利隆	天明７－寛政元	徒頭	目付	長崎奉行	新番頭	
永井直廉	寛政元－寛政４	使番	目付	長崎奉行		
平賀貞愛	寛政４－寛政９	徒頭	目付	長崎奉行	普請奉行	大坂町奉行
高尾信福	寛政５－寛政７	勘定吟味役	日光奉行	長崎奉行	普請奉行	
中川忠英	寛政７－寛政９	小普請組頭	目付	長崎奉行	勘定奉行	大目付
松平貴強	寛政９－寛政11	使番	大坂町奉行	勘定奉行兼帯長崎奉行		
朝比奈昌始	寛政10－寛政12	目付	佐渡奉行	長崎奉行	新番頭	
肥田頼常	寛政11－文化３	奥祐筆組頭兼帯台所頭	勘定吟味役	長崎奉行	小普請奉行	
成瀬正定	享和元－文化３	堺奉行	大坂町奉行	長崎奉行		

注　＊のち勘定奉行
出典　『柳営補任』『寛政重修諸家譜代』『長崎実録大成』。

役職を含めまとめたものである。享保年間にいたるまで、長崎奉行は、使番から目付を経て、就任する事例が多く、それ以外でも基本的には番方の役職を経ている者がほとんどである。目付を経験している者が多く、ある程度は幕府財政などにも通じた奉行もいたと思われ、享保年間までにその後三名が勘定奉行となっている。

ところが、本節で扱う吉宗政権期は途中から、連続して四名の佐渡奉行経験者が、その次の役職として就任するという特異な時期が発生する。佐渡奉行はその役柄上、鉱山や金銀銅の流通について知識を持った旗本と考えられる。(30)そして、享保年間以降、長崎奉行を経て勘定奉行になる者一一名、長崎奉行と勘定奉行の兼帯者二名がいる。番方の番頭—目付—長崎奉行というコースは十八世紀後半も依然として多いが、一〇〇〇石クラスで目付となる高級旗本ではなく、比較的知行の少ない勘定所系役職の経歴者が登場してきている。

十八世紀の長崎奉行は、番方から、徐々に経済政策に明るい旗本を任じる方向へと移行していくことがわかり、そのきっかけは、吉宗政権にあると言えるのではないだろうか。

また吉宗政権期に、正徳新例を引き継いで貿易政策が実施されていることは、すでに述べたように、唐船の密貿易を増大させると同時に、貿易の利潤で成り立っていた長崎にとっても大きな影響を与えたことは想像に難くない。

佐賀藩の家譜の一つである「吉茂公譜」によれば、享保十四年九月には、島原藩蔵屋敷への落書の投げ込みがあったことが記録されている。[31]宛先は、通常の警備の担当である佐賀・福岡両藩、それに非常時には譜代藩として長崎奉行とともに現地に展開する予定の島原・唐津両藩の、各藩主宛であり、七月付で差出は「長崎諸役人共・ケ所持共・店借共」と長崎町人と称している。この史料は長文に及ぶが、佐賀藩としては異例の投書として記録を残している。この中で、当時の米不足とそれに伴う米価高騰によって、長崎市中の成立《なりたち》がならないと訴え、長崎の市中の現状に対する不満から出た訴状であるが、そもそもの遠因として正徳新例以降、唐船の入港が減ってきているとの指摘がなされている。

このように一方では長崎町人の不満が潜在的に存在する中で、幕府はより貿易額を制限していく。

寛保二（一七四二）年に出された第一次貿易半減令（『御触書寛保集成』一九八〇号）は、当面七、八年は唐船を二〇隻から一〇隻、オランダ船の貿易規模半分、銅輸出を四〇〇万斤から二〇〇万斤へと貿易量の縮減を目指していた。銅の輸出量削減に見合う貿易額の縮小である。しかし、このような幕府の縮小政策は、期限を迎えた延享四（一七四七）年になると、「然処今年（延享四年）長崎廻銅三百八拾弐万斥余可相廻旨長崎奉行より銅座江申渡候処、諸国惣出銅不残差廻候而も右斤数程ハ無覚束候付、向後壱ケ年弐百五拾万斤充ニ相極可申候」[32]とあり、寛保二年令によって、銅輸出の制限をさらに強化したものの、慢性的な銅不足は解消せず、また貿易も同時に不活性化する状態が続くことになる。

一方、このような経済状況下で、松浦河内守信正の長崎奉行起用がなされた。松浦は寛延元（一七四八）年より宝暦二（一七五二）年まで、勘定奉行のまま兼帯という異例の奉行であり。次に見るように十八世紀を代表する二人の長崎奉行の一人とも言える。

〔史料5〕[33]

①天明七年九月末吉摂津守御在勤御書出之写

一、正徳年中被仰出候御新例之趣、弥相守可申事、　但其後寛延午年「(朱)松浦河内守御在勤」宝暦十二午年「(朱)

石谷備後守御在勤」之頃取極候仕法之趣、不取崩相守可申事（以下略）

②「但、寛延二巳年御仕方御改ハ松浦氏也、石谷氏も御勘定奉行兼役ニ而長崎へ御下向ニ付、於江府松浦氏へ長崎取締方御内談在之候へ共、法体被成可鎌ト御改名之事故、此義御断ニ候へ共、再三御頼ニ付御内談も在之候由、唐船年分拾三艘ニ御極ハ石谷氏也、御江戸御勘定所評判ニ而ハ、仕方ハ松浦氏、御公益高ハ石谷氏との事ニ候、左様ニ候哉、長崎ニ而之御書出シニも、右御両所御取極之趣、不取崩シ不申様との趣ニ御座候」

この史料は、天明七（一七八七）年に長崎奉行末吉利隆が、着任にあたり通達した書付の一部①と、その後の両奉行への長崎町人の評価②である。末吉は、正徳新例を基本に、松浦と次節で触れる石谷清昌による長崎の都市・貿易政策を継承するとしている。また長崎でも十八世紀の長崎支配の礎を作った奉行として松浦と石谷が当時から認識されていたことになる。

松浦が実際に行った施政を簡単に確認しておきたい。寛延元年は、「数年来唐船商売方相滞、三四年淹留ノ船拾八艘当冬不残令帰帆、商売仕方可被改旨ニテ河内守長崎兼帯ニテ在勤有之」（『長崎実録大成』三八三頁）と、貿易額の減少によって取引ができず滞留している唐船を、仕法を改めることを条件に退去させている。翌二年になると唐船を年間一五隻とし、船同士の貿易額の融通を禁じている（「華蛮交易明細記」三四三頁）。さらに「近年持渡諸色不宜、入札も下直ニ成、銀高商売在之候而も出銀少ク、為当地之ニ不相成、宜品持渡候様為致度書付唐人江相渡」、あるいは、「去年以来追々申付、猶此度地下諸役料・ケ所竈銀迄弐歩減候分、以前之本高ニ申付候付、右ニ付而ハ出銀ニ而不足立候間、小身之者ハ是迄之通ニ居置、役料高之者者加役料・助成銀高等を減シ割合候様、年寄共江申付候」と貿易全体が活性化していないために、唐人へは取引きしやすい品目をもたらすよう要請し、一方で当面は市中への配分金を、小額の者に配慮しつつ相対的に減らしている。そして、翌三年には、オランダ船が貿易仕法を不服とし、長崎沖に何もせず停泊し続けると、奉行が石火矢に点火し対抗するという事態も発生している（『長崎実録大成』三八四頁）。

基本的に、貿易を適切な規模で行うことによって、貿易収支の正常化を目指すと同時に、都市支配の安定化を志向するが、その解決にいたる過程では強硬な手段がとられている。その結果が、鈴木康子氏が明らかにしたような、宝暦三年の松浦の失脚となる用行組事件の発生である。(34)

本節をまとめると、勘定方の職を務めた長崎奉行によって、吉宗政権では貿易制度の改変が試みられるが、基本を正徳新例としている。また、長崎市中の成立、特に下層民の生活をある程度維持することも政策課題として垣間見ることができる。一方、奉行として、警備の状況がつかめないなど、奉行の就任過程も反映して、長崎支配において奉行が軍事的側面を軽視する傾向がある。

4 田沼政権——宝暦から天明期

宝暦から天明期、田沼意次が幕政の中心となっている時期の長崎における政策を考える上では、石谷清昌の存在が重要になる。石谷は、勘定奉行として宝暦九（一七五九）年から安永九（一七八〇）年まで二〇年余幕府財政に関わったと同時に、宝暦十二年から明和七（一七七〇）年まで長崎奉行を兼帯している。

十九世紀になって、石谷について、水野忠邦は「越前守（水野忠邦）と御物語の序、（筆者註、田沼時代の幕臣や老中などの評）其外、同時代に石谷備後守を挙用られけるに、同人世に勝たるよき奉行にて、今にいたり候迠、佐渡も長崎も御勘定所も、備後守の跡を以よりどころとする事にて、備後守正直の豪傑なるはおしはかれ候事に候、同人をかく迠に被遣たるは、其御身（田沼意次）にも正直の豪傑の御こゝろありたるなるべし(35)」と評し、十九世紀前半の財政制度の基本は、石谷が枠組みを作ったという理解をしており、特に金銀銅などの鉱山・貨幣に関わる政策や長崎貿易についての継続性を指摘している。

このように、長崎政策に関しては十八世紀後半の重要人物である石谷自身は、長崎貿易をどのように認識していたのだろうか。幕府の編纂史料である『通航一覧』に所収された石谷からの書付からその指向性を示してみたい。

(1) 長崎表之儀先達て申上候通、御取締先つは宜方に御座候得共、遠境の場所、殊に異国交易の土地に御座候得ば、商売方の義に付候ては入組候事共多く、会所の利潤を専に仕候得は、返て御国益を費候儀も有之（明和元〈一七六四〉年六月　長崎表江御勘定方毎年可被差遣哉の儀申上候書付、『通航一覧』巻一四六）

(2) 何となく近年惣体相弛み候趣も御座候に付、諸向共不相弛様に心付、此上は取締次第猶又御益筋も可有御座場所柄と奉存候（同右）

(3) 当座の出来栄を好み在勤中の功を心掛、長崎の益を好候時は、御国益を失ふの禍有之場所に候間、第一心付可申事に候（明和二〈一七六五〉年八月　於長崎表石谷備後守殿御渡被成候御書付写、『通航一覧』巻一四六）

ここに見られる石谷の認識した長崎の問題点は、(1)によれば複雑な長崎の貿易の仕組みの中で、長崎会所に利益が吸収され、国全体の「国益」と相反する局面があるとし、(2)では貿易を含む長崎支配は弛緩しつつあり、もう一度引き締めれば、幕府にとっての「御益」＝利潤も出てくるだろうと想定され、(3)長崎奉行が長崎の利益のために働けば、それは国家的な損失になりうると指摘している。

十八世紀後半の石谷の時期になると、幕府の利益や国家的利益と、長崎会所に代表される長崎に留保される利益は、相反することが明確に認識されるようになった。十八世紀の段階で、長崎貿易の継続が国家的損失になりうるというとらえ方は、新井白石の段階で既に認識されており、それ以降はその情勢を改善すべく長崎での支配強化が試みられていたが、宝暦から天明期になると、その財政的認識のあり方はより深化し、都市長崎の利害と国家的利害とが対立しうると考えられるようになっていくのである。

田沼期の特徴的な貿易政策には、長崎貿易における金銀の逆輸入政策がある。逆輸入政策については中井信彦氏の研究が前提となるが[36]、この金銀の日本への輸入政策を遂行する上で、重要となったのは日本から輸出する銅の安定的確保であった。そのために、さまざまな方策が策定され、延長線上に秋田藩銅山上知という問題が出てくる。

銅の安定的確保を課題とした幕府は、明和二年に大坂、翌年には長崎へと勘定所の役人を派遣し、銅の流通の確認を行っている[37]。さらに長崎奉行石谷と新見正栄による献策として「明和四亥年十二月石谷備後守・新見加賀守伺候は、宝暦十二午年より長崎上納金壱万五千両充年々大坂御金蔵江相納候、銅座諸国廻銅一ケ年百七拾万斤程ニ而、百万斤程は地売ニ相成、残銅之分ハ長崎より仕登セ銀之代りニ成候付、右残銅を以右上納金代りニ相納（以下略）[38]」という考え方を提案する。本来、銅を輸出する土地である長崎の市中からも銅を集める政策と言える。この政策は遂行され、初年度の明和五年には三〇万斤が確保されることになり、三〇〇万斤を確保するまで囲銅とされた。

幕府は、銅流通の統制を強めるとともに、産出場所である銅山に対しても眼を向け、秋田藩銅山上知問題が発生する。この事件の過程については、すでに深井雅海氏の研究があり、本章では必要な部分を『国典類抄』より確認したい[39]。

〔史料6[40]〕

明和元（宝暦十四、一七六四）年五月十六日、月番老中松平康福より、秋田藩留守居は次のような書付を渡された。

佐竹右京太夫

其方領分羽州銅山之儀、追年出銅可致減少趣、畢竟手当行届兼、当時ニ而も右銅山ニ而難儀之趣相聞候、依之当時稼候銅山其外間歩・休山共ニ麓村々ニ而凡壱万石余、当分上ケ知被　仰付候間、可被得其意候、尤去ル未年之残銅幷当中年引渡相済候迄之出銅之分、長崎表江無差支様可被相廻候、委曲之儀は御勘定奉行江可被承合候、

五月

銅山不振のため、幕府は上知によって、再開発を行い、長崎への廻銅を考えていたことになる。自領の上知という問題が秋田藩には突きつけられる一方で、同年五月十八日に担当の勘定奉行（石谷と元長崎奉行一色政沆）は秋田藩留守居を出頭させ、引渡しに必要な銅山・村高などの現況報告書の提出を求めた。さらに五月二十日には、勘定奉行より、その年は

どの程度の銅が大坂へ廻せるか問い合わせがあった。

秋田藩は複数回撤回の願書を提出して対抗した。基本的な反論の論理は、領国の一部のみの幕領化は、産出物の輸送や、鉱山経営に必要な木材などの供給に差し障りが出ること、また鉱山は藩境近くのため、もともと警備上多数の藩士が居住しているなど、問題が多いことをあげている。そして、最終的に六月六日に幕府は撤回に追い込まれることになる。その理由は「(前略) 右上ケ知可致場所之内無拠差支共有之、右場所差上候而は却而難儀之趣相聞得候、依之銅山幷上ケ知之儀不被及御沙汰、是迄之通被差置候間、可被得其意候、尤廻銅之儀は追而可相達候、以上」とあり廻銅については釘をさす一方で、撤回という形をとる。この間、秋田藩では、「兼而右近将監様御老中　田沼主殿頭殿御側衆　御懇意ニ而別而此度之儀品々御内意被相尽、右之趣ニ相済候次第、委曲御用状ニも申来候」と幕府内の実力者である田沼らを通じての巻き返しが行われていた。

この事件を通じて明らかになるのは、長崎政策の遂行は、藩側の利害と、幕府の利害の矛盾が見出される局面が出てくるということである。同時に、勘定奉行が企画の主体となって長崎に関わる計画をたてていることもわかる。

一方、経済政策を主体とした政策運営と表裏一体の関係で、吉宗政権期以来の長崎を中心とした西欧諸国船への警備体制から抜荷対策への転換継続と、長崎警衛に対する奉行の理解不足は、この時期にも見出さる。

宝暦十三(一七六三)年、石谷清昌が、支配勘定・普請方役を引き連れて長崎へ着任した(『長崎実録大成』三九二頁)。八月に支配勘定と普請方は「西泊改」と称し、佐賀藩番所へ接近し、繋船の舫綱の内側へ入り込み、藩側の制止を聞かず、そのまま通船する事件が発生した。佐賀藩側は、福岡藩聞役と相談して、奉行所へ書状で抗議した。奉行所へは「両御番所船舫内ノ義、一向通船無之筈ノ処、此節通船ニ付、取合ノ一件相違セラレ、惣体御番所繋船ノ義ハ公儀御番船ニテ、行儀内ハ公船タリ共不差通筈ノ処、兼テノ申付ヲ忘却イタシ通船為致タル船頭ノ義ハ不届者ニ付、其御手当可被仰付[41]」と、警備の船は「公儀御番船」なのだから、奉行所の船であっても接近は許されないと論じた。石谷は、町年寄後藤惣左衛門・高橋八郎兵衛を佐賀藩蔵屋敷へ派遣し、奉行所側の非を認め、撤回を申し入れ、同藩側も了承している。

明和七（一七七〇）年、御勘定方と普請役から一名ずつ長崎へ派遣される。その目的は「長崎表取締」（『通航一覧』巻一六〇）であったが、ここからも長崎都市支配に重点をおいた政策展開が垣間見られる。

また、明和六年、幕府は、細川家に対して、必要に応じ幕領である天草沿岸へ唐船対策のための番船の提供を求めており、唐船対策は広い海域へと拡大していた(42)。

この時期、幕府の長崎政策、あるいは貿易政策全体としては一定規模の維持を考えており、それが一面では秋田藩銅山上知をめぐって対立をしたのであるが、もう一方では、貿易の維持のために、幕府が財政援助するという側面もあった。朝鮮からの人参購入代金がないと幕府へ拝借銀を申し入れた対馬藩に対して、拝借銀や銀座などの責任で貸付を認め、あるいは琉清貿易で利用する元禄銀を幕府が吹きかえるなど、従来の貿易の維持政策も行われている(43)。

そして、この時期は各藩において藩政改革が遂行されており、長崎政策への幕府からの要請と、藩の直接的な利益や財政構造との間に矛盾が生じることもあった。また、従来以上の長崎支配への貢献はできないという論理を藩側で用意することもあったので、紹介しておきたい。

佐賀藩では、藩主鍋島治茂のもと、藩政改革が進められていた。天明七（一七八八）年、福岡藩に対し上野寛永寺普請の手伝いを命じられた際、福岡藩と共同で異議を申し立て、その際は「長崎御番方之儀者、異国之御手当肝要之御役儀被御勤来、是迄別御役等被　仰付儀無之、御両家様之儀者諸家ニ不相双、格別之御家柄之儀者委細存之前ニ候(44)」という論理を展開し、長崎支配との関係を論拠としている。

天明二年、熊本藩では、長崎奉行巡回用に寛永年間以来駐留させていた番船を、必要なときだけ派遣するよう長崎奉行と交渉し、成功している(45)。この時期の熊本藩は、藩主細川重賢による改革期にあたる。

このように、長崎貿易政策は、田沼時代になって、石谷の主導のもと、銅の安定的確保強化政策を機軸とした貿易体制を志向するが、一方で、藩側の利害と対立する局面において、大小さまざまな抵抗が発生することとなった。
また、天明期は、長崎からの上納金減額や貿易制限緩和策などの安定的な長崎貿易維持型の政策と、貿易の流れを透明化して長崎支配を強化する方法が交互に試される時期でもあった[46]。

5 定信政権

定信政権が、対外政策について打ち出したのは、長崎支配の問題と、ロシアの接近による海防政策である。長崎に関しては、寛政二（一七九〇）年の貿易半減令を出発点に都市政策の強化が見られた。これについて、筆者はすでに述べたことがあるので、要点だけ整理しておきたい[47]。

寛政二年に出された貿易半減令は、松浦信程によって出された寛保二年令の再令として位置づけられる。この貿易半減令は、オランダ商館に対しての翻訳文書通達をめぐって、いわゆる「誤訳事件」が発生し、安永・天明期以来通詞集団の中心にいた多くの通詞が処罰されると同時に、通詞支配の強化が試みられた。そして、この事件を経て、十九世紀初頭には、特殊な技能を持った集団としての通詞の幕府による活用として、江戸や蝦夷地に長崎からオランダ通詞が派遣されることとなる。

一方、松平定信の信任を得て長崎支配にあたった長崎奉行水野忠通は、配下の長崎奉行所内部での贈賄事件に巻き込まれ、職を辞することになった。水野の長崎支配強化策は、幕府内部でも議論があり、安永・天明期に長崎市中では人気のあった勘定奉行久世広民との間で大激論があったことが確認される[48]。松平―水野というラインは、「長崎の事、よくよく御考えなさる可く候、水野若狭（忠通）は、相応御用に相立ち申す可きや、察し奉り候、とにかく長崎は日本の病の一ツのうちにて御座候[49]」と考えるように、長崎支配の強化を大きな課題としていた。

このような水野を軸とした十八世紀末の長崎支配は、水野自身の失脚、ロシア接近による海防体制の見直しと長崎政策の転換によって大きく変更していった(50)。

おわりに

本章で示したことを簡単にまとめ、論じ切れなかった点を課題としたい。

(1)十八世紀の東アジア世界の安定的情勢を前提に、幕府の政策は、貿易制限、都市としての長崎支配を軸に展開する。基本的に貿易は縮小傾向にあるが、宝暦期になり、金銀逆輸入政策による安定的な貿易体制の志向が見られる。

(2)一方、沿岸警備体制は、抜荷対策へと軸を移していくことになり、九州の関係諸藩もそれに応じていく。しかし同時に幕府側の認識不足と藩側の長崎警備の縮小という長崎警備の質的空洞化を招く状態へと向かう。

(3)十八世紀後半の悪化する幕府の財政は、長崎への都市支配のあり方にも影響する。また同じく財政的に窮し、藩政改革ないしそれに近い政策を打ち出そうとした諸藩の利害と一致せず、諸藩も幕府に対して、異議を申し立てる局面が出てくる。

(4)本章では論じえなかったが、吉宗政権下での実学志向が、宝暦から天明期にかけて、長崎での学問情況や、通詞組織の語学の理解力にどのように影響を与えていくのか検証する必要があると考えられる。

(1) 木村直樹『幕藩制国家と東アジア世界』(吉川弘文館、二〇〇九年)。
(2) 藤田覚『近世後期政治史と対外関係』(東京大学出版会、二〇〇五年)。
(3) 荒野泰典『近世日本と東アジア』(東京大学出版会、一九八八年)。

(4) 紙幅の関係上、主要な論考のみをあげる。享保の打払については、松尾晋一「幕藩制国家における「唐人」「唐船」問題の推移―「宥和」政策から「強行」政策への転換過程とその論理―」『東アジアと日本』一(二〇〇四年)・山本英貴「唐船打ち払い体制の成立と展開」森安彦編『地域社会の展開と幕藩制支配』(名著出版、二〇〇五年)、洋学導入の前提となる漢訳洋書の輸入緩和、薬種の国産化や輸入馬の導入については、岩生成一『明治以前洋馬の輸入と繁殖』(吉川弘文館、一九八〇年)・大石学『享保改革と社会変容　日本の時代史』(吉川弘文館、二〇〇三年)・落合功「国益思想と池上幸豊」『日本歴史』六四一(二〇〇一年)、田沼政権による北方への視座については、辻善之助『田沼時代』(岩波文庫、一九八〇年)・中井信彦『転換期幕藩制の研究』(塙書房、一九七一年)・藤田覚『田沼意次』(ミネルヴァ書房、二〇〇七年)、長崎奉行と貿易政策や都市政策めぐる諸政策の実施については、若松正志「近世中期における貿易都市長崎の特質」『日本史研究』四一五(一九九七年)・鈴木康子『長崎奉行の研究』(思文閣出版、二〇〇七年)。

(5) 例えば『長崎実録大成』(長崎文献社、一九七三年、以下『長崎実録大成』)によれば毎年最低でも六〇隻前後、多い年だと一〇〇隻前後の唐船入港が確認される。

(6) 佐賀県立図書館寄託鍋島文庫(以下、鍋島文庫)二五二―七五「長崎御番方大概書抜」、「綱茂公御年譜」元禄十一年正月二十一日条(『佐賀県近世史料』第一編三巻)。

(7) 宮崎道生『新井白石』(吉川弘文館、一九八九年)。

(8) 『鹿児島県史料　旧記雑録追録二』二七〇〇号、宝永五年九月十三日長崎奉行永井直允・別所常治宛島津家家老島津久明他三名書状。以下『旧記雑録追録』。

(9) 今村英明訳『オランダ商館日誌と今村英生・今村明生』(ブックコム、二〇〇七年)各日条。

(10) 例えば、島原の乱の後のキリシタン禁制の中軸にあった大目付井上政重の記録「契利斯督記」『続々群書類従』一二巻(続群書類従完成会、一九七〇年)などには、宣教師は転バテレンとなるか、死刑に処されるかという事例が多く記されている。

(11) 太田勝也「宝永期における貿易政策の展開」『鎖国時代長崎貿易史の研究』(思文閣出版、一九九二年)。

(12) 内閣文庫一八一―〇一一三、太田勝也編『近世長崎・対外関係史料集』(思文閣出版、二〇〇七年)一九四～二二二頁。

(13) 東京大学史料編纂所編『新井白石日記　上・下』(岩波書店、一九五二・五三年)。

(14) 『崎陽群談』(近藤出版社、一九七四年)五二頁。

(15)前注(14)書、五三頁、および『寛政重修諸家譜』(続群書類従刊成会版)第一〇巻、二八四頁。
(16)前注(12)太田書、一九四頁、宝永七年四月一日付在長崎長崎奉行宛在府長崎奉行書状。
(17)『通航一覧』(清文堂復刻版、一九六七年)。以下、『通航一覧』と巻数を示す。
(18)前注(14)書、五三頁。
(19)年未詳(正徳年間)新井白石宛大岡清相書簡(栗田元次『新井白石の文治政治』石崎書店、一九五二年、所収)、原史料は原爆で消失したと推定される。
(20)鍋島文庫三二一―一三「正徳度御新例」。
(21)鍋島文庫「吉茂公御年譜」正徳五年三月三日条(『佐賀県近世史料』第一編四巻)。
(22)前注(14)書、三〇〜三三頁。
(23)中村質「正徳新例体制と長崎会所」同『近世長崎貿易史の研究』(吉川弘文館、一九八八年)。
(24)寛政二年長崎地下人宛趣意書、長崎歴史博物館所蔵渡辺文庫一四―二二二―一「天明六年御書付之写他」。
(25)前注(1)木村書、第二部第三章「寛政二年貿易半減令の再検討」。
(26)鍋島文庫「吉茂公御年譜」享保十二年四月条(『佐賀県近世史料』第一編四巻)。
(27)同右、享保十三年五月条。
(28)『新訂黒田家譜　宣政記』正徳五年二月条(文献出版、一九八二年、第三巻)。
(29)『新訂黒田家譜　継高記』延享四年年末条(文献出版、一九八二年、第四巻)。
(30)例えば、「明良帯録」には「国中(筆者註、佐渡)の公事訟の事に関る、又金山御用御益筋の事にも関る」とあり、一般的な地域の行政と、金山経営の両方の任務があったことがわかる(『改訂史籍集覧』第一一冊、臨川書店、一九八四年、巻五二、二八頁)。
(31)鍋島文庫「吉茂公御年譜」享保十四年九月二十六日条(『佐賀県近世史料』第一編四巻)。
(32)酒井家記録「御勝手向御用定」(大野瑞男編『江戸幕府財政史料集』上、吉川弘文館、二〇〇八年)。
(33)「華蛮交易明細記」(『長崎県史史料編』第四、一九六五年、三九八頁および三五九頁)。以下「華蛮交易明細記」。
(34)前注(4)鈴木書、第七章「松浦河内守失脚と用行組事件」。

(35) 川路聖謨「遊芸園随筆」(『日本随筆大成』第一期二三巻、吉川弘文館、一九九四年、一六九頁)、天保十二(一八四一)年五月九日条。
(36) 前注(4)中井書。
(37) 深井雅海『徳川将軍政治権力の研究』(吉川弘文館、一九九一年)二九二頁。
(38) 「天明八年　御勝手方覚書」四十六　長崎上納金之内銅取交上納相成候事、前注(32)下巻(二〇〇九年)。
(39) 前注(32)、一三七～一三八頁。
(40) 秋田県立秋田図書館『国典類抄』(一九八四年)第十九巻、後雑部、18金銀銅山。
(41) 鍋島文庫二五二―九三「長崎御番起原ヨリ之事跡」宝暦十三年十月二十八日条。
(42) 熊本大学寄託永青文庫一〇―二四―二二「長崎御番船之事・日田人御用之事」。
(43) 前注(38)。
(44) 鍋島文庫「泰国院様地取」天明七年七月十二日条(『佐賀県近世史料』第一編八巻)。
(45) 前注(42)。
(46) 前注(1)木村書、第二部第二章「天明期の長崎支配」。
(47) 同右、第二部第三章「寛政二年貿易半減令の再検討」。
(48) 「よしの冊子」(『随筆百花苑』中央公論社、一九八四年、第九巻、一二五頁)。
(49) 前注(4)辻書、二二八頁。
(50) 横山伊徳「十八―十九世紀転換期の日本と世界」歴史学研究会・日本史研究会編『日本史講座七　近世の解体』(東京大学出版会、二〇〇五年)、同「幕末対外関係史の前提について」『人民の歴史学』一六九(二〇〇六年)。

2章　信牌制度に関する基礎研究——信牌方とその職務を中心に

彭　浩

はじめに

一六八四年における清朝の海禁解除から十九世紀中期まで日中の間では、国家間の関係がないまま、両政府が公認する、唐船が長崎で貿易を行うという形の通商関係が、長期にわたり維持されていた。自国産銅の不足に直面した清政府は、銅銭鋳造の原料として毎年大量の日本産銅を輸入することを期待したが、日本側においては、入港唐船の激増による貿易秩序の乱れと銅の海外流出を懸念した幕府が、貿易制限の措置を次々と打ち出した。したがって、清政府の日本産銅への需要と幕府の貿易制限との対立が生じ、さらに十八世紀に至ると、この対立は日本産銅量の減少により激化し、それに伴い唐船の密貿易が頻発するようになった。銅流出の抑制と密貿易の防止に苦心した幕府は、試行錯誤を繰り返して、ようやく正徳新例の発布とともに、これ以後定式化した貿易管理の枠組み、つまり信牌制度を創出した。

信牌制度の主な原則は、信牌を持参しない商人との貿易は許可しないということであった。当該制度の実施はただちに、信牌を持つ商人の貿易独占を懸念した清政府の反発を引き起こした[1]（倭照事件・信牌紛争と呼ばれている）が、清政府は内部の議論を経て、結局のところ商人の信牌受領を認め、その後信牌制度に違背しない形で銅輸入のために信牌を積極的に利用していた[2]。信牌制度は、近世の日清通商関係の枠組みを規定する重要な役割を果していたと言っても過言ではない。

信牌制度の研究は主に、長崎貿易史の研究者により、新例研究の一環として進められてきた[3]。そこでは、新例の関連箇条および倭照事件の関連史料について内容紹介を行ったうえで、信牌制度の役割を論じるのが一般的である。また、新例実施直後の、信牌の配分実態、信牌機能の変化、信牌譲渡をめぐる商人関係などに関する考察もあった[4]。ところが、信牌の作成・発給・チェック・更新などの事務を、具体的に誰が担当していたのか、そしてどのように行われていたのか、などの問題が未だ解明されていない。これらの制度運営に関する基礎的事実を明らかにしない限り、信牌制度の機能を厳密に理解したことにはならないだろう。

新例の諸研究によれば、宝永期において新井白石が起草した長崎貿易の草案、いわば宝永新例では、幕府より「公験」を唐人へ発給する案を示しているが、幕府は、「公験」を受けた唐人が悪事を企てた場合は「公験」の威光がそこなわれるという長崎奉行大岡清相の主張を聞き入れ、結局のところ正徳新例では、唐通事から唐人への、新例の遵守を約束した証明書、いわば「私験」として信牌を位置づけた、とされている[5]。したがって、信牌が唐通事より発給されたものとされている以上、唐通事が信牌の関連事務を担当していたのは当然のように思われるであろう。

そして中村質氏は、信牌の発給を唐通事の平常業務としている[6]。一方、大庭脩氏は「信牌方記録[7]」という史料を整理したが、その解題では、信牌方がどのような役人だったのかについてほとんど言及していない[8]。また「信牌方記録」には、唐通事が信牌書記役に任命された記事もあった[9]。これらの指摘や記述から、唐通事が信牌事務の担当者だったという印象が与えられる。

はたして、実際に唐通事が信牌担当者と言えるのだろうか。長崎地役人の職務手引書である『長崎奉行所分類雑載[10]』（以下、『分類雑載』と略す）から、信牌発給の手続きや役人の職務分担などが分かる。しかし、信牌担当者の職務と人員構成がどのような経緯を経て定式化したのかは見当たらない。これについては、長崎歴史文化博物館所蔵「聖堂文庫[11]」に収められている多くの信牌方の関連史料が大いに参考になる。
以上の確認に基づき、本章は、「聖堂文庫」と『分類雑載』にある信牌関係の史料を中心に、信牌方の職務、および信牌の作成・発給・チェック・更新などの手続きを明らかにし、信牌制度の運営形態について検討する。

1 信牌の記載内容と機能

本節では、議論の前提として、先行研究の知見を踏まえつつ、漢文で書かれている信牌の記載内容を日本語に訳したうえで、信牌の機能について説明していく。

信牌の記載内容

新例の一部とされている「通事共より唐人江可相渡割符之条」（以下、「割符之条」と略す）によれば、信牌には、持参者が乗ってくる船の①入港の予定年、②出港地、③船数、④船ごとの積荷銀高、⑤信牌受領者の名前、⑥信牌の返上、⑦約条の趣旨、⑧発給の日付などを記し、そして⑨朱印を押すことを、幕府によって指示されている。この指示に従い、書物改役向井元成と唐通事彭城素軒らが次の「割符真文」、つまり信牌の見本を起草した。

〔史料1〕

信牌

長崎通商照票

長崎訳司某（「某」が八つある。ほかの七つを略す）、特奉鎮台憲命、為択商給牌貿易粛清法紀事。照得、爾等唐船通商本国者、歴有年所、絡繹不絶。但其来人混雑無稽、以致奸商故違禁例。今特限定各港船額。本年来販船隻内、該某港門

幾艘、毎船所帯貨物、限定估価約若干両、以通生理。所諭条款、取其船主某親供甘結在案。今合行給照、即与信牌一張、以為憑拠。進港之日、験明牌票、繳訖、即収船隻。其無憑者、即刻遣回。爾等唐商、務必僉加謹飭。倘有違犯条款者、再不給牌票、按例究治、決不軽貸、各宜慎之。須至牌者。

右票給港名船主某

正徳伍年参月　日給

訳司　限到　日繳

以下、「割符真文」を現代日本語に訳す。ちなみに、本来の意味を忠実に示すため、訳文では原文の固有名詞を出来る限り使用し、さらに原文にある「某」「何」「幾」などの、未定の内容を表す言葉を〔　〕で表示し、そして（　）をつけて注釈し［　］で補足説明を行う。

〔史料1〕の訳文

長崎唐通事〔　〕（それぞれの苗字）は、特に長崎奉行の命令に従い、商人を選び信牌を与え法を正す。察するところによると、あなたたちの唐船は、長期にわたりわが国と通商し、往来が絶えなく続いている。しかし、［日本に］様々な人が来て統制がとれないため、奸商は故意に禁令に背くようになる。今は、特に各港からの船額を制限する。本年度商売に来る船のうち、当該〔　〕港の〔　〕隻船のうち、船ごとの積荷の見積り銀高を約〔　〕両に制限して取引させる。［唐通事が商人へ］伝えた約条に対し、船主[12]〔　〕（名前）は自ら、すでに承諾書を提出している。今ここに証明書を発給すべし。すなわち信牌一枚を［この船主へ］証明書として与える。入港の日、牌票（信牌）を確認し、［その信牌を］納めれば、ただちに船を入港させる。証明書を持たない者は、即座に帰航させる。あなたたち唐商（中国商人）は、必ずやいっそう慎むべし。もし約条に違背する者がいれば、再び牌票を与えることはせず、法により処罰する。決して容赦してはならない。［中国商人は］それぞれこれを慎むべし。これによって信牌を発給する。

この「割符之条」では、「割符之条」に見える諸記載要項が反映されている。ところが、この「割符真文」には、捺印(=⑨)の場所および印文について言及がない。「信牌方記録」の「信牌ニ用候石印之事」によると、[13]「割符押切」(信牌の右上)・「銀額之所」・「訳司之下」三カ所には、それぞれ「永以為好」・「結信永遠」・「訳司会同之印」という朱印を押すべきとされている。

現在保存されている信牌の原本[14]と照らし合わせると、「割符真文」の内容は原本とほぼ一致する。ただし、ほとんどの信牌には、「割符真文」の「幾艘」(=③)に当たるところが「一艘」と書かれている。つまり、実際の場合、信牌一枚は唐船一艘の取引を意味している。

信牌の機能

では、なぜこれらの要項を信牌に記入することが必要とされたのか。これについて、新例に関する従来の研究を踏まえながら逐一説明する。

まず、新例は、唐船貿易の年間銀高を六〇〇〇貫目、さらに年間来航船の数を三〇隻に限定した。こうした全体の貿易定額と来航船数を確保するために、一枚の信牌によって認められる来航船数(=③)と、船ごとの取引高(=④)を定める必要があった。次に、出港地(=②)を記すのは、海外各地の特産品がそれぞれ日本の需要に応じて輸入されることを確保するためであった。さらに、原則的には、新例の遵守を承諾した者しか信牌を受け取る資格がない。新例が発布される前、年間入港唐船の隻数は三〇隻を大きく上回ったので、新例の遵守を承諾した者の人数も三〇人を超える可能性があった。したがって、毎年三〇隻の定数に即して、信牌受領者の入港予定年(=①)を決めることが必要とされた。また、信牌は来航者が新例の承諾者かどうか、つまり通商資格の有無をチェックするために利用されるので、来航時に日本側の役人へ提示し(=⑥)、チェックを受けるのが通常の手続きとして理解される。その他、信牌は証明書の性格を持つものとされたので、現今の証明書のように、当事者の名前（＝⑤）、約束の趣旨（＝⑦）、作成の日付（＝⑧）を書き込み、捺印する（＝⑨）のは当然のことであろう。

以上、信牌の記載に関連する史料を参照し、信牌の記載要項と、それぞれの要項に対応する機能を再確認した。一言でいえば、信牌は、新例の遵守を承諾した唐船商人への通商許可書である同時に、唐船貿易の規模を調整する役割を果たすことを期待されたものであった。

2　信牌方の職務と人員構成

冒頭で述べた如く、長崎歴史文化博物館所蔵「聖堂文庫」には、信牌関係の史料が多く見られる。ここでの聖堂とは、正保四（一六四七）年に儒医向井元升が創建した長崎聖堂である。そして元升は寛永十六（一六三九）年、唐船舶載書籍の検閲・選定を行う書物改役を、幕府から任命され、二代目の元成から、向井家の当主は代々聖堂の祭主と書物改役を務めていた。元成以後の向井家歴代当主およびそれぞれの家督相続年は次の通りである。(15)

元成（延宝八年）→文平（享保十一年）→元仲（享保十二年）→外記（明和二年）→元仲（寛政八年）→雅次郎（文政十年）→鷹之助（安政四年）。

では、向井家がどのように信牌関係の諸事務に関わっていたのか。これについて、本節では詳しく考察していく。

信牌方の任命経緯

次の史料は、息子の文平が若年で、複雑な事務を処理する信牌方に適任でない、という元成からの願いを示している覚書（三カ条）の第一条である。(16)この覚書の宛先と作成年については書かれていない。「聖堂文庫」に所収されている、元成が提出した養子関係と相続関係の願書がいずれも町年寄、後の長崎代官高木作右衛門宛のものという点から考えると、元成のこの願いも、高木作右衛門へ出された可能性が高い。そして作成年は、元成から文平までの家督相続がなされた享保十一（一七二六）年前後と考えられる。[17]

〔史料2〕

口上之覚

一、信牌船割・年割等之儀者、急度私御役儀ニ被仰付候儀ニ而も無御座候、最初備前守様唐船年割・港割等御定被遊候信牌相認候事、私ニ被仰付、書記役弐人御付被下候、其翌年土佐守様初御在勤之節、唐山ニ而信牌之事六ケ敷御座候而、唐船或未進或信牌無之船参、前後混雑仕、御定之通ニも入津不仕候ニ付、年割・港割等之儀、私ニ御尋ニ付、委細書付指上申候、其以後も御奉行様者一年替ニ御在勤ニ付、前年より段々之儀御尋ニ付、書付差上候而、自ら私役儀之様ニ罷成候事、（中略）

十月　向井元成

これによれば、元成はまず、港別・年別の船数割などを含む信牌関係の事務が自分の職掌として幕府から命じられたことがないと強調し、次に信牌担当の経緯を述べた。すなわち、当初、長崎奉行大岡備前守清相は、唐船の年割・港割などが定められた信牌を作成するよう元成に命じ、そして書記役二人を付け加えた。その翌年、奉行石河土佐守政郷が在勤した折には、中国では信牌の利用に問題が生じたため、唐船が欠航したり信牌を持たない船が渡航したりして、既定の来航順は乱れてしまった。奉行石河から唐船の年割・港割などについて尋ねられ、元成は詳しく答申書を提出した。それ以後奉行は、毎年交替するたびに、前年度の状況について元成に諮問し、元成はこれに応じて答申した。このように、信牌関係の事務は、いつの間にか元成の職務の一部となった。

ここで指摘されている中国における信牌利用の問題とは、冒頭で述べた倭照事件を指していると考えられる。この時期において多くの商人の信牌が政府に没収され、一部の商人は信牌を持たずに長崎へ来航し取引を拒否された。これにより、唐船貿易の秩序が混乱に陥った。これに対し幕府は、新規信牌の発行によって信牌制度の維持に努め、さらに倭照事件落着後、信牌更新の際に入港予定年と出港地の調整を行い、貿易秩序の回復を実現した。詳しくは別の論文で述べるが、ここで指摘したいのは、倭照事件による信牌制度存続の危機を克服することに特に尽力したのがこの元成であったことである。元成は、信牌発布時に信牌作成の業務を奉行から一度依頼されていたが、正式に任命されていなかった。その後、頻繁に奉行からの信牌関係の諮問に答申していく中、事実上の信牌担当者になっていったのである。

また〔史料2〕で省略した第三条によると、奉行大岡は「通事方ニ者曾テ少ニ而も拘らせ申間敷由」と指示している。そして、二人の稽古通事が信牌書記役に任命された時、通事の職務を免じられ、通事方とは別途に役料が支払われることとなった。このことから、信牌担当と唐通事とを、別な職掌としようとする長崎奉行の意図がうかがえる。では、なぜ唐通事が信牌担当から外されたのか。享保十九(一七三四)年に出されたと考えられる、信牌方元仲の後見役田辺八右衛門への達しでは、唐人が信牌の記載項目を変更するよう願った場合、特に「通事共内証を以相頼候趣等有之、贔屓を以訳難相立」ならば、それを奉行用人へ伝えることが命じられた[18]。唐通事はそもそも、来日中国人の子孫であり、中国商人と親しく、そして常に商人と接触する立場にあったため、商人の利益に関わる仕事を公正に履行し難いと、幕府から懸念されたのではないか。

信牌方の職務

〔史料2〕の覚書に見られる願いが認められなかったためか、あるいは返事を受けなかったためか、元成は同月に、再び願い出ている。この願いを記している覚書[19](四カ条)の第二条と第三条は、信牌関係の事務と関係があるので、次に取り上げる。

〔史料3〕

一、信牌之儀、何番船船主、何港門、何年之信牌、相認指出候様ニ被仰付候儀者、無相違相認、朱印押候而、指上候儀、随分相勤可申候、

一、何番船之船主者、何之港門、何之年之入津之船割ニ候哉、又者御定高之内ニ而、一年切之港替、被仰付候儀、何之港ニ而定数ニ合申候哉、又者定数之外ニ而、臨時ニ被仰付候類振替等之船割之儀者、文平若輩者之儀ニ御座候得者、間違御座候半かと、無覚束奉存候、

この史料から、元成が担当していた信牌関係の事務がうかがえる。まず第二条から見れば、その事務は、船主の名前・港名・入港の予定年などの記載要項を書き込んで信牌を作成し、さらに朱印を押して提出することであった。

第三条では、信牌の作成にはいくつかの取り扱いにくい問題があることを指摘している。すなわち、①何番船の船主が、どの港から出航してどの年に入港する船割にさせるのか、②定高を前提に、一年だけ出港地を変更するよう命じられた場合、船の出港地をどのように調整して船の定数に符合させるのか、③船の定数以外に、臨時に変更することを指示された場合、どのように取り替えて船割を調整するのか。これらの問題を、文平のような若者が間違えて処理してしまうことが心配されると、元成は述べている。

以上見てきたように、元成は、定められた年数と港割に照らして、信牌を作成し朱印を押すなどの信牌関係の事務を担当していたのである。

信牌方の人員構成

前に述べたように、新例発布の際に、通事方より選ばれた二人の書記役が付け加えられたが、享保四年二月に通事方出身の書記役はともに元職に復職された[20]。その時に何か変革があったように見える。その詳細は分からないが、次の史料か[21]

ら、後の信牌方の人員構成がうかがえる。

〔史料4〕

奉願口上書

一、信牌［掛］（抹消）方諸御用向之儀者、代々私方江被仰付候ニ付、信牌掛り加役之儀も、私より願立、当時右加役、田辺啓右衛門江被仰付置候、然ル処、同人壱人ニ而者、若病気・故障等御座候而、御用向御欠缺ニ相成候節ハ、恐入之儀ニ奉存候間、前々被仰付候信牌掛り助、此節河本紀十郎へ願立候旨、啓右衛門為心得相達候処、右者書記役一手ニ相勤申度旨申聞候得共、元来右加役之義ハ、書記役・書物改手伝之内より相勤之筋合申諭候得共、同人儀不相弁罷出候ニ付、右助勤之儀者、可然相応之者改方之内より当節御目鑑を以被仰付度奉願候、以上、

文化十一年甲戌八月

向井元仲　印

御代官所

〔史料4〕の内容を要約すると、以下のようになる。信牌方の関連事務は、代々幕府から向井家へ委任されている。信牌掛加役も、元仲の願いにより、田辺啓右衛門に命じられている。しかし、啓右衛門一人だけで担当する場合、病気や事故があると職務に支障が生じる。そのため元仲は、かねて言われた信牌掛助のことを、この度河本紀十郎に願いたいという旨を啓右衛門へ伝えた。啓右衛門は書記役独自でこの職務を勤めたい意思を示した。もともと信牌掛加役は、書記役・書物改手伝役が務めるはずであることを説明したが、啓右衛門は承知しなかった。そのため、信牌掛助の件については、代官が書物改方から適任者を選定するよう、元仲は願っている。

ここでの信牌掛加役は信牌掛助と同じで、信牌方の補佐役に相当すると考えられる。元仲の主張から考えると、書記役と書物改手伝役が信牌掛加役を担当するのは、幕府の指示であった。向井家が幕府から正式に任命された職務は書物改役であり、そして書物改役の配下には、書記役三人（田辺・村岡・野間）と書物改手伝役四人（小原・副島・河本・那須）がい

た。これを含めて考えると、信牌方の主任担当者は書物改役向井氏であり、書記役と書物改手伝役から選ばれた二、三人はその補佐を務めていたのである。

ちなみに、信牌方は、史料上では信牌掛・信牌割方とも呼ばれおり、正規の職名でないように見える。時には向井氏本人、時にはその補佐役、時には両者を指していると考えられる。以下、混乱を避けるため、呼び方を統一し、向井氏を信牌方と称し、信牌掛加役や信牌掛助などを信牌方加役と称す。

信牌方加役の職務

さて、信牌方加役の勤務内容については、次の史料が参考になる。この史料は、書物改手伝役が記した「勤方書之覚[22]」の第一三条と第一四条である。

〔史料5〕

一、信牌掛り加役被仰付候者ハ、唐船入津之節、向井鷹之助同様御役所ニ罷出、持来之信牌・配銅証文・約定等之儀、相違無之哉相改、且又唐船出帆之節者、前広其船之港・船主名前・支干等之儀御伺申上候、信牌支度仕、出帆当日於御役所割印仕候事、

一、信牌掛り之者、兼而長崎志書継方相勤候ニ付、月々諸向江問合、御記録江書載仕候事、

この二条は、書物改手伝役が信牌方加役に任命される場合の職務を示している。すなわち、唐船入港の際に、向井氏と同様に奉行所へ出勤し、唐船商人が持参してきた信牌・配銅証文[23]・約定[24]などの食い違いの有無をチェックし、唐船出港の際に、予め船の港・船主の名前・支干（入港予定年）などについて奉行所に伺い、信牌を作成し、また出港する日に、奉行所で信牌に割印を押すという職務を担当するようになる。さらに、信牌方加役は、かねてより「長崎志」を継続して編纂する事務を務めているので、毎月諸役所に照会して「長崎志」に記録を行う。

ちなみに、「長崎志」は後の『長崎実録大成』であり、田辺茂啓（通称八右衛門）が明和元（一七六四）年に編纂を遂げ長崎奉行に進呈した、長崎貿易の出来事を簡略に記録する史料集であった。明和五年に小原克紹（小原勘八）、文政四（一八二一）年に村岡東吉郎が、信牌方加役に命じられた際、いずれも「長崎志」の編纂を続けることを奉行から指示された。(25)

総じて言えば、信牌関係の事務は主に、書物改役向井氏が兼任する信牌方と、同書記役・書物改手伝役から選ばれた信牌方加役によって担当されていた。

3　信牌事務のプロセス

〔史料5〕に見られるように、信牌の記載について信牌方から奉行への伺いが必要とされた。では、信牌方はどのような形で奉行へ伺っていたのか。また、唐船の入港から出港までの間、信牌はどのような手順を踏まえてチェック・更新・発給がなされたのか。これについて、以下に実例を引いて見てみよう。

奉行所への伺い

信牌更新の際には、中国商人から名義人変更や出港地変更などの願いが出される場合も少なくない。こうした願いが奉行所に認められると、信牌方は、まず草案を作成し、さらに用人を通じて奉行に伺書を提出し、後は奉行の決定を待つ。では、具体的な事例を踏まえて伺書の形を見てみよう。次の史料は、信牌方向井雅次郎らから奉行所への伺書である。(26)日付は「午九月」とある。中村氏が整理した「日本来航唐船一覧」によれば、次の史料に出てきた王雲帆・沈晋伯・沈萍香は、それぞれ弘化三（一八四六、丙午）年に来航した一番・二番・三番の船主だった。(27)この点から、当該史料の作成年は弘化三年であることが推定される。

〔史料6〕

信牌割窺書

一、南京庚子牌　［午壱番船牌主］　范継宗、

右者午壱番船主王雲帆出帆之節、御渡ニ相成候信牌、

南京辛丑牌　［同二番船牌主］　程益凡、

右者午弐番船主沈晋伯出帆之節、御渡ニ相成候信牌、

寧波辛丑牌　［同三番船牌主］　沈万珍、

右者午三番船主沈萍香出帆之節、御渡ニ相成候信牌、

右之通支度可仕候哉奉窺候、尤此度ニ而、去ル子年入津当り前信牌拾枚御渡数相揃、去丑年入津当り前信牌弐枚御渡始ニ相成申候、以上、

午九月

向井雅次郎　印

田辺啓右衛門　印

村岡東吉郎　印

この史料によれば、午年一番船の船主王雲帆へ、名義人が范継宗、出港地が南京、入港予定年が「庚子」（天保十一、一八四〇）年である信牌を渡し、同二番船の船主沈晋伯へ、名義人が程益凡、出港地が南京、入港予定年が「辛丑」（天保十二）年の信牌を渡し、さらに同三番船の船主沈萍香へ、名義人が沈万珍、出港地が寧波、入港年が「辛丑」年の信牌を渡す、という信牌発行の案を作成し、これに対する奉行の意見を伺っている。また、このようにすれば、「庚子」年に当たる信牌一〇枚が揃い、「辛丑」年に当たる信牌も出始めるようになると奉行へ報告した。

寛政期から、幕府は、唐船の年間来航定数を一〇隻にした。信牌方はこの定数を念頭に信牌発行の案を作成したと考え

られる。そして、天保期以後、とくにアヘン戦争の影響により、来航船数が指定された一〇隻に満たない年度が続いた。これを背景に、来航予定年が発行年より前の信牌が発行されるようになった。弘化三年に、来航予定年を天保十一年と同十二年とする信牌の発行が提案された背景に、こうした事情が存在したものと考えられる。

信牌事務のプロセス

『分類雑載』には、唐船入港と出港の手続きに関する記録がある。まず「唐船入津之御注進有之候節之事[28]」によれば、唐船入港の注進が奉行所に届くと、奉行の用人は、翌日に信牌チェックのための打ち合わせとして、例の通り出勤するよう、向井元仲へ伝える。そして翌日、唐船入港後、奉行所から派遣された検使が、唐通事などの役人を率いて唐船から信牌を受け取る。さらに、「信牌卸シ之事[29]」によると、検使は信牌および荷物帳を奉行へ提出する。奉行が目を通した後、用人は信牌と配銅証文を御用部屋で元仲へ渡す。さらに、元仲は信牌方書記役に手伝ってもらい、信牌と配銅証文を割符帳と突き合わせたり書き入れたりする。そして「聖堂文庫」に収録されている、向井家の職務日記である「閑斎日乗」には、用人の呼び出しに応じて奉行所へ信牌の検査に行く記事が多く記されている。つまり、信牌方にとっては、唐船入港後の信牌チェックは慣例的な仕事であった。

続いて、唐船出港の際における信牌関係の事務を整理してみる。その第一歩は「信牌用意之事[30]」である。すなわち、唐船を出帆状態に用意してさらにその出発情報を諸藩の聞役などに伝えた後、信牌方向井元仲より、近いうち船が出帆するので、信牌を用意する必要があるという旨の伺書を奉行所へ提出する。奉行は聞き入れたうえで、例の通り用意すべきと、用人を通じて元仲へ指示する。さらに「出帆前日之事[31]」によれば、唐船出港の前日、元仲は書記役とともに、出港予定船の隻数に応じる枚数の信牌と、割符帳の下書きを用人へ提出する。同時に、年番通事は年行司を遣わして、出船隻数に応じる枚数の配銅証文と、その日本語訳文と、翌日出勤する大小通事の名前書一通を用人へ提出する。用人は元仲と、翌日唐船の出港時刻について相談する。

次に、「出帆当日幷信牌受領之事」[32]という部分を取り上げよう。

〔史料7〕

一、向井元仲幷書記役罷出、昨日差上置候信牌相下ケ呉候様、御用人江申上ル、被仰上御渡、同人共御用場江持参、取調之上、御用部屋江差出、尤年番通事より差出候配銅証文、一同向井元仲江被為取調子候事、

但、通事名前書兼而差出候ニ付、御用部屋ニ而割符帳江御認置、日付者当日御認入之事、

一、右相済候上、御前江被仰上、於書院信牌江割符印取調有之、御次之間江元仲幷書記役罷出、此時御用人御壱人、右信牌・配銅証文・割符帳小広蓋江御載セ御持参、御先立上之間江御着座之上、御壱人之御用人御印箱幷鍵御持添御出、錠前御明ケ箱共書記役江御渡、調印相済、元仲より御用人江差出、御用人より被入御覧候上、元仲江御渡、同人取揃、広蓋江元之通載セ差出、御用人御請取、御先立被成候而御引、

一、出帆当日信牌為領受、船主共御役所江罷出候、途中御役所付、其外例之役々付添罷越、唐人者御用場江扣居候事、

一、右唐人共罷出候段、御広間御当番より御前江被仰上、唐人御白州莚之上下座敷江差出置、其外唐年番通事・目付・大小・並・末席一同落椽ニ並ひ、年番町年寄まいら戸際ニ罷出、入側柱之際に左右ニ御用人御居り、尤御先立之御用人者、信牌載せ広蓋御持参、御前御着座候得者、唐人姓名大通事名披露いたし候上、御直ニ被仰渡、通事御請答申上候事、

其方共儀、無滞商売遂候ニ付、渡来之割符与之、帰帆申付候、弥日本之国法を相守、積荷物入念年限無遅滞可令再渡もの也、

右之趣被仰渡候得者、直ニ大通事通弁ニ而申渡、御請申上候ニ付、信牌幷配銅証文、御用人より右二通共広蓋ニ載セ候侭、通事江御渡候得者、船主江相渡、直載セ唐人読候而、其上御請申上相済、御前御入（中略）、

右相済、御用人信牌之割符帳御広間江御持出シ、唐通事同所拭板江罷出致印形、
但唐通事名前書は、前日年行司を以御用部屋江差出ス、

この史料はやや長文なので、次のようにその大意をまとめてみる。

①元仲と書記役は奉行所に赴き、前日奉行へ提出した信牌を用人から渡され、御用場でこれらの信牌と、年番通事が用意した配銅証文を取り調べたうえで御用部屋へ出す。ただし、すでに出された通事名前書に照らして割符帳へ通事の名前を書き込む。②元仲と書記役は書院の次の間で、用人の一人から広蓋に載せられた信牌・配銅証文・割符帳を受け、もう一人の用人から印鑑を受け、これで三つの書類に捺印し、さらにこれらの書類と印鑑を、それぞれ持ってきた用人へ返す。③信牌を受ける予定の唐船商人たちは、奉行所に赴いて御用場で控える。④奉行の命令に応じて、白州に入り着席する。そして年番町年寄と唐通事などの役人も列席する。用人は先に捺印された信牌を持参し、奉行も着席する。大通事は商人たちの名前を披露し、さらに奉行は唐通事を通じて、日本の国法を守り予定通り渡航するよう商人たちへ言い渡す。⑤商人たちは、用人より唐通事を通じて信牌と配銅証文を受け取り、ただちに信牌を読んだうえで承諾する。⑥その後、用人は割符帳を広間へ持ち出し、そこで唐通事は割符帳に捺印する。

こうした手順を簡潔に示した記事は、「閑斎日乗」にも散見される。信牌方はもちろん、唐通事・町年寄、ひいては奉行にとっても、信牌の発行は、厳粛に執り行うべき儀式的な性格の職務であった。先に指摘した通り、信牌は、唐人へ伝える法令の遵守を唐船商人が唐通事へ約諾した証明書として認識されていた。しかし、ここで検討した信牌発行の手続きが示している通り、実際には奉行所を通じて発行される公的文書としての性格を持っていたと考えられるのである。

おわりに

本章は、本職が書物改役の向井氏が、正徳新例以後代々信牌方として、最初は通事方から転任した信牌書記役と、後は配下の書記役と書物改手伝役から選ばれた信牌方加役とともに、信牌の作成・チェック・更新・発行などの一連の事務を担当していたことを明らかにした。以下、この結論を得たうえで、信牌制度に関する議論を敷衍しつつ、今後の課題を提示する。

まず、注目したいのは信牌の性格である。冒頭で述べたように、新例では、幕府が発行したもの、いわば「公験」でなく、唐人が通事との談合のうえで通事より与えられたもの、いわば「私験」として、信牌を位置づけている。そして中国で倭照事件が起こった時、幕府は、信牌の性格が「私験」である点を強調した(33)。ところが、本文で論じてきたように、信牌に通事の苗字を書いて「訳司会同之印」を押すことが幕府より指示されたが、実際のところ、唐通事は信牌授受の際の通訳だけを務め、信牌担当から外されていた。その代わりに、信牌方向井氏とその補佐役が、信牌の作成・チェック・更新・発行などの一連の事務において、中心的な役割を果たしていた。そして、信牌の発給が奉行所で奉行および諸役人の前で行われたという点を含めて考えると、信牌は、建前は「私験」と扱われているにもかかわらず、実質は公的文書としての性格を有していたと考えられる。

次に、信牌制度の機能について少し考えたい。主に第1節で述べたように、信牌の機能は主に、①通商許可証として唐船商人の貿易資格の有無をチェックすることと、②年間入港船数・年間貿易額・輸入品の種類などをコントロールすることである。そのため、信牌には、入港予定年・出港地・貿易額などの未定の記載要項を斟酌して書き込む必要があった。本文で見てきた通り、信牌方は信牌作成の事務を担当しており、特に初代信牌方向井元成は、倭照事件発生の際、信牌制度の存続に重要な役割を果たしていた。一方、信牌方はあくまで信牌の起草者に過ぎず、信牌の効力発生には長崎奉行の判断が決定的だった。また、本章で確認できていないものの、信牌作成のため、信牌方が町年寄や長崎会所の諸役人と頻繁に情報交換・意見交換を行うことも不可欠だったと推測される。

一方、信牌制度実施後、その機能に影響を与える要素もいくつか現われた。その一つは、定高外の取引増加である。すなわち、中村氏が指摘したように、信牌に記入してある貿易高により、信牌商人と取引するという規定が、定高外の取引増加につれて形骸化した(34)。もう一つは、十八世紀半ば頃における、東南アジア諸国から来航する唐船の減少・断絶と、中国における対日貿易の独占組織(35)の成立である。これにより、唐船の出港地は次第に浙江省の乍浦一港に集中し、その結果港割を指定する意義はほとんどなくなった。その他、国内産銅の減少に伴い、幕府は年間入港唐船の隻数を減らす一方だった。したがって、信牌方の職務は単純化し、その仕事量も減少したと考えられる。

また、冒頭で述べたように、清政府は信牌を積極的に利用していた。なぜ清政府も信牌を利用できたのか。それは、新例には信牌が譲渡可能であるという規定があった(36)ためである。すなわち、名義人以外の商人が信牌を持参した場合も、信牌で約束された項目さえ守るならば、その取引は許される。ところが、「信牌方記録」を見ると、享保期において信牌所有権をめぐる商人間の紛争が多かった。信牌の持参者が名義人と異なる場合は、信牌譲渡や代理関係などを証明する必要があったのか、幕府はどのような基準で信牌の所有権をめぐる訴訟に判決を下したのか、そしてその中で信牌方はどのような役割を果たしていたのか。これらの問題点は、今後の課題としたい。

(1) 新例発布以後、信牌を受けていない一部の中国商人は、信牌に日本年号が書かれていることと、信牌を持つ商人の貿易独占を役所へ訴えた。これにより、清政府は信牌を持っている商人から信牌を取り上げ、そして商人の信牌受領の可否をめぐる論争を起こした。この事件は最終的には康熙帝の裁決で落着し、取り上げられた信牌は元の持主たちに返還された。詳しくは、松浦章

「康熙帝と正徳新例」箭内健次編『鎖国日本と国際交流』(吉川弘文館、一九八八年)を参照。

(2) 拙稿「長崎貿易における信牌制度と清朝の対応」『東方学』一一九輯(二〇一〇年)。

(3) 矢野仁一『長崎市史・通交貿易編東洋諸国部』(清文堂、一九六七年)三三〇~三三五、三八二~三八七、五三五~五四七頁、山脇悌二郎『長崎の唐人貿易』(吉川弘文館、一九六四年)一四五~一四七頁、菊地義美「正徳新例における信牌制度の実態」『日本歴史』一八五号(一九六三年)、中村質「正徳新例体制と長崎会所」同『近世長崎貿易史の研究』(吉川弘文館、一九八八年)三三七~三四六頁、太田勝也『鎖国時代長崎貿易史の研究』(思文閣出版、一九九二年)四五四~六二八頁。

(4) 佐伯富「康熙雍正時代における日清貿易」東洋史研究会編『雍正時代の研究』(同朋舎出版、一九八六年)、前注(3)菊地論文、大庭脩「享保時代の来航唐人の研究」同編『唐船進港回棹録・島原本唐人風説書・割符留帳』(関西大学東西学術研究所、一九七四年)、中村質「東アジアと鎖国日本—唐船貿易を中心に—」加藤栄一・北島万次・深谷克己編『幕藩制国家と異域・異国』(校倉書房、一九八九年)三五八~三六六頁。

(5) 前注(3)菊地論文、前注(3)太田書。

(6) 中村質「近世日本の華僑—鎖国と華僑社会の変容—」福岡ユネスコ協会編『外来文化と九州』(平凡社、一九七三年)二二一~二二三頁。

(7) 「信牌方記録」大庭脩編『享保時代の日中関係資料』(関西大学東西学術研究所、一九八六年)。「信牌方記録」は、正徳四年から享保十一年までの信牌に関わる事件を載せている。

(8) 前注(7)大庭書。

(9) 前注(7)史料、一三頁。

(10) 『長崎奉行所分類雑載』(長崎県立図書館、二〇〇五年)。

(11) 長崎歴史文化博物館所蔵「聖堂文庫」(長崎市立博物館旧蔵、以下原蔵番号で掲示)。「聖堂文庫」の史料は主に、長崎聖堂と書物改役の関連事務を中心とする向井家の文書である。なお、「聖堂文庫」に関する書としては、薮田貫・若木太一編『長崎聖堂祭酒日記』(関西大学出版部、二〇一〇年)が最近出版された。同書掲載の吉川潤「長崎聖堂と長崎奉行所」と薮田貫「聖堂と奉行・学校と奉行~長崎と大坂の比較」が、向井氏による信牌関連の業務について少し触れているが、当該制度の成立状況、担当者の人員構成、信牌発行の儀式についてはほとんど言及していない。

(12) 船主は、船頭とも言い、船の最高責任者。詳しくは、松浦章「清代対日貿易船の経営構造」同『清代海外貿易史の研究』(朋友書店、二〇〇二年)を参照。
(13) 前注(7)史料、一三頁。
(14) 長崎歴史文化博物館や東京大学史料編纂所などに、信牌の原本が数枚保存されている。
(15) 安政三年三月向井雅次郎が作成した向井家由緒(「聖堂文庫」二一〇—四七)と、慶応三年七月に作成された向井鷹之助扶持に関する覚書(同二八〇—二六)により整理。
(16) 「聖堂文庫」六六〇—七三二。
(17) 「聖堂文庫」二一〇—二八。
(18) 「聖堂文庫」六六〇—七二九。日付は「寅八月」としか書いてない。達しには「元仲年若候付」とある。元仲は享保十二年に向井家の当主を継いだ。この時に最も近い寅年は享保十九年(甲寅)である(この時、元仲は二十二歳である)。
(19) 「聖堂文庫」六六〇—七三二。
(20) 前注(7)史料、三九頁。
(21) 「聖堂文庫」六六〇—七三一。
(22) 「聖堂文庫」三七〇—一八。
(23) 「聖堂文庫」にある「配銅帳」などを考えると、配銅証文は、唐船側が長崎で、幕府の銅輸出量に関する規定を遵守することを約束した証明書だったと考えられる。「長崎志」寛延二(一七四九)年条によれば、幕府は、入港唐船の数を年間一五隻に定めた一方、船主に配銅証文を提出させることを命じた(『長崎実録大成正編』長崎文献社、一九七三年、二七四頁)。管見の限り、これは配銅証文に関する最初の規定であった。
(24) 約定については未だ確認できていない。ところが、明和七年に来航した一一番唐船の船主の口述に関する記録によれば、この船は信牌を持たず、「積荷物御約定御手印書」だけを持参したという(「聖堂文庫」六六〇—三五)。このことからすれば、〔史料5〕での「約定」は、この「積荷物御約定御手印書」、つまり積荷の種類や数量などに関する幕府の規定を守ることを、手印を押して承諾した書類だった可能性がある。
(25) 「聖堂文庫」二八〇—五五。「閑斎日乗」文政四年三月十四日条(「聖堂文庫」二一〇—一一)。

(26)「聖堂文庫」六六〇―七三三。その他、「元仲日記」にも、享保二十年と思われる信牌窺書の覚がある（前注(11)藪田・若木編書、一六～一七頁）。
(27) 中村質「日本来航唐船一覧　明和元～文久元（一七六四～一八六一）年」『九州文化史研究所紀要』四一号（一九九七年）一四四頁。
(28)『分類雑載』一三五～一三六頁。
(29) 同右、一三六～一三七頁。
(30) 同右、一四八頁。
(31) 同右、一五〇～一五三頁。
(32) 同右、一五三～一五四頁。
(33) 前注(3)菊地論文、九一頁。
(34) 前注(4)中村論文、三五八～三六六頁。
(35) この独占貿易組織は、官商と額商（民商）十二家と呼ばれている。「十二家」は民商の貿易組織の通称であった。必ずしも一二家とは限らない。松浦章「長崎貿易における在唐荷主について」前注(12)松浦書と劉序楓「清日貿易の洋銅商について―乾隆～咸豊期の官商・民商を中心に―」『九州大学東洋史論集』一五号（一九八六年）を参照。
(36)「通事共唐人の約条草案」の第五条にあたる。前注(7)史料、一〇四～一〇七頁。

3章　幕府蝦夷地政策の転換とクナシリ・メナシ事件

藤田　覚

はじめに

本章の目的は、江戸幕府の十八世紀における蝦夷地政策の変化・転換にとって、クナシリ・メナシ事件がどのような歴史的意義を持ったのかを考察することである。江戸幕府の蝦夷地とアイヌの位置づけがどのように変化、変遷したのかを、クナシリ・メナシのアイヌ蜂起事件の前後、すなわち天明期の田沼時代から寛政期までのあいだにおける江戸幕府内部の議論と政策のなかに検討し、それを通してこの事件が持った歴史的な意義を考える。寛政元（一七八九）年五月に起こった東蝦夷地クナシリ・メナシ地方のアイヌの蜂起は、アイヌの最後の武力蜂起事件となった。和人七一名がアイヌにより殺害され、アイヌ三七名が松前藩により処刑された。この事件の背景あるいは原因については、いくつもの研究がある(1)。また、この事件で松前藩に「味方」したアイヌ一二名を画いた、蠣崎（松前）波響「夷酋列像」は著名であり、とくに美術史からの研究が蓄積されてきた(2)。

しかし、この事件が十八世紀末の江戸幕府の蝦夷地政策の変化・転換と具体的にどのように関わったのかは、かならずしも明らかではない。当時の江戸幕府の中枢にいた人びとの事件認識と、それにともなう蝦夷地観・アイヌ観・ロシア観のありよう、さらにそれ基づいて行われた政策論議を通して、江戸幕府の蝦夷地政策と事件との具体的な関わりを明らかにしたい。

1　田沼時代の蝦夷地政策の意義

江戸幕府の蝦夷地政策は、田沼時代の天明期に活発化する。その前提には、蝦夷地の経済的な価値の高まりがある。国民的衣料となった木綿の原料となる上方地方の綿作など、商品作物栽培に必要な肥料となる魚肥の供給地という国内商品生産の面、中国向け長崎貿易の輸出品であった銀と銅の代替品である俵物の供給地という、江戸時代の貿易と外交を支える面、それに魚・昆布などの国内の食料や嗜好品の供給地という面からである。蝦夷地は、江戸時代中後期の日本の食料、商品生産、貿易・外交にとって重要な地位を占めるに至ったのである。

十八世紀後半になると、蝦夷地に連なる千島列島に、「赤人」と呼ばれた異国人の渡来が伝えられ、日本商人と密かに交易を行っていると噂されるようになった。この「赤人」とは何者なのかを明らかにしたのが、天明三（一七八三）年に成立した工藤平助の『赤蝦夷風説考』（「加模西葛杜加国風説考」）であった。平助は、「赤人」とはロシア人であり、これまで「モスコービア」などと呼んでいた国がロシアであることを「発見」したのである(3)。「ゑぞをとりまきてカラフトの末、西北より東に及て皆ヲロシヤの境地なり、おそるへしおそるへし」「如此の記事を見れは、破竹の勢と見へたり、可恐」（『赤蝦夷風説考』）と書き、世界の大国ロシアが蝦夷地で境を接する日本の隣国になっている事実と、破竹の勢いでその領域を拡張していることを認識し、恐るべき事態であることを警告した。

恐るべき事態とは、「此まゝ打すておきて、カムサスカの者共蝦夷地と一所になれ者、蝦夷もロシアの下知に附従ふ故、もはや我国の支配ハうけまし、然ル上者悔てかへらぬ事也」（同前）、このまま放置するならば、アイヌはロシアの支配を受け入れ、日本の支配を受け付けなくなる事態である。すなわち、蝦夷地はロシア領となり、日本は蝦夷地を喪失することになる。その対策として平助は、蝦夷地の鉱山を開発し、産出する金銀によってロシアと交易し、日本の富国をはかるという策を提起した。これを目にした老中田沼意次は、幕府の政策として採用し、勘定奉行松本秀持が具体化をはかった。それが天明五年に派遣された蝦夷地調査団であり、蝦夷地の金銀鉱山と、密かに行われていると噂されたロシア交易の実態、およびロシア人の蝦夷地進出の現状について調査した。その結果、金銀鉱山は発見できず、ロシアとの密貿易もアイヌを介した小規模なものであることが判明し、結局、ロシア交易は放棄され、大規模な新田開発計画が立案された。アイヌの位置づけは鉱山開発構想の時点では不明であったが、新田開発計画の時点になると、開発と農業の労働力として位置づけられた。なお、開発のための労働力はアイヌだけでは不足と判断されたため、和人、とくに弾左衛門配下の者の蝦夷地移住が提起された。アイヌは、交易の対象から新田開発の労働力、そして農業労働力に転換すると想定される。新田開発のための調査団が、天明六年に再度派遣された。蝦夷地の金銀鉱山を開発し、それでロシアと貿易して利益をあげようとする構想、政策は、かなり危うい内実の政策すら実施して幕府利益（国益）を追求した田沼時代の経済政策そのものであった(4)。

この田沼時代の政策で重要な点は、蝦夷地とアイヌの位置づけに変化がみられることである。十七世紀初頭以来、【日本】―【アイヌ・蝦夷地】の関係でほぼ完結していたものが、ロシアの蝦夷地接近により、十八世紀後半に【日本】―【アイヌ・蝦夷地】―【ロシア】という関係に客観的には変化し、この変化に対して幕府がアイヌ・蝦夷地を確保するため、蝦夷地を直轄し鉱山開発、あるいは新田開発しようとしたことは、客観的には【日本―アイヌ・蝦夷地】―【ロシア】という関係になることを意味した。つまり、アイヌの「国民」化であり、蝦夷地の「内地」「内国」化である。田沼時代の幕府には、そのような方向へ転換する志向が生まれていた。そのなかで、最上徳内など一部に、アイヌは日本人と変わるところはない、などの見方が現れ、アイヌ観の転換も一部にみられる。

2　クナシリ・メナシ事件の認識と処理

幕府の事件認識

田沼意次が、重要政策で行き詰まり立ち往生して老中を辞職し、田沼政権は終わった。幕府寛政の改革が、天明七（一七八七）年六月に始まると、田沼時代の政策の見直しが行われ、すでに派遣されていた第二次蝦夷地調査団は、調査の途中で中止となり、田沼政権の蝦夷地政策は撤回された。幕府が蝦夷地を直轄し開発する田沼時代に採られた政策は否定され、松前藩に蝦夷地を委任し開発は行わない、という伝統的なあり方へ回帰した。アイヌ・蝦夷地の「国民」・「内国」化ではなく、伝統的な「夷（異）人」・「異域」へ立ち戻った。

老中松平定信は、老中就任前の天明六年の末か翌年の初めに書いたと推定される「意見書」[5]のなかで、朝鮮通信使の易地聘礼への転換を唱え、さらに、長崎については「日本の病の一ツ」と書いて、長崎貿易の改革を主張したが、蝦夷地については触れていない。老中就任直後に書かれたと考えられる「愚意之覚」[6]には、飢饉による混乱に乗じた外国の日本侵略の可能性に触れ、長崎、対馬とならべて松前の名もあげて警戒を訴えている。朝鮮外交や長崎貿易に比較すると、松平定信の蝦夷地への関心や認識は低かったのではないかと考えられる。

寛政元（一七八九）年五月に、クナシリ・メナシ事件が起こり、幕府では、松前藩からの報告を受けて蝦夷地問題の評議を始めた。幕府にとって事件の核心は、アイヌが蜂起した原因とロシアの関与の有無にあった。松平定信は、九月十二日に老中間の評議のために差し出した書付[7]のなかで、「此度クナシリ一件も赤人加り候ニハ無相違旨ニも相聞申候」と、この事件にロシア人が荷担しているという認識を示した。普請役見習青島俊蔵と小人目付笠原五太夫が蝦夷地に派遣され、七月には松前に上陸し、最上徳内の協力を得てこの事件の調査を行った。その調査結果の報告書である「松前志摩守領内於蝦夷地騒動仕候儀に付申上候書付」[8]は、十一月三日に勘定奉行に提出され、それから同月五日に松平定信に渡された。そこでも、「此度の一件え赤人と唱候異国のもの致荷担候由にて、最初より専風聞在之」と記され、最上徳内の推測が大きく影響したとはいえ、初発からロシア人が事件に関与していると噂されていた。そのように推測した事情について、

先年見分御用の節も、壱両人巡島先にて出会、日本一見の願も有之、何れにもウルツフ島迄は年々漁の船え大勢乗組罷越候趣にて、近来島々を手に入れ候由、兼て見届罷在候儀に付、右等の儀如何有之哉、日本地一見願候赤人両人エトロフ辺に今以在留致居、本国の方え通し合、致徒党、先夷人共計に聊騒動為致、日本の武備試候筋には無之哉と奉存候に付、

と記している。最上徳内らは、天明五、六年の蝦夷地調査のさいに、エトロフ島、ウルップ島でロシア人と接触し、直接にロシア人の現状を確認した。そのさいロシア人と行った会話などから、クナシリ・メナシ事件へのロシアの関与を疑ったのである。青島らは、アイヌからこの事件についての情報をさまざまに入手した結果、ロシア人がこの事件に関与、あるいは荷担した事実はなく、飛驒屋の不正な交易が事件の原因であると結論づけた。

なお、浅倉有子氏は、松前藩は、この事件に関して幕府に提出した報告書「蝦夷騒擾一件取計始末」のなかで、鎮圧軍の中心であった番頭の新井田孫三郎の記録「寛政蝦夷乱取調日記」には記されていない、ロシア人に関する記述が特記している、と指摘している。新井田が、クナシリ島の「酋長」ツキノイに、事件に異国人が混じっていないかと質問し、まったくそのような事実はないという回答をツキノイから得たことを記しているという[9]。幕府にとってこの事件についてのおもな関心事は、ロシア人の関与の有無であったことが理解できる。それでも、寛政二年三月の幕府による情報収集である「蝦夷地風聞」[10]には、「内実は今以蝦夷共不穏候由、彼地はアカヒト抔申所へも通路有之儀に付、此上如何様の変事も出来可申哉と内々は松前辺におゐても風聞いたし候由に御座候」と記されている。「アカヒト」すなわちロシアとの関わりが懸念され続けていたことが理解できる。

幕府の事件処理の特徴

幕府はこの事件を、場所請負商人の飛驒屋の不正と松前藩の監督不行届として処理した。飛驒屋は商人なので、「利勘にまかせ自然と蝦夷人押掠め、不正の取計等有之哉に相聞」と、利益をあげるためにアイヌに不正な交易を押しつけてきたと指摘し、松前藩には「蝦夷地及騒擾候儀は、彼地の儀猥に町人為引受候故の儀と相聞候、異国の境も相接し候土地の事に候得は、大切の儀に有之処、等閑成取計、不束の事には右御咎の品も可被仰出候得共」と、異国との境界にある土地をそのような商人に請け負わせてきたことは不束な行為であると咎めながらも、処罰は行わなかった。その理由は、「人数差向早速仕置申付候手配等は行届候趣にも相見」、つまりアイヌの蜂起に対してすばやく軍勢を派遣し鎮圧した事実にあった(11)。松前藩は、咎められるどころか、寛政二年九月に、アイヌの蜂起を速やかに鎮圧したことを褒賞する老中奉書を受けている。

そこには、松前家の幕藩制国家における役割、すなわち、アイヌを押さえて北方域の平和を維持する、という役割を認めることができる。アイヌが蜂起をしたことは、松前藩政に問題があることを露呈したが、速やかに鎮圧して平和を回復したのであるから、本来の役割を果たしたことになる、という理屈であろう。ただ、寛政元年九月の老中間の評議における老中松平定信の政策案(12)のなかには、「此度之際ニ乗し、志摩守家老召下しとくと糺し、恐怖之余り恐入り候時ニ御宥免之御寛大ヲ以テ、此度二百召捕候はたらきに被免、そのまゝ任セをかれ候間、格別ニ手当いたし、クナシリ等へも外国之もの入候ハ、おひはらひ候様ニなと申義、とくと松前へまかせられ候方」という考え方が示されていた。事件を鎮圧した松前藩の功績に免じ、寛大な措置として処罰は行わないが、蝦夷地をそのままに委任するかわりに、特別の対策を講じてクナシリ島などにロシア人が侵入してきたら追い払うようにさせる、というものである。ここでも、松前藩がアイヌ蜂起の鎮圧という本来の役割を果たしたことは認めざるを得なかったことがわかる。それを口実に、ロシア対策を担わせるという幕府の巧妙な意図もみることができ、実際の政策として具体化されてゆく。

松前藩の事件認識

他方、この事件と松前藩がとった行動に対する松前藩の認識を、蠣崎（松前）波響画「夷酋列像」に付された松前広長の序文から検討してみたい。広長は、前藩主松前資広の弟で、現藩主松前道広の伯父にあたる。また、広長は松前家歴代中の碩学といわれ、「福山秘府」「松前志」「松前年歴捷径」など、松前家の歴史に関する著作をのこした学者である。序文は、蠣崎波響に「夷酋列像」を書かせた経緯とその出来栄えを讃えた文章であるが、松前家の歴史のなかにこの事件と松前藩の行動を位置づけていると考えられる。蠣崎波響は、前藩主松前資広の五男で、画家であった。なお、原文は漢文であるが、引用はその読み下し文である。「夷酋列像」それ自体はしばしば論じられ、挿絵などによく用いられてきたが、その序文(13)については取り上げられることもなかったので、全文を掲げておきたい。

夷酋列像序

毛夷の兇猛なること、起伏常無く、服畔定まらず、其の壌我に辺す、武備講ぜざるべからず、長禄中我が　藩祖清厳公、烈武の威を信《のば》して夷賊を北塞に震服せしめ、之を清粛に為《おさ》む、其の績、赫乎として大ならずや、寛文中、夷賊数《しばしば》起り、鼠竊狗盗を為す、亦皆、壮士をして征討し安輯せしむ、爾来復た入寇の虞《おそれ》無き者《こと》百有余年、于今《いま》となる、寛政紀元己酉仲夏、東部　適《たまたま》夷賊の警有り、我　君公自ら壮士二百六十有余人に命じて、征討の旌旆一たび出だしむ、賊酋、誅に伏する者三十有余人、忠国にして功有る者一十有二人、其の誅する者は、諸廓門の外に梟す、其の功有る者は、諸殿堂の上に賞す、是に於て賞罰の宜《よろしき》を得て、恩威　益《ますます》加ふること、亦応変神速講武の効有らずや、　公常に意を政事治兵に留め、旅《りょ》を振ひて春秋懈らず、警煙を要地に置いて、備を以て狄の広莫を虞れず、我に於て鎮を為む、今秋八月、　公縣官の賞命を辱うす、　公喜知るべし、亦、惟《ただ》に服畔を以て常無からしむるのみならんや、即ち臣広年に命じて、彼の功有る者一十二人を図《えが》き、以て左右に置かしむ、夷人の之を見る者をして勧懲せしむと云へり、広年本《もと》画を善くすること精妙殊絶なり、今、之れ図く所、英姿・雄相・服飾・器械、悉く其の真に逼らざる無し、方に以て君公深遠の盛意に適ふに足る、其の功亦偉ならずや、　公賞歎止まず、老臣広長に命じて其の由を序せしむ、広長文辞に拙く固辞す、命を得ず、遂に其の概略を述べ、聊か広年精絶の功を記すのみ、

寛政二年歳次庚戌冬十月　　致仕老臣広長謹撰

アイヌは凶猛で、服従したり反逆したり一定しない。その居住地が松前領と隣接しているため、アイヌに備えた軍備を用意しておかなければならない。コシャマインが蜂起したときは家祖が平定し、その功績は大きい。シャクシャインの蜂起も鎮定し、その後一〇〇余年のあいだアイヌの蜂起事件はなく、現在に至った。ところが、寛政元年に蝦夷地東部で事件が起こった。藩主は、鎮圧のために二六〇人の兵士を派遣した。反逆の罪により殺害したアイヌが三〇数名、藩に味方し功績のあったアイヌが一二名。殺害した反逆者は城門の外に首をさらし、功績のあった者は城内で賞した。このように賞罰を明確にした。藩主は、常に政治と軍事に心を砕き、蝦夷地の要所に烽火台を設けて、アイヌの蜂起を恐れることなくそれに備えてきた。今年の秋に幕府から鎮圧の功績を讃えられた。アイヌを押さえるだけではなく、功績のあったアイヌを画き、アイヌに勧善懲悪の教訓を教えるための画像とする。

ここに貫かれているのは、ときに蜂起するアイヌと戦い、それを鎮圧してきた松前家の功績の歴史と、今回もこれまでの歴史に恥じず、アイヌの蜂起を平定した勲功を誇りとする意識である。アイヌを押さえ北辺の「平和」を維持すること、それが幕藩制国家における松前家の使命・役割であるとする観念であり、それを果たすことが松前家の存在意義とする自己規定である。なお、「夷酋列像」とともに松前広長により執筆された「夷酋列像附録」[14]のなかに、つぎのような一節がある。これも原文は漢文であるが、引用はその読み下し文である。

時ニ　清巌公先鋒ニ択マレ、絶倫ノ英風ヲ震イ、遂ニ夷賊ノ酋長胡奢魔允父子及ビ残賊数輩ヲ討ッテ諸島ヲ平治セリ、ヨッテ諸館主モ亦敬服シ、始祖ヲシテ推シテ太守タラシメケレバ、則チ今ノ疆内ニ下シテ、新タニ営ヲ河北天河「西部上ノ国地名、又一ツニ上ノ国河南ノ花沢ナリト云ウ、福山府下ヨリ都テ十五里七丁アリ」ニトシテ、建国　大礼ヲ

行イ、永ク日本北門ノ鎖鑰トハナリヌ、然レバ則チ　日本久シク東顧ノ憂イヲ絶チタルモノハ、全ク我ガ　始祖ノ勇
武ニヨルトコロナリ、其ノ功最モ武尊ノ下ニ出ヅベカラズ、

家祖信広（清巌公）が、コシャマインの蜂起を鎮圧したことにより、道南地域の諸館主を統一した事績を語り、それにより松前家は「日本北門の鎖鑰」となり、アイヌによる北方からの日本侵略の憂えを絶つことができたとその功績を自賛し、家祖の武勇は日本武尊にも劣らないとまで誇る。「日本北門の鎖鑰」として、アイヌを押さえることを使命とする観念であり、その外側に登場したロシアはとりあえず視野や念頭に入っていない。それは、幕府が老中奉書によりアイヌ蜂起の鎮圧を褒賞したことにより再び確認された。

なお、参考までに、「夷酋列像附録」に付された「東肥　古髙」による序も紹介しておきたい。松前藩（家）の認識というわけではないが、松前広長に請われて執筆したものであり、松前家の認識から隔たるものではないだろう。

夷酋列像附録「一名毛夷図画国字附録」

夷酋列像附録序

倭奴御碕の南北に有《たも》つや尚《たっとき》かな、南倭は則ち古の掖玖国にして、其の地は百里以て方に満たず、世を一見に賄ふと云へり、其れ北倭の地は、周廻八百里、連なりて室韋諸島と韃通の波とに延び、世《よよ》荒服を我に為す、北裔然り、其の叛服すること常亡し、長禄中
烈祖清巌公、不世の勇武を奮ひ伐ちてこれを平ぐ、爾来三百有余年、永正の乱のごとき有り、享禄の乱のごとき有り、寛永・慶安・承応・寛文の乱のごとき有り、叛も亦少なからざるなり、然れども上国の人率視して以為《おもえ》らく、末界微事なりと、事情に達せざる者と謂ひつべし、夫れ北倭は、東は奚徳羅部に連なり、北は迦羅補陀池に接し、北狄と隣を為す、其の服と叛と関係する所は大なるかな、豈《あ》に戒めざるべけんや、寛政己酉夏五月、東部の屈捺失律夷人叛き、且《まさ》に我互市の者七十有余人を殺せんとす、是に於て

公赫斯として怒り、爰に其の旅を整へ鼓行して以て進む、毛人膽を破られ寒からずして栗ふ、兵を棄てて逃竄す、乃ち其の渠魁を殲し、従を脇し、治罔《な》からしむ、凱旋に及び勲章を策す、酋長の国に忠のなる者十有二人、併せて其の像を図列せしむ、致仕大夫　老圃源君其事を備録し、携へて来たりて弁を乞う、一言あり、蓋《なん》ぞ君侯の命ならざると云へり、余、源君に於ては旧有り、命も亦辞すべからず、因りて筆を援りて其の端を題と為す、

東肥　古髙

家祖信広がコシャマインの蜂起を平定して以来も、アイヌの蜂起事件は少なくなかった。内地の人びとは大したことではない、と思うだろうが、蝦夷地はそこからさらに東西の異域に接しているので、蝦夷地のアイヌが服属するか背くかは、非常に重要な問題なのである。今回のクナシリ・メナシのアイヌ蜂起事件も、松前家はこれを鎮圧し服属させた。このように、蝦夷地に接した地域を視野に入れながら、松前家によるアイヌ蜂起の平定の持つ意義を語っている。

アイヌ対策からロシア対策への転換

しかし、幕府にとっての蝦夷地問題の核心は、アイヌからロシアへ転換してゆく。そのことは、幕府が松前藩に要求した蝦夷地支配の改革によく表現されている。松前藩が幕府に提出した蝦夷地支配の改革案(15)の骨子は、①東西蝦夷地場末の場所請負を止め、松前藩の手船に藩士が乗船して交易をする直捌きとすること、②場末の交易は他領の者を排除して松前藩領の者に限定すること、③東蝦夷地厚岸と西蝦夷地宗谷に番所を建て番頭以下を勤番させること、④③以外の場所にも番所を建て蝦夷地全域の秩序を維持すること、⑤外国との関係もあるので武備を充実させ、領内各地に烽火台を設置して急報の仕組みを作ること、以上の五点であった。事件が東蝦夷地の場末クナシリ・メナシで起こったことから、場末地域における交易と防備態勢を改善するとともに、外国（ロシア）に備えた軍備充実がその要点となっている。

とくに注目すべきは、「家来を以介抱為致、蝦夷人帰服の儀第一に為取計申候」「以後志摩守手船相立、直差配にいたし、

介抱交易為仕、蝦夷人帰服の儀第一に取計為仕」という点、すなわちアイヌを「介抱」し帰服させることが重要であると強調している。決してアイヌを押さえつける、力によって支配するのではなく、「介抱」により帰服を勝ち取ることに力点がおかれている。「介抱」のちには「撫育」などの語も用いられるが、それはアイヌがロシアに服従することを阻止するための措置であった。異国境の警備と武備をそれなりに強化することによってロシアの蝦夷地進出を警戒するとともに、ロシアの進出から蝦夷地を確保するためには、アイヌを「介抱」によって帰服させることを第一とする策である。このような転換のあり方は、クナシリ・メナシアイヌの蜂起事件を受けて行われた幕府内部における蝦夷地問題の評議から論じる必要がある。

3　蝦夷地をめぐる幕閣の評議

クナシリ・メナシの事件が幕府に伝えられてから、寛政二年九月に事件の処理が終わるまで、幕府内部では蝦夷地の処置をめぐる議論が繰り返された。そのなかで、老中間に政策の対立があったことが明らかにされてきた。老中名でいえば、松平定信と本多忠籌との対立であり、政策的な対立を図式的にいえば、松前藩委任・非開発論と幕府直轄・開発論の対立であった[16]。それは、寛政元年九月に行われた老中間の評議、とくにそのなかでの定信と忠籌との対立によく表れている。ここでは、対立と妥協の産物として現実にとられた政策との関係をみてみたい。

ロシア観と対応策の対立

政策の最大の関心事は、ロシアである。そのロシアをどうみるのかが、政策のあり方を規定した。松平定信は、「赤人之蚕食と申ハ、秦之六国をほろほし候類い之儀ニハ無之、只ひろく交易いたし度と申のミ之事と相聞候へハ」と、ロシア人をみている。中国秦の武力による全国統一を引き合いに出し、ロシアはそれと違って武力による領土拡大を目指しているのではなく、交易を拡大することを目的としている、と判断している。つまり、ロシアは武力による領土拡張より交易を重視しているという見方である。

これに対して本多忠籌は、「既ニ蝦夷人之愚直を考、交をむすひ以術ラッコ島に住居いたし、奪とも見へす赤人之国ニ相成、其後クナシリ江も渡り二・三人も参候由、是又漸々ニ懇意ニいたし、蝦夷人を手につけ段々住居いたし候ハヽ、即ラッコ島同様之義と奉存候、左様に相成候ハヽ、又エトロフなとも属島ニ可仕」と、やはり武力により領土を拡張するという見方ではなく、アイヌと親しくし籠絡して領土を拡張する、とみている。武力によらないという点では定信と忠籌は一致しているが、定信は領土ではなく交易が目的とみ、忠籌は領土拡張、領土的野心があるとみている点で異なっている。このようなロシア観の差異が、具体的な対策のなかにどのような違いを生みだしていたのか、この点を明らかにする必要がある。

ロシア対策をめぐる対立

松平定信は、ロシアの目的は貿易にあるのだから、それほど厳重な軍事的備えは必要がない（「左ほとに要害を専といたし候ニモ及ひ申ましく哉」）、と主張する。ロシア人が陸上から侵入しようとしても、蝦夷地は不毛の地なので食料を調達できず進出できないことから、蝦夷地を広大な空堀だと考えれば、いつまでも未開・不毛のままにしておくことが賢明で、幸いなことにアイヌは「昏愚」なので支配しやすいから、農業などを教えることはよろしくなく、そして、「又外国より地をつたハらす舟ニて直ニ南部・津軽へいたり候刻之義を考候時者、蝦夷国中ニ番兵さしをき候ともその備ニハとても相成申ましく」という。つまり、蝦夷地の陸上を通るのではなく、直接に船で南部や津軽にやってくることも想定すれば、蝦夷地に軍備をおいても意味がない、ということである。

松平定信は、ロシアは領土より貿易が目的であり、日本に侵入するにも、蝦夷地を不毛のままにしておけば蝦夷地の陸上を進むことは難しく、船で直接に南部や津軽に進出することも考えられる、という理由で蝦夷地の開発と蝦夷地に幕府の軍備をおくことに反対し、松前藩に任せることを主張した。松平定信の主張の特徴は、積極的に蝦夷地を確保しようとする志向が弱い点である。

これに対して本多忠籌は、ロシアは「蚕食」、すなわち領土的野心を持つことを前提においているので、積極的に蝦夷地を確保しようとする志向が強い。ロシアはさまざまな手段を講じてアイヌと親しくなり、「奪とも見へず」その地を領土としてゆく、松前藩がアイヌに許さなかった農耕をロシアが自由にやらせるならば、アイヌはさらにロシアに親近感をいだくことになるし、ロシア人の食料ともなる、いずれにしてもロシア人は、アイヌを籠絡して帰服させ、蝦夷地を領土としてゆくと判断している。そこで、蝦夷地を確保するための政策を立案する。本多忠籌の案は、幕府が蝦夷地を直轄して長崎奉行のような奉行所を新設し、長崎の場合の福岡・佐賀藩と同様に、南部・津軽・松前藩を警備のために勤番させる、アイヌには農業を行わせて、蝦夷地を日本国内に取り込む（「蝦夷地中を日本之国中ニ相化し」）ことによって蝦夷地を確保する、というものである。蝦夷地を内地同様に作り替え、日本の領土として確保する策である。

なお本多忠籌は、当面の策も提起する。それは、蝦夷地を巡視する目付を派遣する策である。交易の実態とアイヌの風俗や人情を点検するために、小人目付、普請役、徒目付などを一年に二人程度を派遣し、巡視させるという。そのさい、徒目付らの乗船に、酒、煙草、黒砂糖その他アイヌの好む品を積み、なるたけ価格を安くしてアイヌと交易し、それにより公儀の存在とその有り難さをアイヌに認識させようとする目論見である。一年に一回、幕府がアイヌと交易を行うというこの構想は、御救い交易として実現してゆく。あくまでも臨時的、過渡的な性格の措置という位置づけであった。

本多忠籌以外の幕府役人の蝦夷地政策に関する意見を簡単に紹介しておこう(17)。勘定奉行の久世広民と曲淵景漸、および支配勘定格評定所書物方出役屋代戸右衛門らは、松前藩を所替して幕府が全面的に直轄する案と、当面は松前藩を所替せずそのままにするが、幕府みずからが蝦夷地警備と交易を行い、松前藩にそれまで得てきた運上金相当額を支給する案の二案を主張していた。第二の案も、幕府の蝦夷地経営が軌道に乗れば松前藩をどこかに所替することになる。

目付の石川忠房は、寛政四年十二月に、同じく目付の村上義礼と連名の伺書「松前家江被仰渡之趣に付御取締等之義御内意奉伺候書付」と、単独の「蝦夷地之義に付再応愚意申上候書付」を老中松平定信に提出し、そのなかで蝦夷地取締り策を論じている。クナシリ・メナシ事件の直後ではないものの、その案は「兼而私愚意」「私初一念」と書いているように、石川忠房の年来の政策案であった。それは、東西蝦夷地、東はアツケシ周辺、西はソウヤ・イシカリ周辺に「公儀交易場」「蝦夷地御用地」を設定し、松平定信が新設を提起した北国郡代（青森奉行）が支配するという構想である。幕府役人が交代で公儀交易場に駐在し、アイヌを救済する趣意で交易（「交易之義相勤、蝦夷人御救之御趣意を不失様せわ仕」）するとともに、蝦夷地の要所を巡回して視察するならば、蝦夷地の警備になるうえにおのずと松前藩の監督にもなる、というものであった。なお、公儀交易場では、アイヌに農業を教え、松前藩にも農業を指導するように命じることも提案されている。石川単独で提出した上申書では、公儀交易場を設定すれば、松前藩の状況を把握できるうえにロシアに対する外聞・体裁もよく（「蛮国江之聞江も厚可有御座哉」）、かつロシア人の動静をいち早く入手できる、という利点をあげている。

本多忠籌や勘定奉行らの主張する蝦夷地直轄論とは異なるが、幕府交易場という幕府直轄地を蝦夷地に設定し、幕府がアイヌ交易と警備に直接携わり、さらに農業開発を進める政策案であり、勘定奉行らの案に近いものといえる。

4　松平定信の蝦夷地認識の深化と政策

三奉行らへの防備態勢諮問

松平定信は、クナシリ・メナシ事件直後の評議では、蝦夷地は不毛の地であり、そのままに放置することが日本の安全にとって都合がよいという判断、いわゆる「蝦夷地火除け地」論の立場から、幕府による直轄・開発策の採用を批判し、従来通り松前藩に任せ開発しない、という策を主張していた。ただ、同僚の本多忠籌が提案していた御救い交易だけは妥協したのか、二回にわたり実施されている。しかし松平定信は、この御救い交易すらいずれ幕府による直轄・開発につながってゆくのではないかと懐疑的にみていた。

寛政四（一七九二）年になって、それまで蝦夷地問題を担当していた本多忠籌に替わった松平定信は、停滞していた蝦夷地政策の具体的な進展をはかった。ラクスマンが来日する二か月ほど前の寛政四年七月十五日に、三奉行に蝦夷地問題についての「御尋書」(18)を下し、三奉行で評議して回答することを求めた。その「御尋書」の文面から、松平定信がこの間に蝦夷地問題について、それ以前と比較して認識を深化させている様子を読みとることができる。

第一に、蝦夷地の地理的・空間的認識の深化を指摘できる。定信は、松前藩の元禄国絵図を取り出してみたところ、「唯海中に円形之図一ツ有之、地名聊書記し候而已に而、蝦夷松前之わかれも無之、唐太其外の諸島も無之候」というごく粗いもので、しかもこれしかなかったという。円形の地に地名が少し書き入れられている程度で、松前地と蝦夷地の区分も、カラフトや千島列島も描かれていない絵図だったという。余りに無内容の絵図だったことから、松前藩に命じて最新の地図を提出させている。以前にオランダから舶載されたヨーロッパ製世界地図でも、南部・津軽と松前蝦夷地の境界の周辺はかなり粗く、蝦夷地周辺はかき消しもあるほど曖昧なものであったという。クナシリ・メナシの事件が起こったころ松平定信が持っていた蝦夷地の地理的・空間的認識は、この程度の地図・絵図によっていたらしい。

ところが、近年舶来した世界地図には、千島列島のほかカラフトや「山丹」など、蝦夷地に連なる島々やその先の大陸が、詳細に記されていた（「千島其外唐太・山丹・外夷の地、委しく記し有之候」）。定信は、いわゆる「ゼオガラヒー」や工藤平助の『赤蝦夷風説考』（「加模西葛杜加国風説考」）などを見たものと思われる。それにより、「琉球・朝鮮迚も海を隔候儀遠く候、松前・蝦夷地者一国のうちに而、山丹・唐太は蝦夷地と海上五、六里もやうやく隔り、山丹より満州・韃靼等之外国地続に而、如斯外国に接し候場所外に可有之とも不被存候得者」と書いているように、対馬、薩摩から琉球や朝鮮は遠く海を隔てているが、松前・蝦夷地は山丹・カラフトとわずか海上五、六里しか離れていないうえに、山丹からは満州・韃靼その他の大陸と陸続きであることから、日本には松前・蝦夷地ほど外国と近接している場所はない、と認識した。蝦夷地は、海上わずかな距離でカラフト、山丹を経て大陸の国々と接している事実を理解したのである。これは、蝦夷地そのものと、蝦夷地に隣接するその先の広大な世界の存在を認識したのであり、定信の蝦夷地をめぐる地理的・空間的認識の飛躍的深化であった。

第二に、蝦夷地の現状についての認識の深化がある。定信の持論は、蝦夷地は不毛の地という認識であり、「蝦夷地火除け地」論であった。しかし、「乍然去年見分之者見候処、近年蝦夷地五穀樹芸し、相応に実を収候とて、持かへり候種物も有之、さすれば不毛とも難申候」と書くように、それなりに農業が行われている実情を知り、不毛の地という認識の誤りに気づいた。だが、それでは農業開発をする方向に転換するのかというと、「さればとて、蝦夷の地を可開など申類、是亦反て辺隙をひらき後患をのこし可申哉」とあるように、開発はかえって侵略の危険を招くという自説を変えることはなかった。

第三は、ロシアについての認識である。ロシアはキリスト教の国らしいという点（「異形の仏像ら、或は十字の形など慮外に立置候等」）、ロシア人はカラフトへも渡来し、日本へ行くことを希望しているという点、ロシア人が五、六年もラッコ島に居住していた事実から、彼らは氷海の寒さにも耐えることができ、日本人の尺度から測ることはできないという点を記している。ロシア人は、キリスト教徒で、しかも極寒の地でも生活できる、という点に注目している。このように松平定信は、蝦夷地の地理的空間的認識、蝦夷地の実情とロシア人についての知識をそれなりに深化させたのである。

松平定信は、このような認識を踏まえ現状よりも蝦夷地の警備を厳しくする必要があるのではないかと判断した。松前藩に蝦夷地を委任しているのだから、幕府は何ら手を出すべきではないという主張（「松前江御委任有之上は、只今御手つけられざるかたの論も可有之候得共」）に対して、松前藩と蝦夷地の特殊性から批判している。琉球に対する薩摩藩と朝鮮に対する対馬藩は、ともに大身の大名であるから、一切を委任していても何らの不備もないうえに、江戸から西方向には幾重にも防御態勢がとられている。それと比べて松前藩は、米穀を産出せず、アイヌ交易の利潤で成り立っていておのずと風儀がよくないうえに小身の大名なので、薩摩・対馬両藩とは大きな違いがある。さらに蝦夷地は、海上わずか五、六里しか離れていないカラフト、山丹から大陸へ地続きであり、外国と近接している。このような松前藩と蝦夷地の特殊性から、松前藩に委任するだけでは不十分であり、幕府による何らかの防備態勢が必要であると主張する。その何らかの防備態勢を問うたのが、この三奉行への諮問であった。なお、三奉行以外に、幕府儒者にも諮問している。

ここから、松平定信が松前藩委任、蝦夷地非開発というそれまでの考え方から一歩進んで、蝦夷地が外国と隣接し松前藩が弱体であることから、幕府自身が何らかの防備態勢をとる必要性を認識したことを窺うことができる。また、たんにロシアは交易だけが目的であるという認識から、ロシアだけではない北方の外国と対峙して日本の安全を確保する必要性を論じるようになった。

定信の二つの防備策

諮問に対する三奉行と儒者からの回答が出てこないうちにラクスマンが来日し、北方ロシアの危機がまさに現実のものとなった。この事態を受けて松平定信は、独自の蝦夷地政策「蝦夷御取〆建議」[19]を立案し、寛政四年十二月十四日に老中に提示し評議にかけた。その政策案は、すぐに実行に移すべき案と将来構想の二案からなっていた。

第一案は、北国郡代（青森奉行）を新設する構想で、すでに論じられてきた[20]。その骨子は、三点で、①蝦夷地は松前藩に委任して厳重な防備を命じ、幕府は三〜五年に一回役人を派遣して点検する、そのために西洋式軍船を数艘建造し、派遣経費の捻出もかねて御救い交易を行う、②津軽領三厩と南部領田名部などを上知し、青森に北国郡代（青森奉行）を新設してこれを支配する、その職掌は、日常的には松前渡海の商船を検査し、長崎貿易用の俵物を集荷する、③警衛のため、南部藩と津軽藩に勤番を命じる、である。日本の北方の防衛を津軽海峡の線で行おうとするもので、防備は長崎奉行に倣い、北国郡代（青森奉行）—南部藩・津軽藩という体制を構想している。

この構想についての評議に関わって目付石川忠房らから提出された、アイヌとの交易は幕府が行い、従来通りの運上金を松前藩に給与するという支配勘定格屋代戸右衛門の意見に対して、松平定信は、幕府役人の人材不足や資質の問題、長崎交易・長崎地役人の現状などをあげて否定している。定信の特徴は、幕府が蝦夷地そのものに直接に関与することに否定的で、蝦夷地を外国との関係で領土として確保するという発想ではなく、日本の北方域の防衛線は津軽海峡以南で、青森に拠点をおくという考え方である。西国の長崎に対応するものである。これは、地理的・空間的認識、松前藩や蝦夷地の現状とロシアの動向などを総合的に判断した結果であろうが、なお中世以来の伝統的な国土・領域観念、つまり「外が浜」の観念ともいえる。ただ、第一案のような考え方は、当時の老中や勘定奉行所の政策案とかなりかけ離れ、主流的なものとはいえなかったので、松平定信の辞職とともに立ち消えとなったのは必然的であった。

この第一案と対照的なのは第二案で、二、三十年先に、松前藩が蝦夷地防備に耐えきれず、蝦夷地支配権を幕府に差し出す事態を想定した案である。蝦夷地を東北諸大名に分割して預けて新田開発や鉱山開発を行わせ、それがある程度進んだ段階でこれを取り上げ、寄合や小大名に加増し蝦夷地へ所替する、という構想である。この背景には、蝦夷地不毛観の撤回があり、蝦夷地の一部では農業が行われている事実から、蝦夷地が開けてゆくのは天のしからしむるところであり、放置しておいてもいずれ開けてゆく、という認識がある。ロシアと紛争になったさいも、不毛の地のままでは日本側は行動がとれずロシアに遅れをとる、ともいう。蝦夷地とロシア認識の深化の結果である。ただいずれにしても、幕府がみずから開発せず直轄もしない、すなわち直接には関与しないことは、第一案同様である。その理由は、ロシアの攻撃により蝦夷地を奪われるという事態を想定し、幕府領が奪われ減少するわけではないので、幕府・将軍の御威光には関わらない、という判断による。二、三十年後ではこのような事態は起こらなかったが、幕末箱館開港後に同じ文脈ではないものの、東北諸大名に分与する方式が実現した。

おわりに

クナシリ・メナシの事件は、幕府の蝦夷地政策に大きな影響を与え、十八世紀末に政策転換をもたらした。事件とロシアの関わりへの疑念は、ロシアの進出に対する軍事的な対策の必要性とアイヌの服従なくして蝦夷地の確保はない、という点を認識させた。幕府内部の議論は、それまでの【日本】―【松前―アイヌ・蝦夷地】という関係が、ロシアの蝦夷地接近により【日本】―【松前―アイヌ・蝦夷地】―【ロシア】という関係に変化し、対応策としてA【日本―アイヌ・蝦夷地】―【ロシア】という関係に編制するのか、B【日本】―【松前―アイヌ・蝦夷地】―【ロシア】のままで行くのか、という点で対立した。ロシア観の差異も前提にして、幕府が直轄し開発することにより内国化して蝦夷地を確保するのかどうか、という対立であった。A案が幕府内部では有力であったが、寛政の改革を主導した松平定信の政治力で、B案が選択された。しかし、たんに松前藩委任・非開発論ではなく、蝦夷地をめぐる地理的・空間的認識、蝦夷地とロシアの現状に関する知識の深化を前提にして、ロシアと対峙して日本の軍事的安全を確保する政策として北国郡代（青森奉行）の新設、二、三十年後に東北諸大名に蝦夷地を分与し、開発してゆく構想を提示したのである。

しかし、幕府内ではA案が有力であったことから、寛政十一年以降、アイヌの「介抱」「撫育」により帰服させることを標榜しつつ、蝦夷地の開発と内国化をはかった蝦夷地政策が展開してゆく。

（1）最近の研究としては、菊池勇夫「寛政アイヌ蜂起と「異国境」」『日本史研究』五三六号（二〇〇七年）がある。菊池氏は、クナシリ・メナシ事件研究の集大成ともいうべき『十八世紀末のアイヌ蜂起』（二〇一〇年八月、サッポロ堂書店）を刊行された。本章の初校校正の時点であったため、参照することができなかった。

（2）『波響論集』（波響論集刊行会、一九九一年）。

（3）岩﨑奈緒子「十八世紀後期における北辺認識の展開」藤井譲治・杉山正明・金田章裕編『大地の肖像―絵図・地図が語る世界―』（京都大学学術出版会、二〇〇七年）。

（4）拙著『田沼意次』（ミネルヴァ書房、二〇〇七年）一二八～一三九頁。

（5）辻善之助『田沼時代』（岩波文庫）二二一～二三四頁。

（6）『東京市史稿』産業篇三一、五〇七～五一三頁。

（7）浅倉有子「寛政改革期における北方情報と政策決定」『北方史と近世社会』第二章（清文堂出版、一九九九年）五四頁。

（8）「蝦夷地一件」（『新北海道史』第七巻史料一、北海道、一九六九年、四四八～四五四頁）。

（9）前注（7）浅倉書、五〇頁。

（10）前注（8）「蝦夷地一件」四六六頁。

（11）同右、五〇三頁。

（12）前注（7）浅倉書、五六頁。

（13）国立民族学博物館所蔵「夷酋列像」の序。

（14）国立民族学博物館所蔵。

（15）前注（8）「蝦夷地一件」四九〇～四九一頁。

（16）以下、松平定信と本多忠籌の意見は、前注（7）浅倉書引用史料による。

（17）勘定奉行や目付らの意見については、拙著『近世後期政治史と対外関係』第三章「蝦夷地政策をめぐる対立と寛政改革」（東京大学出版会、二〇〇五年）。

（18）『楽翁公伝』二八八～二九〇頁。

（19）「蝦夷御備一件」東京大学史料編纂所所蔵。

（20）菊池勇夫『幕藩体制と蝦夷地』（雄山閣出版、一九八四年）など。

〔特記〕「夷酋列像」序および「夷酋列像附録」序の読み下し文は、東京都立南多摩高等学校吉澤秀明氏によるものである。記して深く感謝申し上げます。

◆編者・執筆者紹介

藤田　覚　ふじたさとる
1946年生
現在　東京大学名誉教授
主要著書　『近世政治史と天皇』（吉川弘文館，1999年），『近世後期政治史と対外関係』（東京大学出版会，2005年）

荒木　裕行　あらきひろゆき
1979年生
現在　東京大学史料編纂所助教
主要論文　「近世後期溜詰大名の交際とその政治化」（『史学雑誌』第112編６号，2003年），「文政期古河藩の内願交渉」（『論集きんせい』27号，2005年）

小関　悠一郎　こせきゆういちろう
1977年生
現在　日本学術振興会特別研究員 PD（東北大学）
主要著書・論文　『藩地域の政策主体と藩政―信濃国松代藩地域の研究Ⅱ―』（共編，岩田書院，2008年），「改革主体の学問受容と君主像―米沢藩家老竹俣当綱の読書と政治・思想実践―」（『歴史評論』717，2010年）

佐藤　雄介　さとうゆうすけ
1980年生
現在　東京大学大学院人文社会系研究科博士課程
主要論文　「十八世紀の京都所司代と朝廷」（『論集きんせい』29号，2007年），「京都町奉行・京都代官と朝廷財政」（『史学雑誌』第118編３号，2009年）

木村　直樹　きむらなおき
1971年生
現在　東京大学史料編纂所助教
主要著書・論文　『幕藩制国家と東アジア世界』（吉川弘文館，2009年），「長崎奉行の特権」（『東京大学日本史学研究室紀要別冊　藤田先生退職記念近世政治史論叢』2010年）

高槻　泰郎　たかつきやすお
1979年生
現在　東京大学大学院経済学研究科助教
主要論文　「米切手再考―宝暦十一年空米切手停止令の意義―」（『史学雑誌』第118編６号，2009年），「近世日本米市場における財産権の保護」（『歴史と経済』第205号，2009年）

村　和明　むらかずあき
1979年生
現在　公益財団法人三井文庫研究員
主要論文　「近世仙洞御所機構の成立過程について」（『史学雑誌』第117編３号，2008年），「近世初期の朝廷機構と江戸幕府」（『論集きんせい』31号，2009年）

三ツ松　誠　みつまつまこと
1982年生
現在　日本学術振興会特別研究員 PD（東京大学）
主要論文　「異国と異界―安政期の三輪田元綱―」（『神道宗教』第216号，2009年），「学者と講釈師のあいだ―平田篤胤『霊能真柱』における安心論の射程―」（『死生学研究』第13号，2010年）

彭　浩　ホウコウ
1979年生
現在　東京大学大学院人文社会系研究科博士課程
主要論文　「近世日本の唐人処罰―「日本之刑罰」の適用をめぐって―」（『論集きんせい』30号，2008年），「長崎貿易における信牌制度と清朝の対応」（『東方学』119，2010年）

史学会《しがくかい》シンポジウム叢書《そうしょ》　十八世紀《じゅうはっせいき》日本《にほん》の政治《せいじ》と外交《がいこう》

2010年10月15日　第1版第1刷印刷　　2010年10月25日　第1版第1刷発行

編　者　藤《ふじ》　田《た》　覚《さとる》

発行者　野　澤　伸　平

発行所　株式会社　山川出版社

〒101-0047　東京都千代田区内神田1-13-13

電話　03(3293)8131(営業)　03(3293)8135(編集)

http://www.yamakawa.co.jp　　振替　00120-9-43993

印刷所　株式会社　太平印刷社

製本所　株式会社　手塚製本所

装　幀　菊地信義

© Satoru Fujita 2010　　Printed in Japan　ISBN978-4-634-52359-3

●造本には十分注意しておりますが，万一，落丁・乱丁本などがございましたら，
小社営業部宛にお送りください。送料小社負担にてお取り替えいたします。

●定価はカバーに表示してあります。

史学会シンポジウム叢書

商人と流通 近世から近代へ　税込6525円
吉田伸之・高村直助 編　従来の商人史・流通史の枠をこえ、当時の社会構造全体を見直し、近世から近代への移行過程を検証する。

都市と商人・芸能民 中世から近世へ　税込5985円
五味文彦・吉田伸之 編　人と空間に焦点をあて、商業活動や芸能の場がどのように変化していったかを、新知見をふまえて解明する。

城と館を掘る・読む 古代から中世へ　税込5920円
佐藤 信・五味文彦 編　近年発掘調査事例が増す城・館の歴史について、日本史学・考古学・建築史学などの分野から論考する。

武家屋敷 空間と社会　税込5920円
宮崎勝美・吉田伸之 編　江戸・京都・大坂を事例として、近世武家社会の特質を、近世考古学や社会史の分野から考証する。

中世東国の物流と都市　税込5000円
峰岸純夫・村井章介 編　生産地と消費地を結ぶ物流の実態、「都市的な場」やそこにおける商業・金融業の実態などを解明する。

近世の社会集団 由緒と言説
久留島浩・吉田伸之 編　多様な社会集団を素材に、独自の伝統を築きつつ固有の言説を獲得してゆく過程を論考する。　税込5403円

土地と在地の世界をさぐる 古代から中世へ
佐藤 信・五味文彦 編　売券の分析や荘園発掘調査などにより、土地と結びついた在地の世界について探る。　税込5505円

近世の社会的権力 権威とヘゲモニー
久留島浩・吉田伸之 編　都市や農村に存在する、中小諸権力を総称とする日本近世の「社会的権力」について論考する。税込4995円

＊在庫については弊社までお問い合わせください

史学会シンポジウム叢書

道と川の近代
高村直助 編　明治前期を中心に道路と河川をめぐる、いまだに十分解明されていない諸問題を実証的に論考する。　税込4995円

境界の日本史
村井章介・佐藤 信・吉田伸之 編　古代から近世における境界のあり方を、さまざまな角度から言及する。　税込5300円

中世のみちと物流
藤原良章・村井章介 編　中世の道の構造や出土する遺物から、中世の物流と人びとの交流の様子を明らかにする。　税込5000円

十七世紀の日本と東アジア
藤田 覚 編　近世日本の対外関係を理解するキー概念、「鎖国」、海禁、「四つの口」などの現実と実態を多様に論ずる。　税込3675円

幕藩制改革の展開
藤田 覚 編　社会や対外関係の変動と政治改革の関連研究をとおして、政治史研究の発展方向を模索する。　税込3990円

水産の社会史
後藤雅知・吉田伸之 編　近世漁業社会の構造的特質や差異性に注目し、従来の研究状況を打開しようと試みる。　税込4200円

工部省とその時代
鈴木 淳 編　官営事業の担い手として、近代日本の政治・行政などに貢献した工部省を分析する。　税込4200円

日本と渤海の古代史
佐藤 信 編　日本史・渤海史・考古学・東アジア史それぞれの立場から、「古代の日本と渤海」を考える。　税込4200円

＊在庫については弊社までお問い合わせください

史学会シンポジウム叢書

流通と幕藩権力
吉田伸之 編　各地の国産品と藩権力などの事例を取りあげ、流通と幕藩権力との関係構造を検討する。　税込4200円

近世法の再検討　歴史学と法史学の対話
藤田 覚 編　触書・法度・禁制など、近世の重要な法について、近年の研究成果をふまえて再検討する。　税込4200円

世界遺産と歴史学
佐藤 信 編　世界遺産のもつ意義や問題点について、具体例をあげながら歴史学の立場から考える。　税込4200円

王権を考える　前近代日本の天皇と権力
大津 透 編　『王権』をキーワードに、時代の枠を超えて国家や権力・権威について考える。　税込4200円

前近代の日本列島と朝鮮半島
佐藤 信・藤田 覚 編　歴史学の立場から日本列島・朝鮮半島両者の交流の特徴を解明し、今後の課題についても言及する。税込4200円

日唐律令比較研究の新段階
大津 透 編　律令制研究の最前線から、天聖令の性格や日本の律令制の特色・形成などについて多角的に議論する。　税込4200円

「人のつながり」の中世
村井章介 編　中世の主要な社会集団である公家・武士・寺院社会の自他認識や秩序体制を「人のつながり」の視点から探る。税込4200円

山里の社会史
後藤雅知・吉田伸之 編　山里の具体相を、地域の絶対性・個別性を重視して丹念に明らかにする。　税込4620円

＊在庫については弊社までお問い合わせください